Josef Leitner

Oberösterreich genießen

Impressum

Bibliografische Information der Deutschen Nationalbibliothek
Die Deutsche Nationalbibliothek verzeichnet diese Publikation in der Deutschen Nationalbibliografie; detaillierte bibliografische Daten sind im Internet über http://dnb.d-nb.de abrufbar.

Lektorat: Beatrix Binder
Covergestaltung, Grafik und Produktion: Nadine Kaschnig-Löbel
Coversujet: Innenhof vom Kulturwirtshaus Pammer in Hirschbach
Karten: ARGE Kartografie
Druck: Floriančič tisk d.o.o.
gedruckt in der EU

ISBN 978-3-7025-1083-1

www.pustet.at

Bildnachweis: S. 204 Harald Buchner, Desselbrunn; alle anderen Fotografien von Josef Leitner

Alle Routenbeschreibungen wurden von Autor und Verlag nach gründlicher Recherche und derzeitigem Wissensstand erstellt. Eine Haftung für die Richtigkeit der Angaben wird nicht übernommen. Die Verwendung dieses Wanderführers erfolgt ausschließlich auf eigenes Risiko und auf eigene Gefahr.

Oberösterreich genießen

Josef Leitner

wandern
einkehren
wohlfühlen

VERLAG ANTON PUSTET

Inhalt

Mühlviertel

Traunviertel

Salzkammergut

Innviertel

Hausruckviertel

Zentralraum

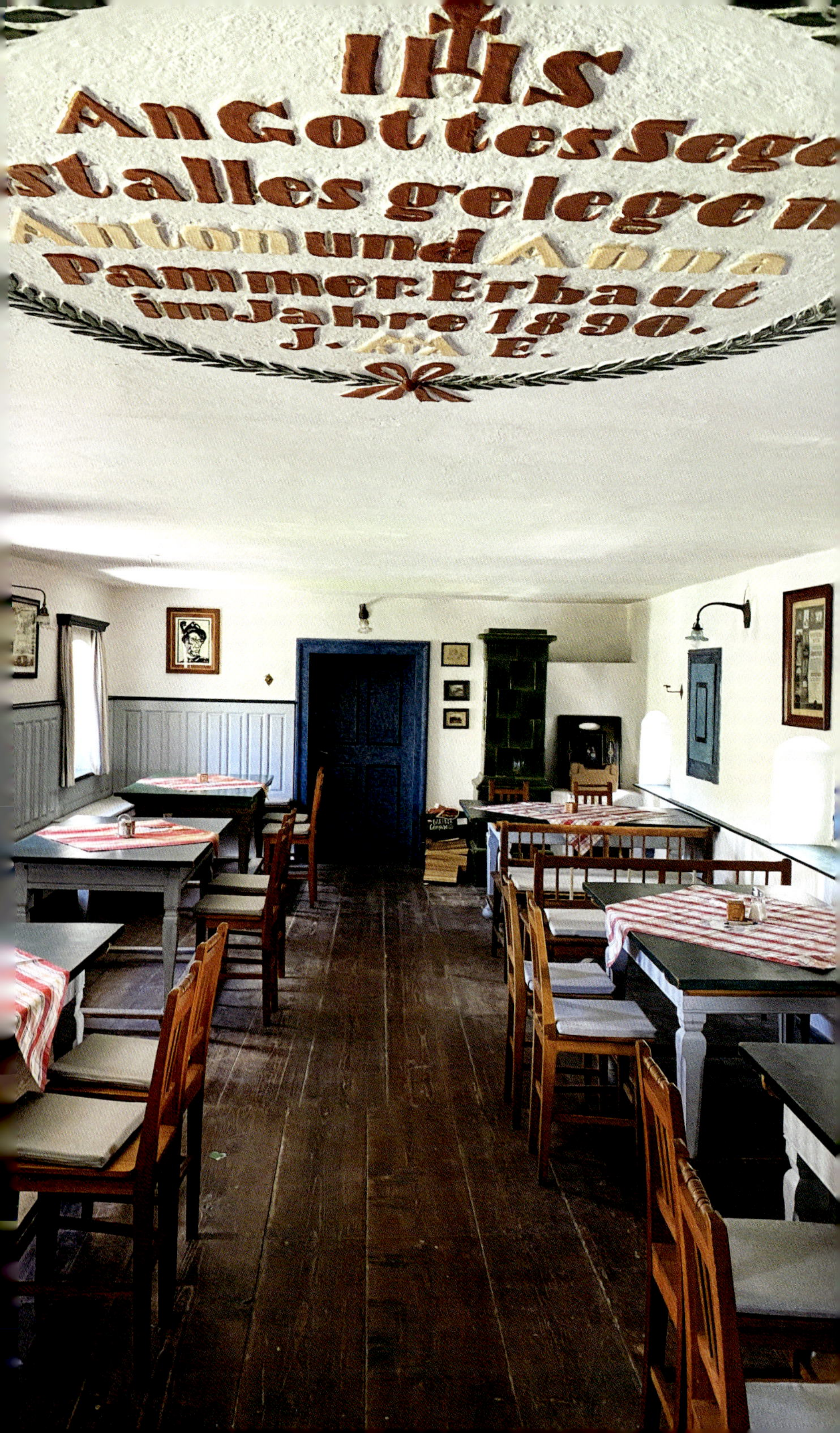
IHS
An Gottes Sege
stalles gelegen
Anton und Anna
Pammer Erbaut
im Jahre 1890.

Wandern
Einkehren
Wohlfühlen

Wer Oberösterreich erkundet, trifft auf eine Gasthauskultur voller Vielfalt – mit Wirtsleuten, die ihre Gäste professionell und mit großer Herzlichkeit verwöhnen. Sie lassen uns erleben, wie gut Essen schmeckt, dessen Zutaten von der Saison und der Region bestimmt werden. Gerade in einer Zeit, in der viele Wirtshäuser leider von der Landkarte verschwinden, ist es nicht selbstverständlich, in fast allen Regionen des Landes eine stärkende Rastpause einlegen zu können: sei es in einem bodenständigen Dorfgasthof, einer heimeligen Berghütte, einer ehemaligen Holzknechtstube oder einer historischen Klostertaverne. Ein kreatives Ambiente oder Kunstwerke von Weltrang erhöhen mancherorts das Speisevergnügen. Das Angebot reicht von ehrlicher Hausmannskost bis zur feinen, mit Hauben prämierten Gourmetküche.
Vor oder nach der stärkenden Mahlzeit – je nach Gusto – können die Gäste, die diesen Einkehrtipps folgen, auch auf einer Wander- oder Radtour die vielfältige Umgebung der gastlichen Häuser erkunden: Sie werden reizvolle Flusstäler, sanfte Hügel oder idyllische Almen vorfinden, oder wie von Riesenhand errichtete Felsformationen. Eine grandiose Aussicht ist oft die Draufgabe zum kulinarischen Genuss.

Viel Freude beim Wandern, Radeln oder Einkehren
im schönen Oberösterreich wünscht
Josef Leitner

Alte Stube im Kulturwirtshaus Pammer, Hirschbach

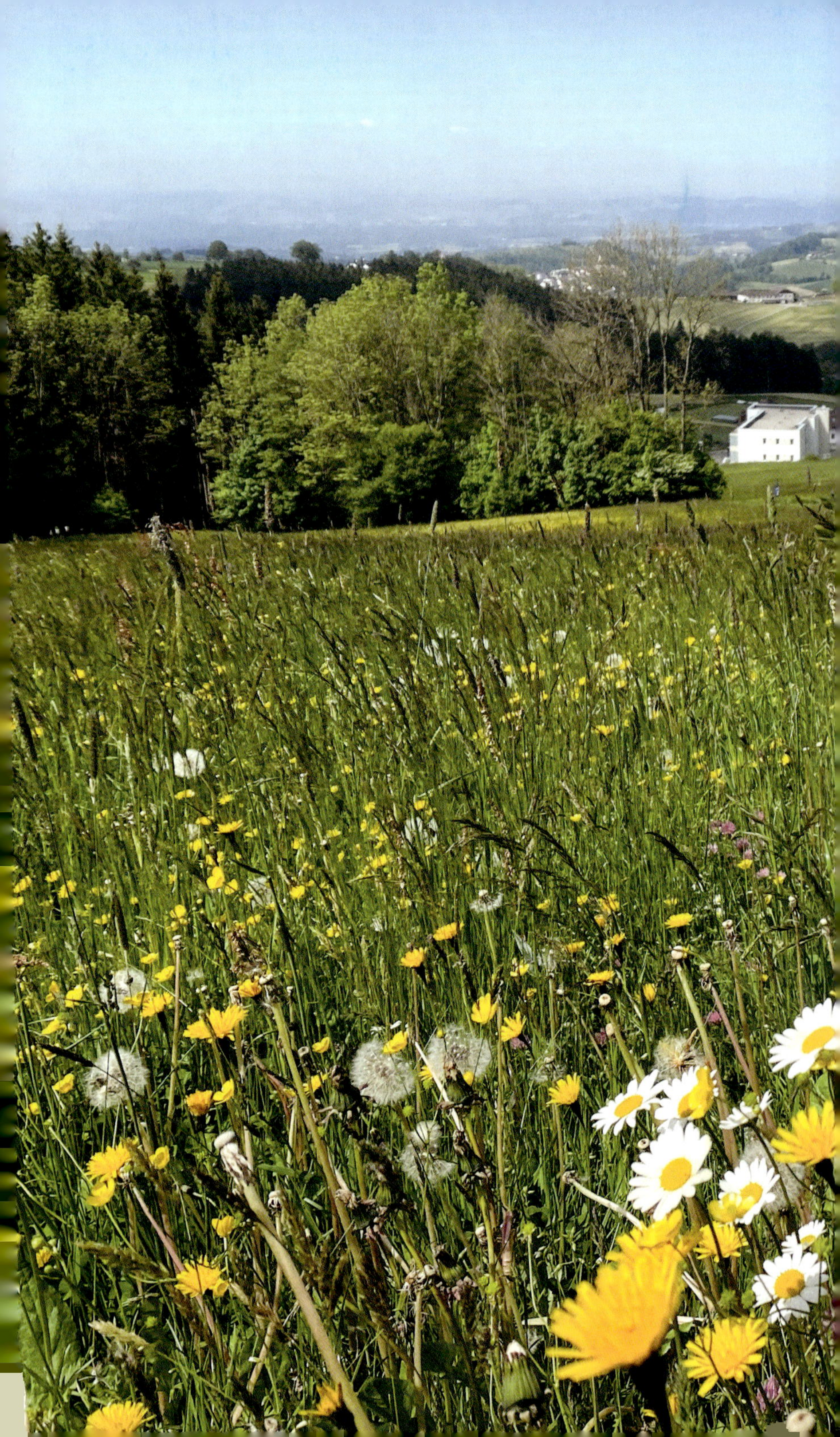

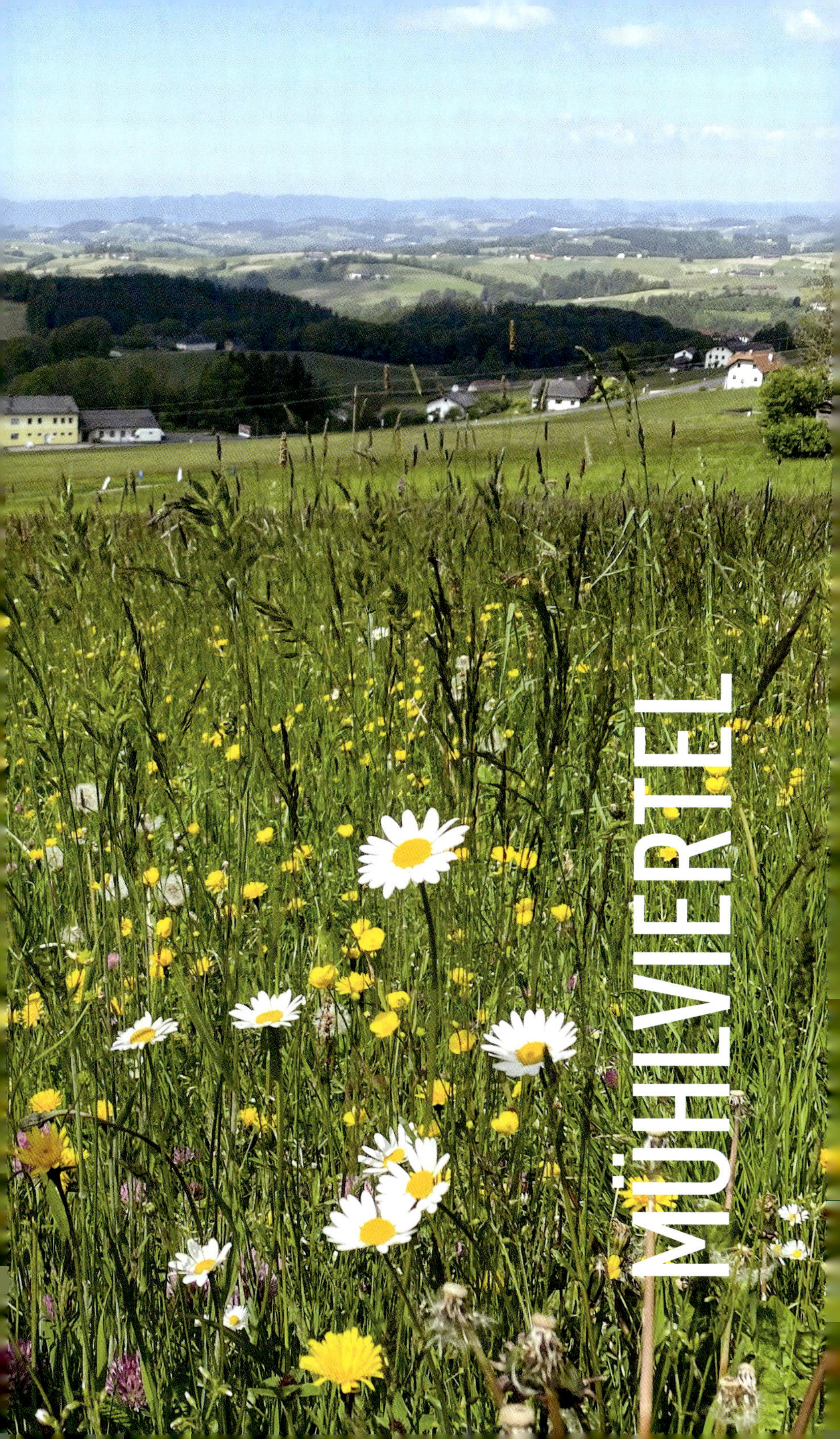
MÜHLVIERTEL

1 Aigen-Schlägl
Bärig & bierig

Der Bärenstein-Rundweg führt zum Liebesfelsen und beschert einen weiten Ausblick ins Wald- und Granitparadies des Böhmerwaldes.

Die Sensation, also das sinnliche Erfassen der Welt, kann sich auch auf das süffige Bier beziehen. Beim Biergasthaus Schiffner in Aigen-Schlägl warten 170 Biersorten in vier unterschiedlichen Kühlzonen und 100 extra für den Biergenuss designte Gläser auf den Gast. „Schon das Einschenken und die Optik eines schönen Bieres kann die Vorahnung auf weiteren Genuss anfachen. Sein Duft regt die anderen Sinne an. Alle Segmente der Zunge erfassen schließlich die Grundgeschmäcker süß, sauer, bitter, salzig und umami“, erläutert Karl Schiffner. Er war 2009 der erste Biersommelier-Weltmeister und hat gemeinsam mit seiner Familie ein stattliches kulinarisches Imperium geschaffen.

Auch Sohn Felix war 2017 Vizeweltmeister und 2021 Staatsmeister. Sohn Julius ist ebenfalls ausgebildeter Biersommelier. Hinter all diesen Erfolgen der Biersommelier-Familie steht natürlich auch die Arbeit von Ehefrau Gisela. Immerhin gibt es hierzulande 3300 Biersommeliers – Österreich ist damit weltweiter Spitzenreiter in Sachen Bier-Wissen. „Bier bildet eine Ergänzung oder einen Kontrast zur Speise, es ist niemals nur Begleiter. Das Angebot unserer Biere ist so wie die Speisenauswahl in einem ständigen Wechselspiel, sodass immer neue Geschmackserlebnisse auftauchen“, betont Schiffner. So beginnen wir eine kulinarische Reise, bei der jede Speise mit einem dazu passenden Bier kombiniert wird: Als Beispiel dient Schiffners „Aromenspiel“, bestehend aus Melanzani, Kapernbeere, Prosciutto, Wildschweinsalami, Rindsschinken, Trüffelmayonnaise, eingelegtem Ingwer und Wasabi-Nüssen. Dazu

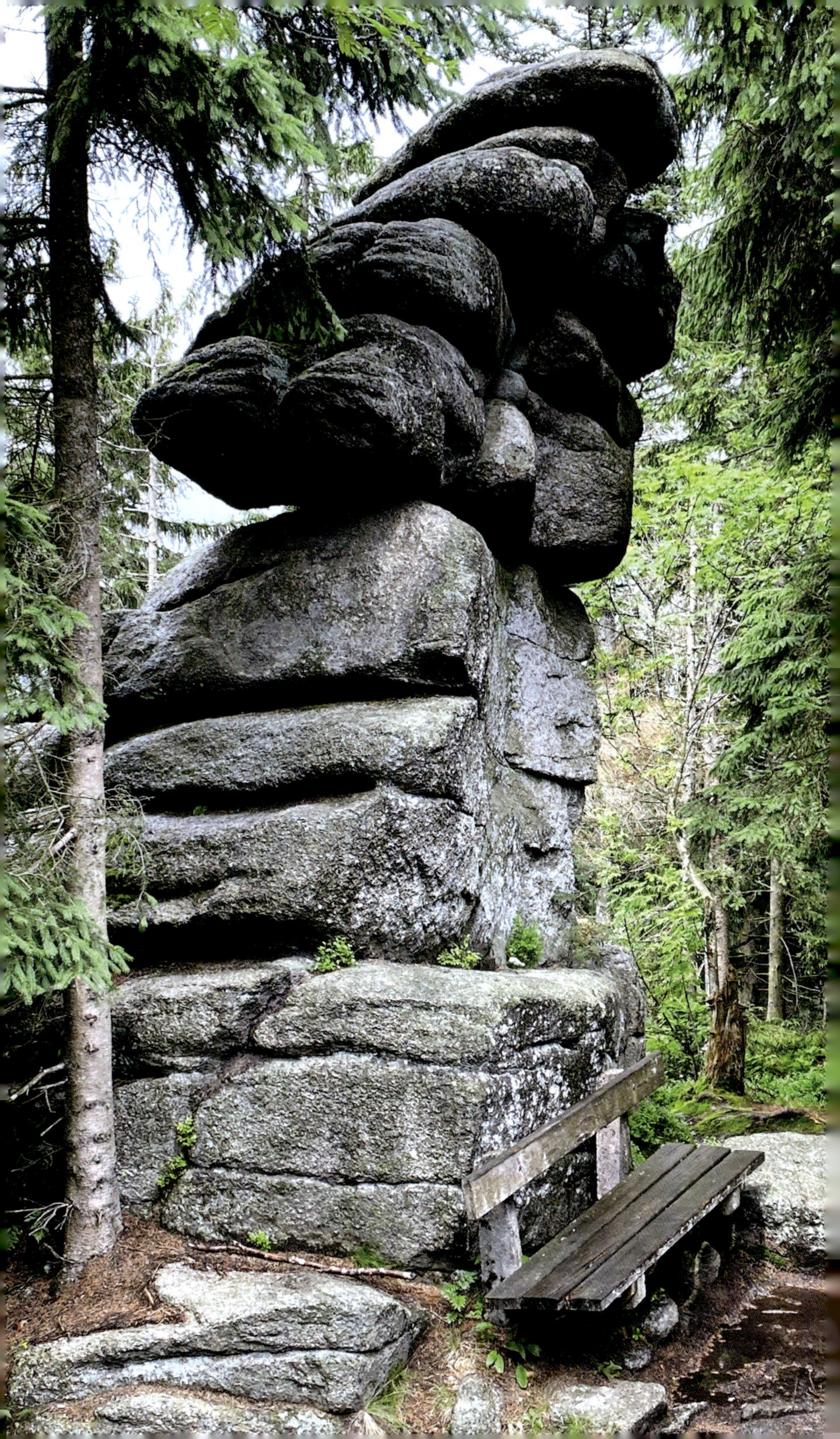

gibt es das hauseigene Bier-Gedeck aus drei hausgemachten Aufstrichen, bestehend aus Leinöl-Topfen-Creme, Tomaten-Basilikum- und Honig-Senf-Aufstrich.
Die Verbindung mit einem Campari-Pils ist dabei ein besonderes Geschmackserlebnis. Als Hauptspeise folgt ein in Bierteig gebackenes Mühlviertler Bierschnitzel: ein zartes Hühnerbrustfilet mit Blattspinat, Schafkäse und Speck gefüllt, dazu Petersilienerdäpfel und Rahmgemüse. Dazu kredenzt uns der Wirt sein selbst gebrautes „Aurora-Bier". Das kupferfarbene, untergärige Festbier wurde mit der Aromahopfensorte Aurora eingebraut und ist ein wahres Hopfenfeuerwerk. In die höchsten Sphären des Bierhimmels gelangen wir beim Dessert, dem „Bieramisu". Dabei wurde Biskuit in belgisches Pfirsichbier getränkt und erhielt dabei einen sommerlich fruchtigen Geschmack. Dazu gibt es belgisches Fruchtbier mit goldener matter Farbe und intensiven Pfirsicharomen.
Die Bierreise geht noch beim Digestif weiter. Schiffners Eigenkreation wird in einem eigenen Gedicht treffend beschrieben: „Als das stärkste Bier im Sortiment Schiffner Karl ‚Silentium'

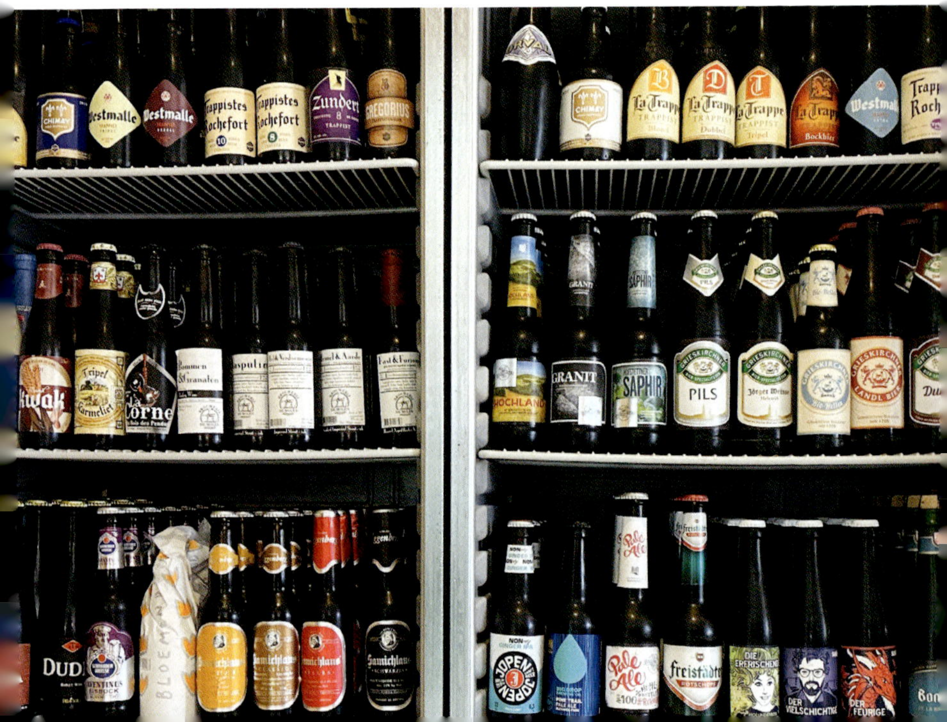

nennt. Sorgfältig wird es vergoren, dann im Eistank ausgefroren, was ihm sein Aroma gibt, das der Bierkenner so liebt. Kupferfarben ruht's im Glase, Waldbeerduft erfreut die Nase. Ölig, stark, innovativ, der perfekte Digestif, führt, dies gilt es zu betonen, zu wahren Gaumenexplosionen, krönt als Abschluss jedes Essen: Wer's probiert, wird's nie vergessen!"

Auf den Bärenstein

Dem können wir nur zustimmen und beherzigen die Empfehlung des Gastwirts, seinen Hausberg, den Bärenstein, zu erkunden. Wir folgen der Markierung 41 und tauchen auf idyllischen Wegen in das „Meer" des Böhmerwaldes ein. Der Boden federt bei jedem Schritt, die Luft ist klar und würzig, Vogelgezwitscher begleitet uns. Eine vielfältige Klangkulisse, die durch das immer wieder auftauchende Plätschern von kleinen Bächen angereichert wird. Eines dieser Gewässer entspringt der Michaelsquelle und treibt ein Wasserrad an, das munter und scheinbar schwerelos seine Runden dreht. Gleich unterhalb befindet sich ein Kneippbecken, das zu einer Tretmassage einlädt.

Dieses Naturerlebnis erinnert uns an Adalbert Stifters Roman „Witiko", der mit den Worten beginnt: „Von dem reinen Granitwasser durchrauscht, und von klareren und kühleren Lüften durchweht …". Bemooste Steine zwischen grünen Heidelbeersträuchern senden entspannende Signale aus. Dieses heilsame Waldbad lässt jeden Stress verschwinden. Bei steileren Passagen erleichtern die Wurzeln der Nadelbäume als eine Art Naturstiege den beschaulichen Aufstieg. Bei einer markanten Felsformation, dem Liebesfelsen, scheinen sich die Granitblöcke übereinander zu schmiegen. Ganz unvermittelt sind sie zwischen den Bäumen aufgetaucht. Von alters her regten Felsformationen dieser Art die Fantasie an. Meist handeln die Geschichten von Opfern, die hier gebracht wurden, oder vom Teufel, der nächtliche Tänze aufführte. Dieser Platz hat den Namen Liebesfelsen bekommen, weil seine romantische Form Liebespaare

angezogen hat, die hier ihr Glück ungestört genießen konnten. Einen großartigen Ausblick gibt es auch bei der folgenden markanten Felsformation: Es ist der Hochbuchet-Felsen, der steil an der Geländekante aufragt. Einige Meter Aufstieg auf einer Holzleiter führen zu einem umzäunten Aussichtsplatz. Tief unten liegen die Orte Ulrichsberg und Aigen. Eine Wanderpause ist hier angesagt. Nach knapp 500 hm Aufstieg erreichen wir den Gipfel des Bärensteins. Hier erwarten uns Felsgebilde in einmaliger Ausprägung. Wie von Riesenhand sorgfältig aufeinandergeschichtet, türmen sich gewaltige Granitblöcke aufeinander. Gleich Kunstwerken des Fantastischen Realismus ragen sie in den Waldhimmel. Steinerne Zeugen eines Jahrmillionen dauernden Verwitterungsprozesses. Ein einmaliges Ensemble, von dem aus wir wieder eine fantastische Aussicht haben. Diesmal sehen wir hinter dem Gipfelkreuz das Schimmern des Moldau-Stausees im nahen Südböhmen. Beim Abstieg passieren wir den Gasthof Panyhaus, zu dem eine Straße führt. Von dort ist der Gipfel ebenfalls erreichbar. Wir setzen unseren Fußweg fort und erreichen nach insgesamt vier Gehstunden wieder den Ausgangspunkt am Marktplatz in Aigen.
Das Ensemble mittelalterlicher Bürgerhäuser am Marktplatz wird überstrahlt von der mächtigen Pfarrkirche. Der monumentale Bau mit seiner Fassade aus unverputztem Granit und Ziegeln bildet mit der Inneneinrichtung ein geschlossenes Ensemble mit neoromanisch-gotischen Stilelementen. Er gilt als Paradebeispiel der späthistoristischen Baukunst des ausgehenden 19. Jahrhunderts und gehört zu den bedeutendsten Sakralbauten dieser Bauepoche in Oberösterreich. Ein würdiger Abschluss unseres Besuches in Aigen.

🕓 4 Stunden ↔ 11,5 km ↗ 450 hm

Ausgangspunkt: Biergasthaus Schiffner, Linzerstraße 9, 4160 Aigen-Schlägl, Tel. +43 7281 8888, www.biergasthaus.at

Öffentl. Verkehr: Bus 230 von Linz/Donau, Hinsenkampplatz

Altenfelden 2

Vegetarische Urkraft & Schwarze Kuchl

Bemooste Granitblöcke begleiten auf dem Mühltalrundweg durch das Naturparadies der Großen Mühl.

Bereits im Jahr 1010 vermachte der Bayernherzog und spätere römisch-deutsche Kaiser Heinrich II. den Ort Altenfelden, der damals noch Velden hieß, einem bayerischen Kloster. Die weit in die Landschaft ragende Pfarrkirche scheint auch heute noch an dieses Erbe zu erinnern. Ein anderer uralter Treffpunkt für die Bewohner und Besucher der Mühlviertler Marktgemeinde befindet sich mitten in einer Häuserzeile des Ortszentrums: das traditionelle Familiengasthaus Zellerwirt.

Wirt Gerhard Zeller empfiehlt uns zum Einstieg eine Wildcremesuppe vom Feldhasen: ein cremiges Vergnügen mit kleinen, zarten Fleischstückchen und Gemüse. „Basis ist die Karkasse des Feldhasen. Das französische Wort *carcasse* (dt. „Gerippe") bezeichnet das nach dem Tranchieren der Beine, Schultern und Rücken des Feldhasen zurückbleibende Knochengerüst samt anhaftenden Fleischresten. Es dient als Grundlage für den Fond, dem sie ein kräftiges Wildaroma verleiht", erklärt er uns.

Dann folgt als weitere Spezialität eine jahrhundertealte vegetarische Kraftnahrung aus der Region, nämlich Leinöl-Erdäpfel. Das in einer Eisenpfanne servierte, köstlich duftende Gericht mit den drübergestreuten Leinsamen wirkt auch optisch sehr ansprechend. Im Anschluss fügt der Wirt der auf Esstemperatur abgekühlten Speise das hitzeempfindliche Bio-Leinöl bei und betont: „In unsere Kochtöpfe gelangen nur die besten Zutaten, zum größten Teil von Lieferanten aus der unmittelbaren Umgebung und natürlich in Bio-Qualität." Das können wir auch bei einer weiteren Speise genießen, bei den gschmackigen Ripperln,

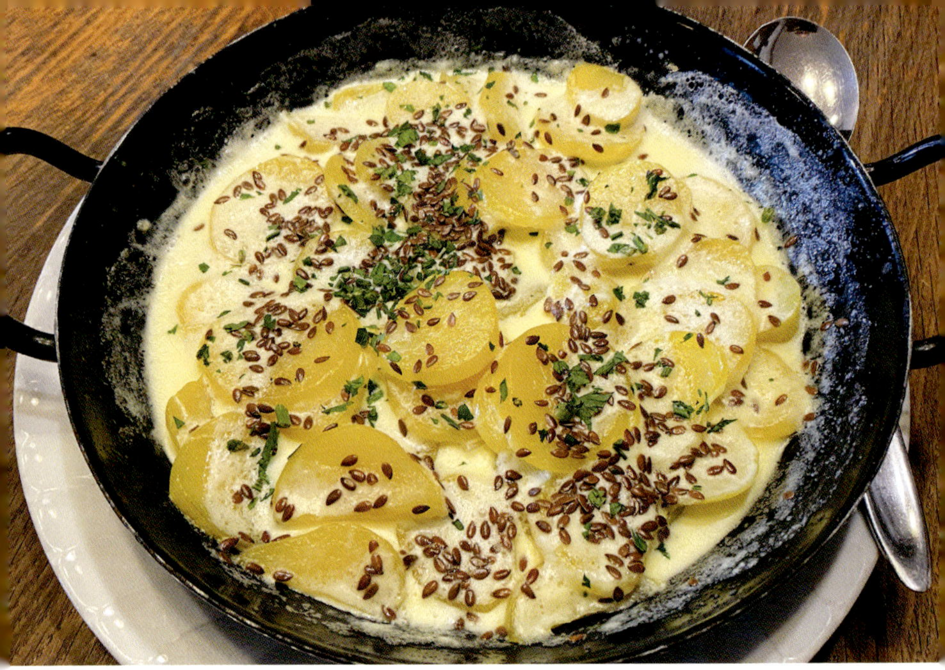

feinstens gegart mit Hausmarinade, Kraut und Bauern-Pommes. Die vorgegarten und anschließend eineinhalb Stunden im Rohr gebratenen Ripperl werden mit einer speziellen Marinade aus Tomatensauce, Paprika, Honig, Knoblauch, Kurkuma, Salz und Pfeffer gewürzt. Ein Neufeldner Bio-Zwicklbier passt trefflich dazu. Ein köstlich zarter Gaumenschmaus, dem zum Abschluss Topfennockerl mit Zwetschkenröster folgen. Was ist das Geheimnis dieser herausragenden Speisenqualität? Kellnerin Veronika weiß: „Sie besteht zu einem Teil aus den Grundprodukten und zu zwei Teilen aus den Menschen, die darauf einwirken.“ Damit meint sie den Wirt und Koch Gerhard, der die Gerichte mit Liebe zubereitet.

Mühltalrundweg

Vor dem Essen haben wir die Region zu Fuß erkundet und uns auf den 14 km langen Mühltalrundweg Nr. 21 begeben. Dieser startet direkt beim Gasthof und führt zuerst über eine weitläufige Hochebene, über Wiesen, Felder und kleine Weiler. Dann

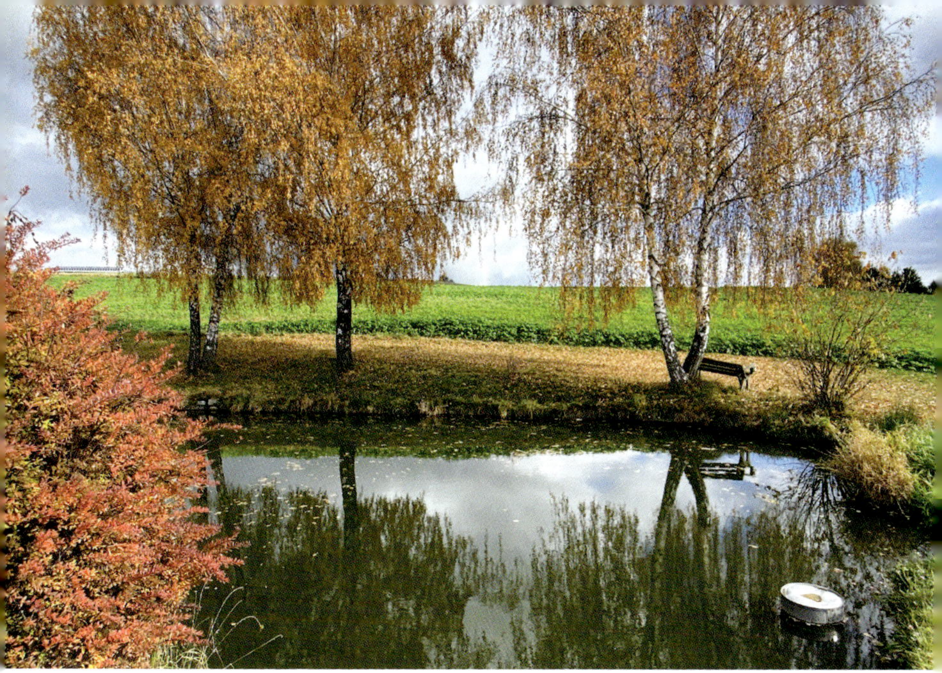

steigen wir hinab ins Tal der Großen Mühl, der wir etwa eine Stunde lang folgen – ein Naturerlebnis. Das Gewässer ändert ständig seine Gestalt und wechselt von einem durch schmale Felskorridore schießenden Wildgewässer bis zum gemütlich zwischen bemoosten Granitblöcken vorbeigleitenden Bach. Der Hauptfluss des Mühlviertels entspringt am Dreisesselberg und ist 65 km lang. Wir passieren die versteckt am anderen Ufer der Mühl liegenden Reste der Burgruine Schallenberg, dann die markante Felsformation der Schwarzen Kuchl, um schließlich vorbei an einer mächtigen Felswand wieder mehr als 200 hm zum Ausgangspunkt aufzusteigen. Dort beenden wir nach vier Gehstunden den Rundweg.

🕒 **4 Stunden ↔ 14 km ↗ 383 hm**

Ausgangspunkt: Zellerwirt, Marktplatz 2, 4121 Altenfelden, Tel. +43 7282 5514, zellerwirt.at

Öffis: Bus 230/231 von Linz Hbf. nach Altenfelden

3 **Kleinzell**

Bauernschmaus & Kunstgenuss

Der Rundweg „Von Wegen ... Kunst" verbindet inspirierende Objekte mit der reizvollen Mühlviertler Landschaft.

Wenn einem Wirtshaus ein so guter Ruf vorauseilt wie dem Gasthof Scharinger im Mühlviertler Ort Kleinzell, kann man ruhigen Gewissens das tägliche Menü bestellen ohne lange die Speisekarte zu studieren. Die Qualität ist mit Sicherheit garantiert. Dafür sorgen die Mitglieder der Familie mit Wirtin Michaela, ihrem Lebensgefährten Gerhard sowie ihrem Bruder Thomas als Chefkoch. So starten wir unser Speisevergnügen mit einer Wildcremesuppe mit Croutons. Serviert wird sie von Kellnerin Margit, die bereits seit ihrer Lehrzeit vor 35 Jahren den Familienbetrieb unterstützt. Seniorchef Sepp bringt das Wild von seinen Jagdzügen rund um den Ort mit.

Es folgt ein legendärer Bauernschmaus, bestehend aus einem Stück Surbraten, einem gefüllten Schweinsbauch und Ripperl. Dazu gibt es Sauerkraut, Mehlknödel, Erdäpfel und Bratensaft. Alles zart und voller Geschmack. Ein Hofstettner Granitbier rundet den Genuss ab. Andere Gäste tun sich derweil an einem Steirischen Backhendlsalat aus gebackenen Hühnerfiletspitzen auf Blattsalat gütlich. Auch die Nachspeise, ein gezogener Apfelstrudel mit Nüssen und hausgemachter Vanillesauce, schmeckt einfach köstlich. Sepp Scharinger betont, dass die Zutaten aus der Umgebung stammen, vom Gemüse eines nahen Biobauern bis zum Fleisch von örtlichen Landwirten. Er erinnert an die über 100 Jahre zurückreichende Tradition des Hauses, das seit 1961 von seiner Familie geführt wird, seit über zehn Jahren von Tochter Michaela. „Zu Mittag ist das Gasthaus täglich voller Leute, Mitarbeiter der benachbarten Firmen und Wanderer auf

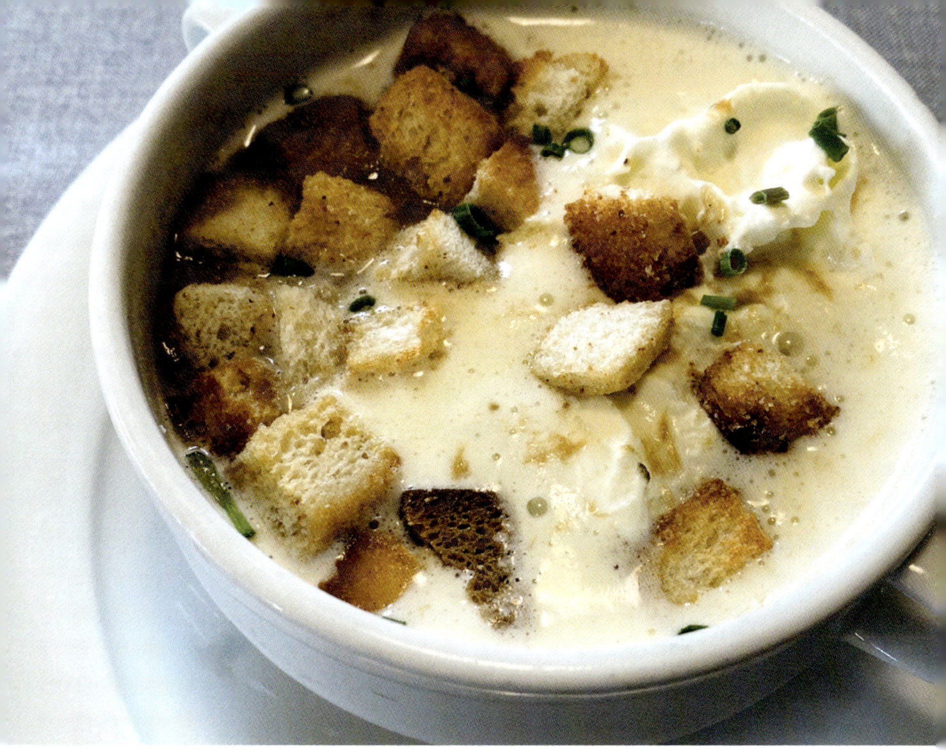

dem Granitpilgerweg füllen die Gaststube bis auf den letzten Platz." Catering-Dienste und ein gern genutzter Abholservice vervollständigen das Angebot. Dazu kommen noch 15 Stammtische, darunter auch eine Damenrunde. Ein Blick auf die Regeln eines Männerstammtisches, welche die Wand des Gasthofs zieren, zeigt, dass auch der Nachwuchs ins Geschehen einbezogen wird: „Bei Geburt eines Sohnes sind dem Stammtisch-Clan 37 Halbe Bier, bei Geburt einer Tochter 37 Pfiff zu entrichten."

Von Wegen ... Kunst

Vor dem Speisevergnügen haben wir bereits den Wanderweg Nr. 43 absolviert, wo inspirierende Kunstwerke die Mühlviertler Landschaft bereichern. Bürgermeister Klaus Falkinger erklärt die Hintergründe: „Die Künstlervereinigung ‚Zell la vie', bestehend aus lokalen Künstlern, hat den sieben Kilometer langen Rundweg mit Kunstobjekten aus Holz, Stein oder

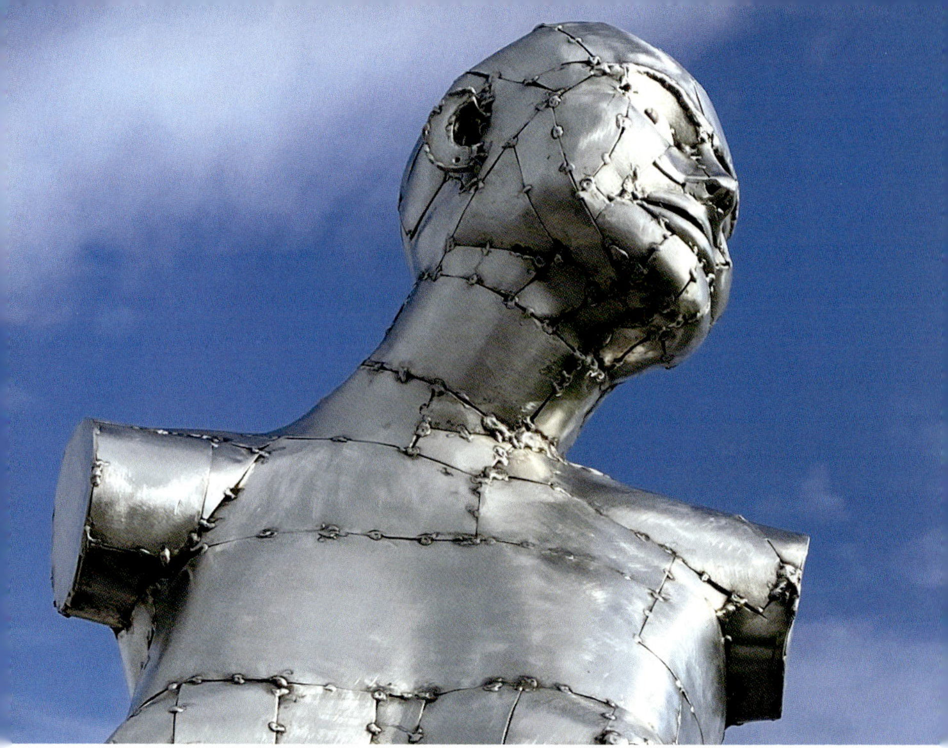

Metall angereichert. Dieses Wechselspiel aus reizvoller Landschaft und künstlerischen Objekten lädt zum bewussten Wahrnehmen ein." So treffen wir auf idyllischen Wald- und Wiesenwegen sowie entlang des reizvollen Diesen- und Brenneringer Baches auf Kunstobjekte aus Metall wie die „Iron Diva", oder aus Stein, wie die „Schildbürgerkröte mit Nachwuchs". Die Skulpturen „Der Wächter" und „Durchblick-Ausblick" laden ein, die dahinterliegende Landschaft ins Visier zu nehmen. Die „Hochwasserfische" erinnern an die Flut von 2002. In wunderbarer Weise finden wir bestätigt, was gute Kunst auszeichnet: Sie macht uns nach dem Kunstgenuss bewusst, dass uns vor diesem etwas gefehlt hat.

2,5 Stunden ↔ 7,9 km ↗ 202 hm

Ausgangspunkt: Gasthof Scharinger, Kleinzell 5, 4115 Kleinzell im Mühlkreis, Tel. +43 7282 5316, gasthof-scharinger.at

Öffis: von Linz/Donau, Hinsenkampplatz, Bus 230/231 u.a.

Von Teufeln & Nymphen

Eine wahrhaft himmliche Rast bereichert perfekt die Kraftplatzwanderung im Pesenbachtal bei Bad Mühllacken.

Wenn man mit einem so von Herzen kommenden, strahlenden Lächeln begrüßt wird, freut man sich nach einer erlebnisreichen Wanderung noch mehr auf die bevorstehenden kulinarischen Genüsse. Gastgeberin Elisabeth Berger, die selbst am Herd steht, kocht bevorzugt ihre eigenen Lieblingsspeisen, die bereits auch ihre Mutter zubereitet hat.
Dazu zählt die g'selchte Rahmsuppe mit Schwarzbrotwürferln. „Eine typische Mühlviertler Spezialität, bei der die Brühe, in der das Geselchte gesotten wurde, mit Rahm und Kümmel angereichert wird, was eine geschmackvolle Suppe ergibt. Sie erinnert an frühere Zeiten, in denen alles verwertet wurde, auch trockenes Brot." Ein kleiner Vorgeschmack darauf, was den Schlagerwirt auszeichnet: Zum Gasthof gehört nämlich auch ein Bauernhof, auf dem die Grundprodukte in hoher Qualität selbst hergestellt werden. „Alles ist hausgemacht, Fertigprodukte haben in unserer Küche nichts verloren", betont Wirt Bernhard Berger. Er empfiehlt als Hauptspeise ein Hüftsteak vom Pesenbacher Weideochsen. Dazu gibt es buntes Gemüse, Kräuterbutter, einen Ofenerdapfel und im späten Frühling frischen Spargel. „Unsere zehn Weideochsen verbringen zwei Sommer lang auf der Weide. Sie sind immer in Bewegung und entwickeln so eine besondere Fleischqualität", erklärt der Gastgeber. Das können wir beim Verspeisen des zarten, mehrere Wochen gereiften Fleisches mit der kräutrig-würzigen Note nur bestätigen. Ein Genuss, wie man ihn selten bekommt. Bei einem weiteren Besuch werden wir dann das Gulasch oder das gekochte Rindfleisch mit Semmelkren

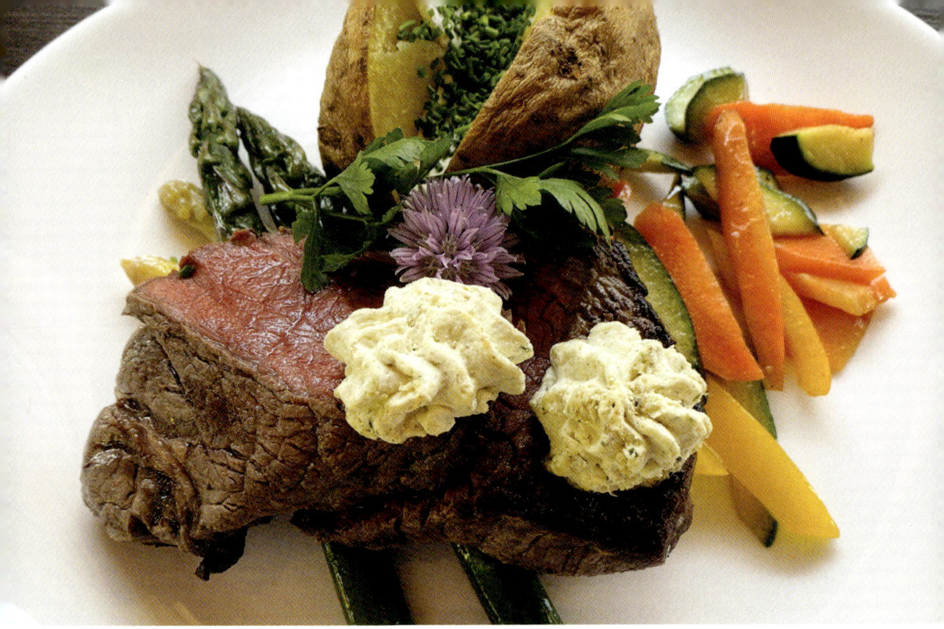

wählen. Anderen Gästen mundet der Holzofen-Schweinsbraten vom Mühlviertler Schwein sichtlich. Dazu gibt es Semmelknödel, Eferdinger-Landl-Erdäpfel und warmen Speckkrautsalat. „Die Hitze, die ein Holzofen für den Bratvorgang erzeugt, ist etwas Besonderes“, so Wirtin Elisabeth.
Seniorchef Erwin bezeichnet sich selbst als „Ochsenknecht“. Er ist für die Fütterung der Tiere zuständig und erinnert uns an die Bauernkrapfen, die früher beim Dreschen des Getreides für Kraft bei den anwesenden Arbeitern gesorgt haben. Sie werden uns heute von Elisabeth als „heiße Bauernliebe“ mit frischen Erdbeeren, Bauernhofeis und Schlagobers serviert. Natürlich kommt auch das Eis, ein Himbeer- und Vanilleeis, von einem befreundeten Bauernhof. Die Bauernliebe schmeckt ebenso köstlich wie eine weitere Spezialität, der Topfen-Heidelbeerstrudel mit Vanillesauce. „Eine Speise, die wir früher mit ausschließlich selbst erzeugten Zutaten gebacken haben. Heute beziehen wir die Eier von einem nahen Biobauern“, sagt sie.
Der Erbhof blickt auf eine 600-jährige Geschichte zurück. Er wurde bereits 1364 erstmals urkundlich erwähnt und wird

mittlerweile in neunter Generation bewirtschaftet. Großvater Franz eröffnete im Jahr 1965 den Gasthof, kurz nachdem das Pesenbachtal zum Naturschutzgebiet erklärt wurde. „Bei uns wird nicht nur bei den Zutaten, sondern auch bei den Rezepten Wert auf Tradition und Regionalität gelegt. Wir sind daher ein Slow-Food-Betrieb im wahrsten Sinn des Wortes. Wir erstreben eine harmonische Symbiose zwischen Naturerhaltung und wirtschaftlicher Nutzung. Eine anonyme Wahl hat uns bei der AMA Genussregion Mühlviertel den ersten Platz eingebracht. Das freut uns natürlich sehr und bestätigt unsere Bemühungen", so Wirt Bernhard. Der ausgebildete Bier-, Wein- und Edelbrandsommelier serviert uns zum Abschluss im windgeschützten Gastgarten zwei Kostproben seiner selbstgebrannten Schnäpse, nämlich von der Bio-Orange und von der Erdbeere.

Kraftplätze zur Entspannung

Vor dem Essen haben wir vom Kurhaus Bad Mühllacken aus eine Kraftplatzwanderung durch das Pesenbachtal gemacht. Wir wählen aus den Wanderrouten, die den insgesamt 34 km langen Bach begleiten, das dreieinhalb Kilometer lange, wildromantische Wegstück bis zum Kerzenstein. Immer wieder tauchen bizarre Formen der sogenannten Wollsackverwitterung auf. Auf den Berg- und Hügelkuppen des Granithochlands bilden seit vorgeschichtlicher Zeit die gerundeten Steine typische Kult- und Heilorte. Tafeln zeigen 22 Kraftplätze mit besonderen Qualitäten an: Sie bieten Anleitungen zu Übungen oder zu Ritualen der Entspannung und sollen die Wahrnehmung verfeinern. Die Wanderer sollen dadurch in Kontakt mit den Heilkräften der Natur kommen. So lädt ein Hörtrichter ein, die Geräusche der Umgebung bewusst wahrzunehmen.

Auf dem Weg zum Kerzenstein passieren wir das Steinerne Dachl, einen riesigen Grobkorngranitblock, der aus einer Felsbastei wie ein Dachvorsprung herausragt. Daneben befindet sich die Floßgasse, eine Wasserrinne von blau-schwarzer

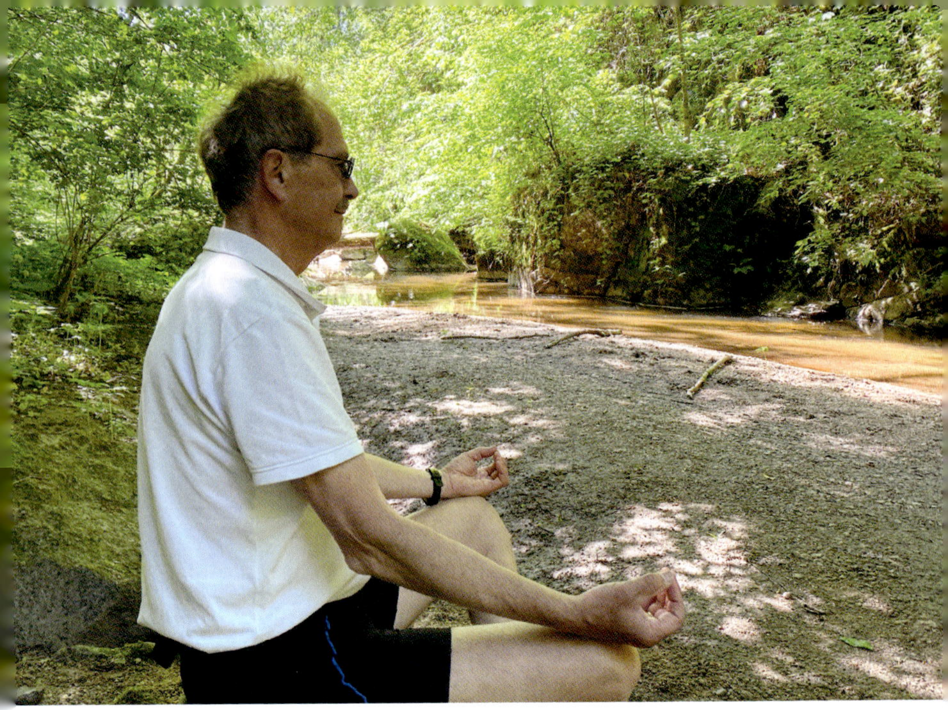

Färbung, durch die das Wasser durchschießt. Nach dem Feen- und Nymphenhain, einem lauschigen Platz zwischen mächtigen Steinen, treffen wir auf das Strudelloch „Teufelsboding", eine durch Wasserwirbel entstandene, ovale Vertiefung im Bachbett. Hier soll der Beelzebub besonders gern gebadet und unachtsame Menschen in die Tiefe gezogen haben. Es folgen der Blaue Tümpel, ein Naturwiesenplatz, welcher der Sage nach nur von hohen heidnischen Priestern betreten werden durfte, und der Grüne Tümpel, ein Platz mit hoher Energie. Schließlich folgt der Sunntümpel, der lange von der Sonne beschienen wird. Bemerkenswert ist eine Buche, die sich exakt einen Felsblock als Wohnort ausgesucht hat und auf diesem ihre Wurzeln ausbreitet. Eine andere Wurzel lässt sich an einer steileren Stelle als Haltegriff benutzen. Auch eine prachtvoll schimmernde Smaragdeidechse kreuzt unseren Weg. Sie ist neben der Äskulapnatter hier heimisch. Schließlich erreichen wir den Kerzenstein, das Wahrzeichen des Naturschutzgebiets und das Herz des

Pesenbachtals. Das Naturdenkmal ist 12 m hoch und soll schon in vorchristlicher Zeit bis etwa 1 000 n. Chr. ein regionales Naturheiligtum gewesen sein und auch als Fruchtbarkeitskultplatz und als Initiationsort für Mädchen gedient haben. Ein Platz zum Verweilen und Innehalten. Auf dem Rückweg verlassen wir nach der Station 14 den Wanderweg und wechseln zum Schuhplattlersteig, dem wir leicht ansteigend bis zum Schlagerwirt folgen. Von diesem führt dann ein direkter Weg wieder hinunter zum Pesenbach, wo wir nach insgesamt drei Stunden Gehzeit wieder den Ausgangspunkt erreichen.

3 Stunden ↔ 8 km ↗ 190 hm

Ausgangspunkt: Kurhaus Bad Mühllacken, 4101 Feldkirchen, Bad Mühllacken 55
Einkehr: Schlagerwirt, Bernhard & Elisabeth Berger, Oberwallsee 12,
Bad Mühllacken, 4101 Feldkirchen/Donau, Tel. +43 7233 7220, schlagerwirt.at
Öffis: von Linz/Donau, Hinsenkampplatz direkt mit Bus 201 Richtung Aschach/Donau, Hst. Kurhaus Bad Mühllacken, Wanderweg führt nach Station 8 in 45 Minuten zum Schlagerwirt

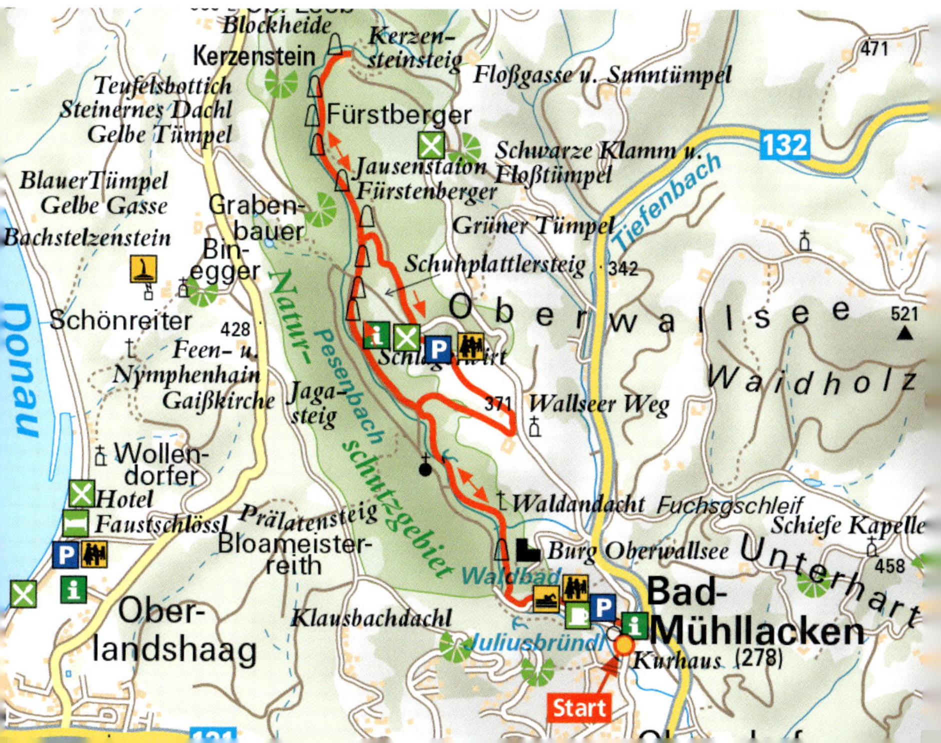

5 Walding
Schweineglück mit Panoramablick

Beim Leistungspflügen von Kärnten ins Mühlviertel – eine Liebesgeschichte mit Ausblick.

In einem denkmalgeschützten Gebäude in stylisch-modernem Ambiente beste Hausmannskost genießen: Dazu gibt es beim Wirt zu Walding in der gleichnamigen Mühlviertler Marktgemeinde die beste Gelegenheit. Nach einer Schöberlsuppe, deren Inhalt mit einer originalen Kuchenform hergestellt wurde, bringt uns die Hauptspeise, ein Bauernkotelette, die ganze Breite des hauseigenen Angebots auf den Teller: Es ist gegrillt mit Speck, Zwiebel und Spiegelei, dazu gibt es Ofenerdäpfel und Salat. Deftig, zart und gesund zugleich. Aus der Auswahl an offenen Bieren, Linzer, Kaiser oder Gösser Zwickl wählen wir das würzige Baumgartner. Der Genuss wird zusätzlich gesteigert, als wir von Wirtin Evelyn Bergmayr erfahren, dass die meisten Zutaten aus der eigenen Landwirtschaft stammen. Die Schweine werden im hauseigenen Schlachthof für den Verzehr im Gasthof vorbereitet. Ohne weiteren Transportweg finden so pro Woche ein bis zwei Exemplare den Weg in die Wirtshausküche. Chefkoch und Ehemann Christian verwertet mit seiner Mutter Martha alles, sei es als Schweins- oder Surschnitzel, Leberknödel, als Stelze, Haussulz, oder Speck. Sogar das Eschenholz für die Tische und den Boden der Gaststube kommt aus dem eigenen Auwald an der Donau. Andere Gäste haben das Steirische Cordon bleu ausgewählt, das ebenfalls verlockend aussieht. Es stammt von der Pute und ist in einer Kürbispanade herausgebacken. Dazu gibt es wahlweise Reis, Erdäpfel oder Pommes und einen Salatteller. Mit einem gezogenen Apfelstrudel mit Himbeer-Zitrone-Eis schließen wir unser Essen ab.

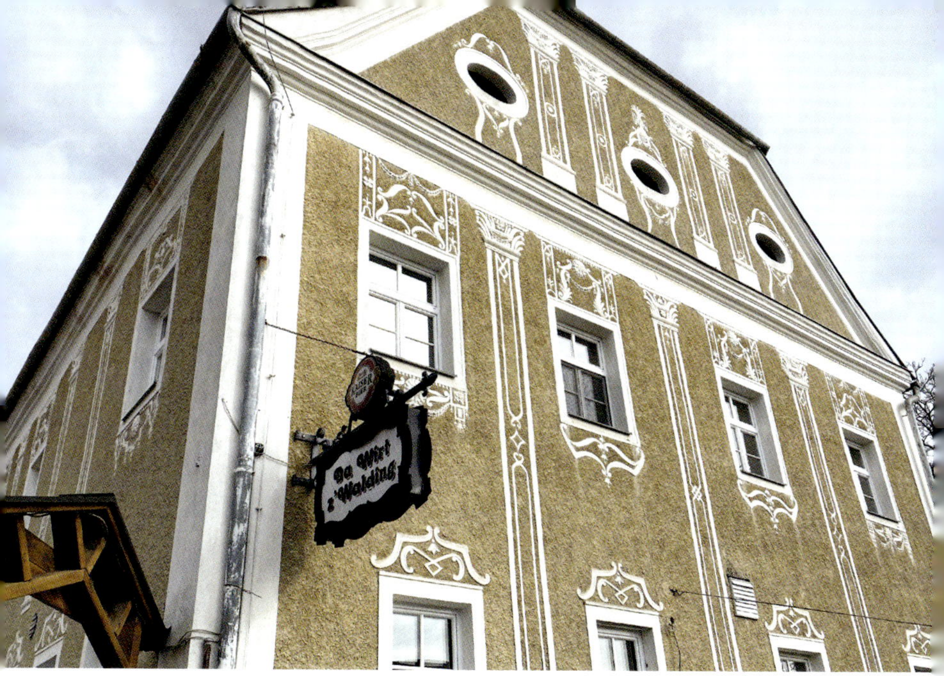

Evelyn Bergmayr ist Kärntnerin und hat ihren Mann Christian bei einem Leistungspflügen-Wettbewerb in ihrer früheren Heimat kennengelernt. Sie war bei dieser Veranstaltung als Kellnerin tätig, die beide verliebten sich und Evelyn folgte ihrem Christian in den elterlichen Gasthof. Mittlerweile erfüllen auch zwei Buben mit ihrem fröhlichen Lachen das Haus. Seniorchef Hans Bergmayr hat noch interessante Informationen über die Geschichte des Hauses. Bereits seit 100 Jahren befindet es sich im Familienbesitz. Erbaut wurde es allerdings bereits im Jahre 1208 und ist damit das älteste Haus von Walding. Es war ein adeliger Edelsitz, also ein lokales Verwaltungszentrum der Herren von Traun. Später wurde es von den Herren von Ottensheim als Hoftaverne für ihre Untertanen umgestaltet. Seit 1526 diente es durchgehend als Gasthaus. Einige Pfeiler im Haus stammen noch aus der ursprünglichen Bauzeit. Im Jahr 2019 wurde das jahrhundertealte ehemalige „Wirtshaus zur Hoftaverne“ mit viel Gespür in eine zeitgemäße Gaststätte umgebaut. An diesem Sonntag von zahlreichen Gästen besucht, finden sich sonst auch Stammtischbesucher ein. Von Bauern, Fußballspielern und Feuerwehrmännern bis hin zu einer Runde von derzeitigen und ehemaligen Mesnern.

Rundweg mit Hofladen

Jahrhundertelang gab es auch einen unterirdischen Gang zur weiter oben liegenden Pfarrkirche. Genau dorthin führt uns der weitere Weg, auf dem wir die nähere Umgebung auf einem eineinhalbstündigen Rundweg erkunden. Er führt uns durch hügeliges Gelände vorbei an der sogenannten Kimperl-Siedlung, nach der wir die Gramastettner Straße überqueren und in die Wimmerstraße gelangen. Beim Biobauernhof Rosenauer erwerben wir im Hofladen Biodinkel und Haferflocken. Schließlich erreichen wir den höchsten Punkt der Wanderung am Panoramablick Donautal. Eine einsame Kapelle erinnert an die Heilung eines 12-Jährigen nach dem Sturz von einem Kirschbaum. Der Blick fällt weit unten auf den Ort Walding, dahinter sehen wir die Donau und den Kirchturm von Ottensheim. Vorbei an Gärten mit den ersten Frühlingsblumen erreichen wir wieder den Ausgangspunkt.

🕒 **1,5 Stunden ↔ 5 km ↗ 110 hm**

Ausgangspunkt: Wirt z'Walding, Raiffeisenplatz 9/2, 4111 Walding, Tel. +43 723 48 23 08, wirt-walding.at

Öffis: von Linz Hbf. Bus 215 u. a. Richtung Lembach, Hst. Walding

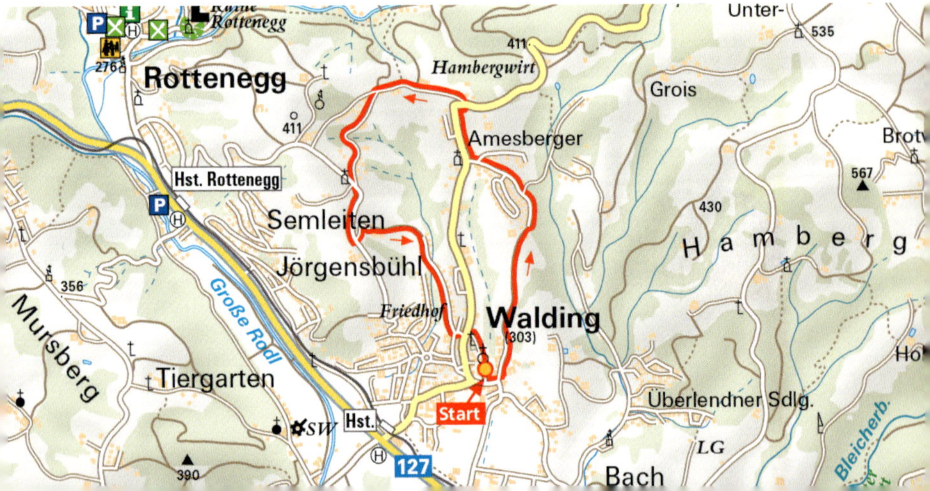

Eidenberg

Burgerparadies & mystische Steine

6

Beim Kopfwehstein soll der hl. Wolfgang wundersame Spuren hinterlassen haben.

Auf der Speisekarte des Gasthauses Eidenberger's in dem kleinen Mühlviertler Ort Eidenberg findet sich ein reiches Angebot, das von Spinat-Ziegenkäse-Knödeln bis zum Zanderfilet reicht. Unser Blick fällt allerdings auf die Burger-Karte. Vom Hendl- bis zum Vegan-Burger reicht die Bandbreite. Unsere Wahl fällt auf die Spezialität des Hauses, den „Eiden-Burger". Er vereint das Faschierte vom Mühlviertler Weiderind mit knackigem Blattsalat, Käse, geröstetem Speck, Spiegelei, Zwiebelringen und Hamburgersauce. Alle Zutaten stammen aus der näheren Mühlviertler Umgebung und wurden in der eigenen Küche frisch verarbeitet.

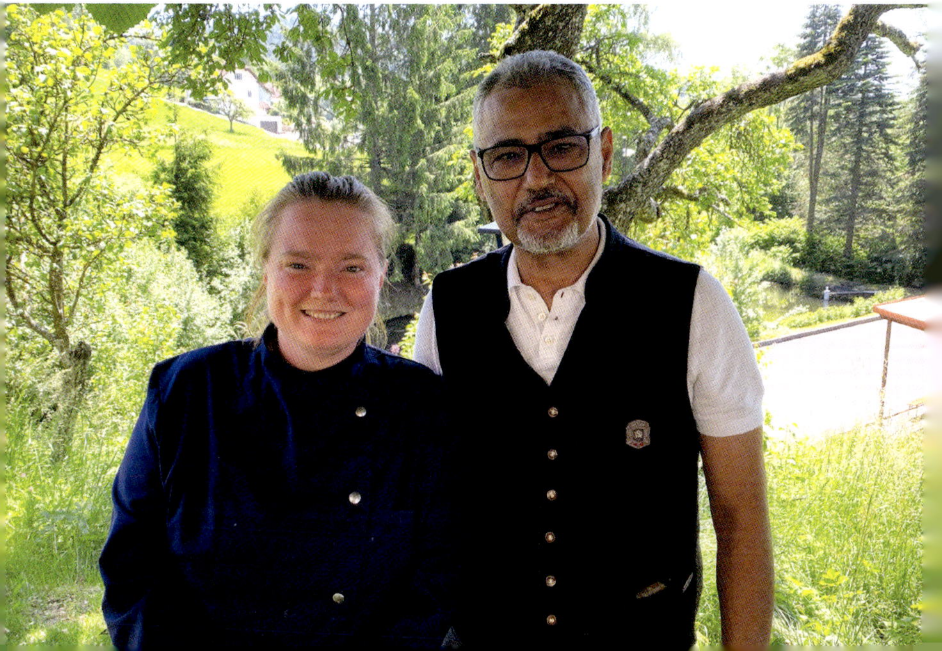

Das Ganze wird eingepackt zwischen zwei Scheiben eines knusprigen Erdäpfelbrots, das Wirt Hasan Ahmed gemeinsam mit seiner Köchin Regina Schwantner speziell dafür kreiert hat. Dazu gibt es wahlweise Scheitelerdäpfel oder Topinambur-Chips. Eine Qualität, die sich herumgesprochen hat, und an einem Montagmittag alle Sitzplätze im Gastgarten füllt. Einige Besucher haben sich für einen Wochen-Burger entschieden. Er besteht aus Zutaten, die stets an die jeweilige Saison angepasst sind. Oder sie entscheiden sich für einen maßgeschneiderten Burger, der dann den Namen Brigitte- oder Christian-Burger bekommt. Wir beschließen das Mahl mit Reginas luftigem Kaiserschmarrn mit Zwetschkenkompott ab, der ganz sicher auch seinem Namensgeber, Kaiser Franz Joseph, gemundet hätte.
Der aus Ägypten stammende Wirt ist ein Gastgeber, wie man ihn sich als Bewohner eines 2 000-Einwohner-Ortes wünscht. Er bringt die Liebe zur Gastronomie mit, setzt sich zu seinen Gästen und hat eine persönliche Beziehung zu ihnen. Sein Gasthof hat sich zu einer Art Kommunikationszentrale entwickelt. Runden von Tarockspielern, Jägern, Imkern, Feuerwehrleuten, Sportlern oder Kirchenchormitgliedern zählen zu den Stammgästen. Eine Kegelbahn und ein zum Weintempel umgewidmeter, ehemaliger Mostkeller bieten zusätzliche Möglichkeiten in dem Haus, das schon mehrere Jahrhunderte als Gastwirtschaft hinter sich hat. Schließlich wurde es ursprünglich als Taverne für den benachbarten, zum Stift Wilhering gehörenden Meierhof errichtet.

Der Kopfwehsteinweg

Ebenfalls geschichtsträchtig sind die Orte, die wir bei der anschließenden Wanderung besuchen. Der Kopfwehsteinweg startet direkt beim Gasthaus und führt uns in den nächsten zweieinhalb Stunden durch eine Landschaft, die uns immer wieder reizvolle Ausblicke ins Mühlviertel beschert. Durch Wiesen, auf denen fleißige Bauern tätig sind, und gesunden Mischwald

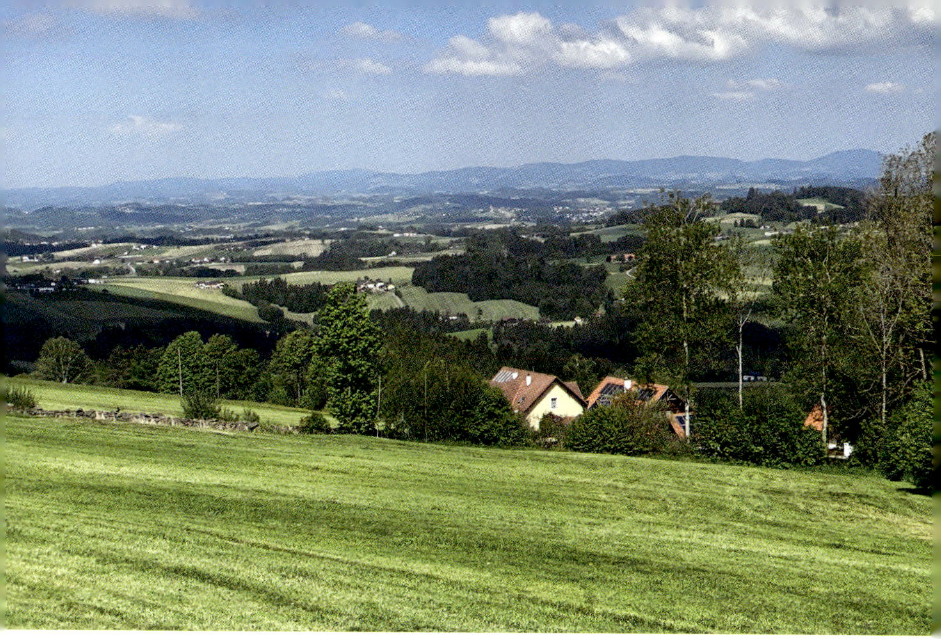

leitet uns der gut markierte Weg. Immer wieder türmen sich im Fichtenwald riesige Ameisenhaufen. Beim sogenannten Roten Kreuz, das seinen Namen von der Farbe des Stierbluts hat, mit dem es ursprünglich gestrichen wurde, wendet sich der Weg nach Norden und erreicht nach der Schönangerkapelle den legendären Kopfwehstein. Hier soll sich der hl. Wolfgang ausgeruht haben. Als er sich wieder erhob, wies der Stein eine sichtbare Delle auf. Auch heute noch sollen heftige Kopfschmerzen nach kurzer Lagerung auf dem Stein gelindert werden. Nicht minder legendenumwoben ist die nahe Wolfgangkapelle. Hier soll der Heilige ebenfalls gerastet haben, wovon die eigenartigen Vertiefungen auf der Oberfläche des Steinblockes noch heute künden. Ein mystischer Ort, der zur Besinnung einlädt.

🕒 2,5 Stunden ↔ 8 km ↗ 250 hm

Ausgangspunkt: Gasthaus Eidenberger's, Lichtenberger Straße 4, 4201 Eidenberg, Tel. +43 7239 5000, eidenbergers.at

Öffis: von Linz/Donau, Hinsenkampplatz Bus 252 Richtung Zwettl/Rodl, Hst. Eidenberg

7 Waxenberg
Gustostückerl & Landeshymne

Eine Wanderung um die Burgruine Waxenberg führt zum Liederweg Schnopfhagens und zum Kraft-Quelle-Baum-Pfad.

Ein Fresko auf der Fassade der Hoftaverne Atzmüller in Waxenberg zeigt eine fröhlich zechende Tischrunde. Dass es hier nicht nur erlesene Tropfen, sondern auch ausgezeichnete Speisen gibt, hat sich bereits herumgesprochen. Auch an einem Wochentag um die Mittagszeit stellen sich die Gäste um einen Sitzplatz in dem Traditionsgasthof an. Besonders beliebt ist die Sonnenterrasse mit Blick auf das markante Wahrzeichen der gesamten Umgebung, die Burgruine Waxenberg.

Aus der reichhaltigen Speisekarte wählen wir nach einer kräftigen Wildcremesuppe mit Brotcroutons die Fasanenbrust im Speckmantel. Goldgelb geröstete Schupfnudeln, Linsen und mit Salz, Pfeffer und Muskat abgeschmeckter Rahm-Wirsingkohl bilden den Rahmen für das zarte Fleisch. Die Brust ist mit einer Schale umhüllt, die aus im Cutter feingehacktem Fasanenfleisch, etwas Hühnerbrust, Zitronenzesten sowie fein abgestimmten Gewürzen besteht und mit Obers gebunden ist. Mit Speckblättern umwickelt, wurde sie in der Pfanne angebraten und im Rohr fertig gegart.

Ziel dieser aufwendigen Zubereitung ist, das Fasanenfleisch zart und weich zu halten. Dass das gelingt, können wir uneingeschränkt bestätigen. Ein seltener Genuss, bei dem der Geschmack des Mühlviertels eingefangen ist. Einzig die Weine kommen aus anderen Regionen. Ein Glas St. Laurent vom Weingut Leitner aus Gols mit seinem leicht fruchtigen und nicht sehr kräftigen Aroma ergänzt perfekt den Braten. Juniorchef Daniel ist begeisterter Koch im Haus und bestätigt:

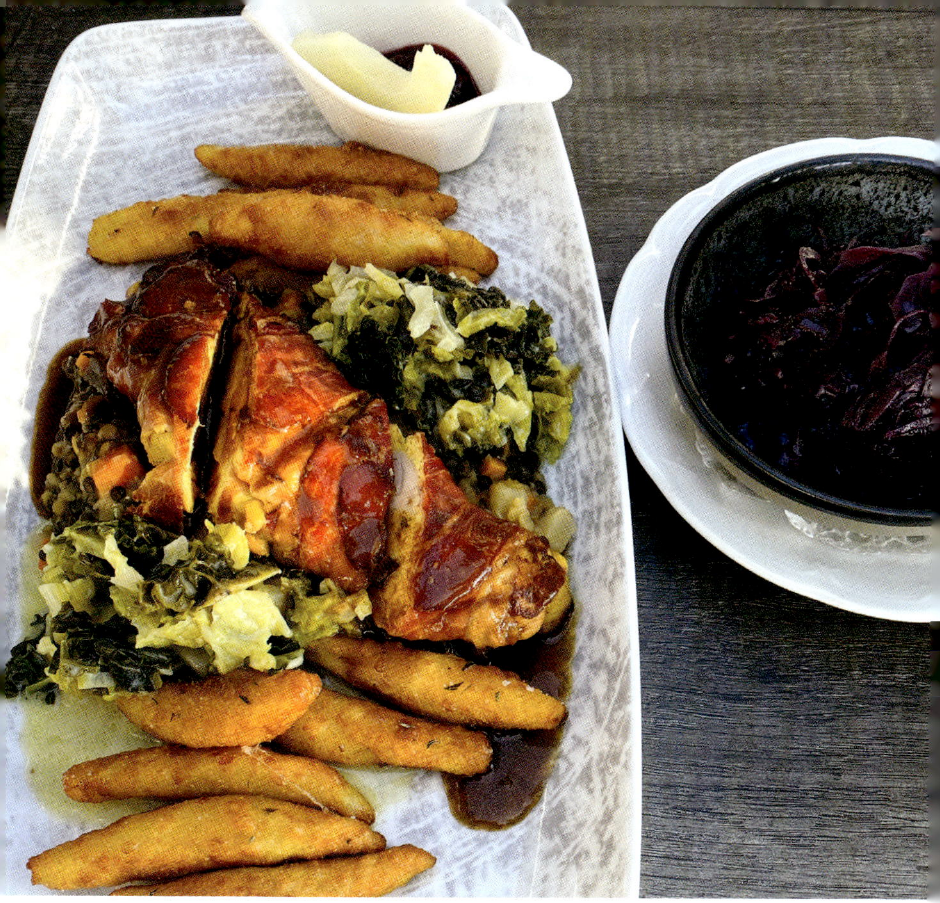

„Fast alle unsere Zutaten stammen aus der Schmankerlregion Mühlviertler Hochland. Auch die Biere Hofstettner, Schlägler und Freistädter kommen aus der Region, allesamt frisch vom Fass." Das Motto des Hauses, „Gustostückerl statt Fast Food", ist wirklich zutreffend. Das können wir auch bei der Nachspeise feststellen: Ein Dessert aus Großmutters Küche, „Besoffener Kapuziner" mit Schlag, Most und Wein geben zusammen mit Gewürznelken und Zimt dem Haselnusskuchenstück eine weiche und saftige Note, fruchtig ergänzt mit Heidelbeeren. Wirt Roland erinnert an die lange Tradition des Gastbetriebs, der heute auch Platz für 57 Übernachtungsgäste bietet und ein beliebtes Seminarhotel ist. „Um 1600 wurde die Hoftaverne erstmals

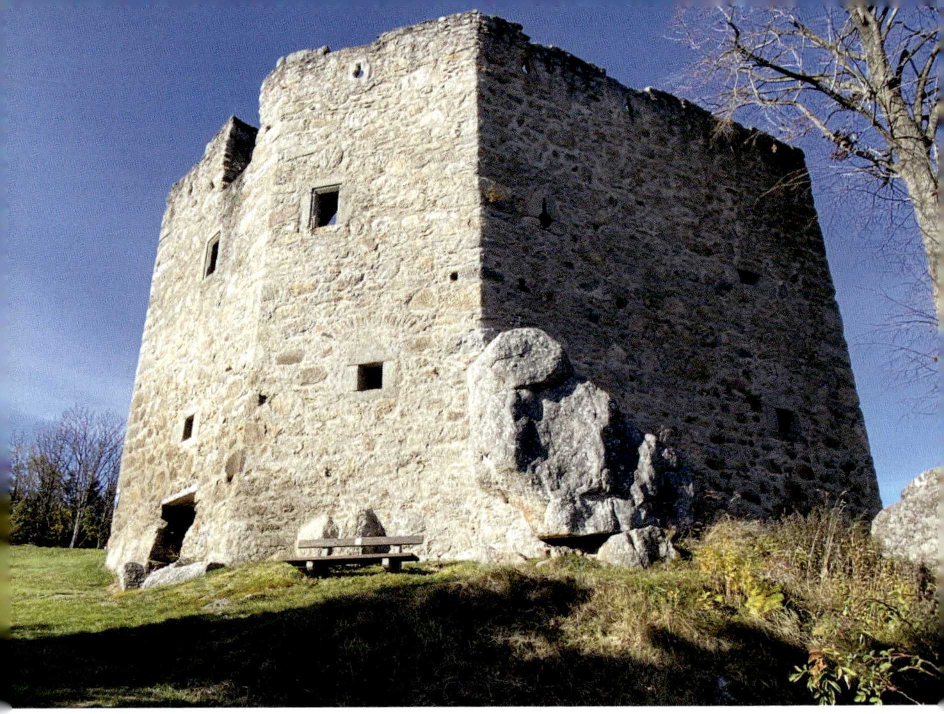

Wehrturm der Burgruine Waxenberg

urkundlich erwähnt. Seit 120 Jahren ist es in unserem Besitz." Sohn Daniel ist bereits in fünfter Generation tätig.

Mittelalterlicher Saumweg

Auf einem zweieinhalbstündigen Rundweg lässt sich die reizvolle Landschaft rund um Waxenberg erkunden. Ausgehend von einem Bildstock, gewidmet der hl. Corona als Schutzpatronin gegen Seuchen, führt ein mittelalterlicher Saumweg, heute mit Nr. 62 markiert, durch Wiesen und Felder. Immer wieder fällt unser Blick auf die Burgruine Waxenberg. Sie zählt zu den ältesten Wehrbauten des Mühlviertels. Zur Zeit der Babenberger bildete sie die westlichste Grenze des damaligen Österreich. Bald erreichen wir den „Liederweg", der an Hans Schnopfhagen (1845–1908), den Komponisten der oberösterreichischen Landeshymne, erinnert. Hier sollen ihm so manche Liedmelodien in den Sinn gekommen sein, wenn er allwöchentlich von seinem

Liederkranz in Oberneukirchen zu seinem Wohnort St. Veit unterwegs war. Ebendort begeben wir uns auf den „Kraft-Quelle-Baum-Weg“. Informationstafeln erklären, dass der Flieder leichtsinnige Menschen in ernsthafte verwandelt, und dass die Esche die Fantasie anregt. Hier erfahren wir, dass die gesamte Biomasse aller Insekten weltweit 900 Mio Tonnen wiegt und diejenige der Menschen 400 Mio. Nach der beschaulichen Rast an der Bründl-Kapelle erfreut eine bunte Herbstlandschaft mit einem strahlenden gelb-orangen Farbton unser Auge. Auch der Rodlbach wird mehrere Male überquert. Schließlich erreichen wir wieder die Burgruine Waxenberg. Der Bergfried ist ein beliebter Aussichtsturm und bietet mit seinen 22 m Höhe einen fantastischen Rundblick.

🕒 **2,5 Stunden ↔ 8 km ↗ 280 hm**

Ausgangspunkt: Bildstock im Ortszentrum neben der Hoftaverme

Einkehr: Landhotel Hoftaverne Atzmüller, Waxenberg 9, 4182 Waxenberg, Tel. +43 7217 6080, hoftaverne-atzmueller.at

Öffis: von Linz Hbf. Bus 270 nach Zwettl/Rodl, dann Bus 267 nach Waxenberg

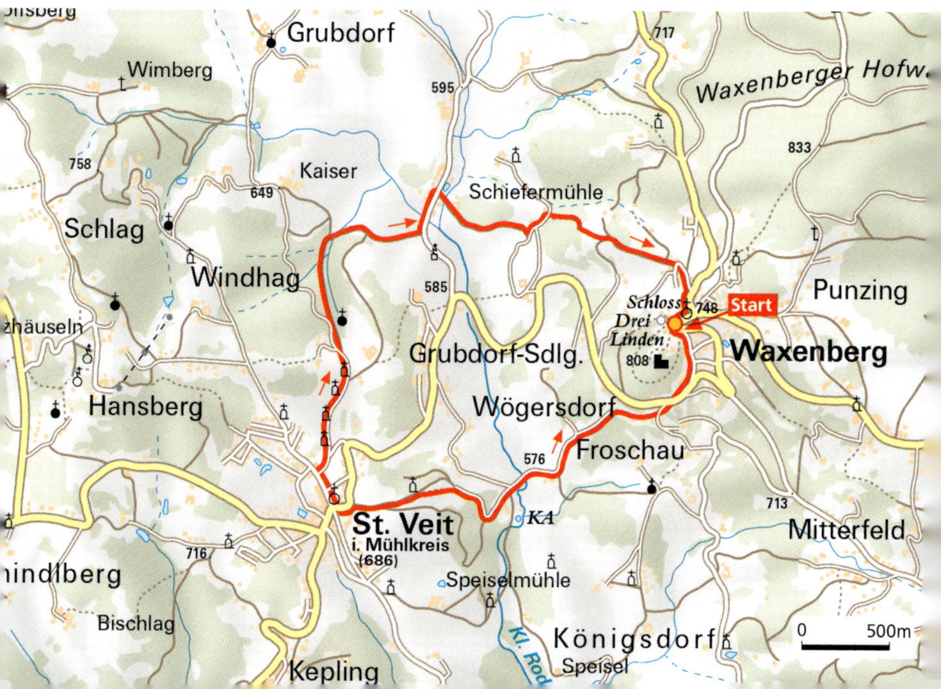

8 Zwettl
Frauenpower in der Edlmühle

Ein reizvoller Rundweg führt zur Burgruine Lobenstein, die auf einem mächtigen Granitfelsen thront.

„Es klappert die Mühle am rauschenden Bach“, dieses Lied kommt einem in den Sinn, wenn man sich der Edlmühle bei Zwettl an der Rodl nähert. Der vorbeifließende Mühlbach treibt allerdings kein Mühlrad mehr an, sondern ein Klein-Wasserkraftwerk. Und statt frisch gemahlenem Mehl gibt es traditionelle österreichische Küche. Seit einem Brand im Jahr 1972 hat eine Gastwirtschaft den Mühlenbetrieb abgelöst. Wirtin Anita Mittermayr hat das Gasthaus von ihrem Vater übernommen und präsentiert Mühlviertler Speisevariationen. Als Vorspeise serviert sie eine Zucchinicremesuppe mit Zutaten aus dem eigenen Garten und mit knusprigen Croutons – ein cremiger Genuss. Dann folgt eine Spezialität des Hauses, der Zwiebelrostbraten.

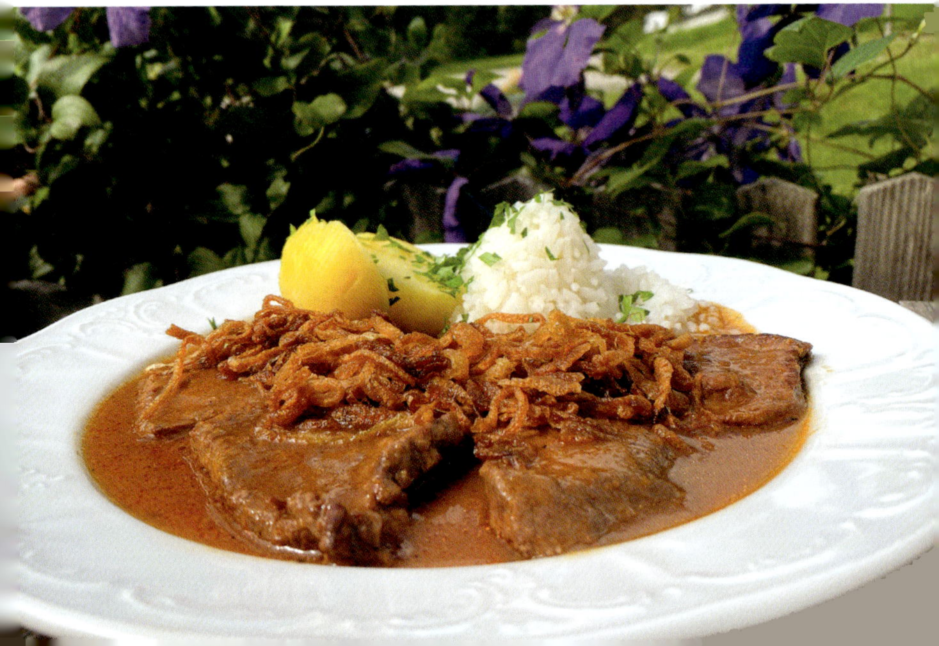

Mutter Christine und Schwester Lisa haben in der Küche perfekte Arbeit geleistet. Sie haben das von einem Bauern der Region stammende Bio-Rindfleisch zuerst angebraten und dann zwei Stunden lang gedünstet. Die Zwiebeln wurden geröstet und für die Bratensauce ein konzentrierter Fleischfond angefertigt. Wir erfahren, dass „Jus" die küchensprachliche Bezeichnung dafür ist. Der Begriff stammt aus dem Französischen und bedeutet Saft oder Brühe. Das zarte, magere Fleisch wird auf diese Weise geschmacklich angereichert und mundet mit den Beilagen Reis, Erdäpfeln und gemischtem Salat ausgezeichnet. Dazu gibt es ein goldgelbes naturtrübes Gösser Stiftszwickl, das mit vier Malzsorten einen weichen, harmonischen Geschmack ergibt. Als Nachspeise bietet die Wirtin fünf selbst gebackene Köstlichkeiten an: Man kann zwischen Schokomousse-, Punsch-, Topfen-, Nuss- sowie Himbeer-Baiser-Torte auswählen. Tochter Elena serviert uns den gelungenen Abschluss des Mahls auf der sonnigen Terrasse mit Blick in die Natur. Neben Schwester Christa ist sie ebenfalls bereits eine Stütze des Familienbetriebes und ergänzt die Frauenpower des Wirtshauses. Mehrere Gäste kennen bereits die exquisite Qualität dieser Nachspeise und nehmen gleich eine ganze Torte mit nach Hause.

Ruine Lobenstein

Eine morgendliche Wanderrunde hat uns auf den Gasthausbesuch eingestimmt. Der Wanderweg Nr. 140 führt von der Edlmühle auf verschlungenen Waldrandpfaden zur Ruine Lobenstein. Bereits 800 Jahre thront sie, heute in restauriertem Zustand, auf mächtigen Granitfelsen. Ein Bach wird dabei über die Steine balancierend überquert. Wie von einem Aussichtsbalkon blickt auf dem folgenden Bauernhof ein Quartett von Kühen auf uns Wanderer herab. Eine Rastbank am Waldrand lädt ein, den Blick schweifen zu lassen. Bei einer Wegkreuzung wechseln wir auf den Wanderweg Nr. 74 und passieren eine Herde grasender Rinder. Auf den Wegen 70

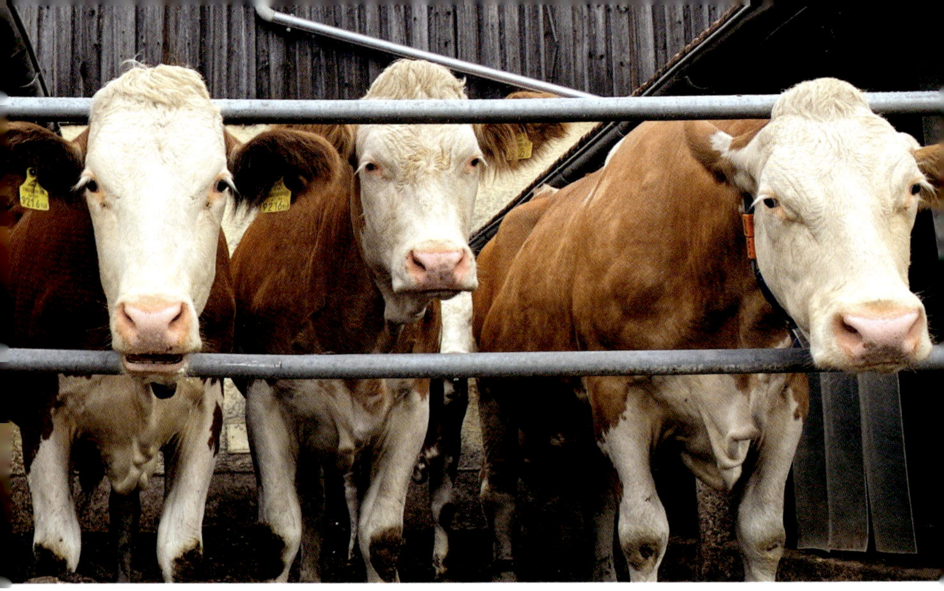

und 71 erreichen wir schließlich wieder entlang der Großen Rodl nach zweieinhalb Gehstunden den Ausgangspunkt bei der Edlmühle.

2,5 Stunden ↔ 8 km ↗ 170 hm

Ausgangspunkt: Gasthof Edlmühle, Edlmühlweg 1, 4201 Eidenberg, Tel. +43 7212 81 20

Öffis: von Linz Hbf. Bus 252 Richtung Zwettl/Rodl bis Eidenberg-Edlmühle, dann 5 Min. Fußweg

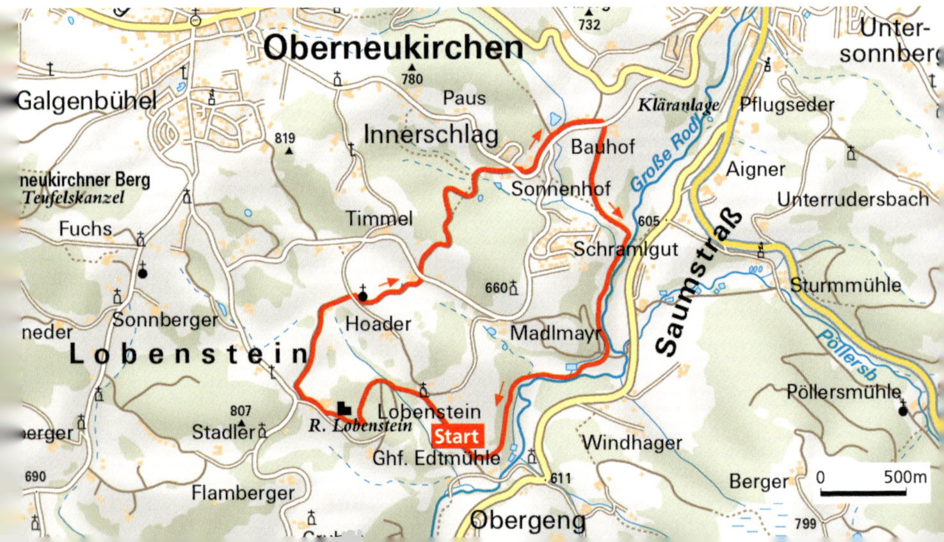

Granitgewölbe & Rundblicke

Der legendäre Sonntagsbraten aus dem Holzofen hat im Kulturwirtshaus eine lange Tradition.

„Seit dem 1. April 1714 betreibt meine Familie dieses Wirtshaus, wir sind jetzt die zwölfte Generation", erzählt Hubert Pammer, der Eigentümer des gleichnamigen Wirtshauses in Guttenbrunn, einem Ortsteil von Hirschbach im Mühlviertel. Er selbst ist bereits seit über 30 Jahren als Wirt tätig.
Annemarie und Alfred Schenkenfelder aus Freistadt sind seit Jahrzehnten Stammgäste und bringen das Besondere dieses gastlichen Ortes auf den Punkt: Es ist die Ursprünglichkeit des Hauses und beginnt mit der Persönlichkeit des Wirts. Mit seiner ruhig-freundlichen Art lässt er den Gast sofort jeden Stress vergessen. Und natürlich die Qualität der Speisen, wie Leberschädel – ein Netzbraten mit Leber –, Speck- oder gebackene Grammelknödel und neben Wild natürlich der Schweinsbraten, die Spezialität des Hauses. Schließlich ist es auch das Gesamtensemble, das die Besucher erfreut, beginnend mit dem Gastgarten. Das regionaltypische Granitgestein ist allgegenwärtig, es findet sich in der Steinbloß-Hausmauer, den Fenstern, die damit eingefasst sind, bis hin zum Innenhof, der mit Steinplatten ausgelegt ist. Dieser wird zudem mit viel altem Holz umrahmt, was bei Geburtstags- oder Hochzeitsfeierlichkeiten eine behagliche Atmosphäre erzeugt. Von dort betritt man das Gewölbestüberl, wo in früherer Zeit die Kühe „residierten". Die durch Granitsäulen gestützten Rundgewölbe lassen uns an eine Mini-Alhambra denken und erzeugen eine heimelige Stimmung. Ein Stuckrelief in der Zechstube im ersten Stock erinnert an deren Errichtung im Jahr 1890 und mahnt mit dem Spruch: „An

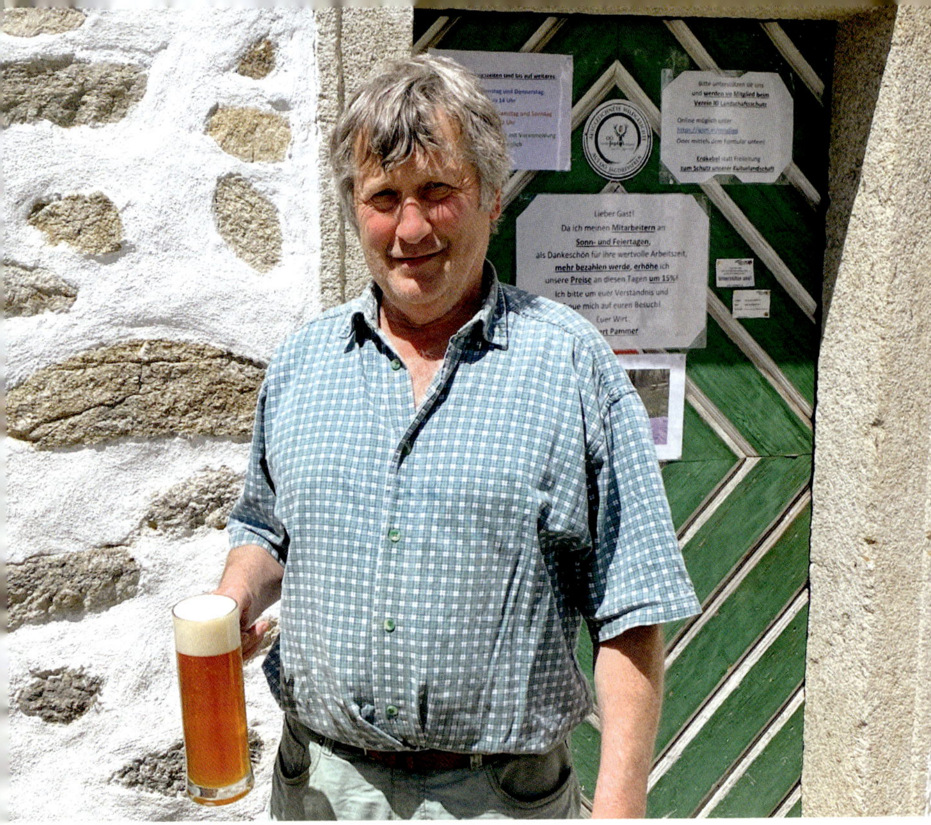

Gottes Segen ist alles gelegen.“ In der Gaststube im Erdgeschoss weist die im mächtigen Rüstbaum eingekerbte Jahreszahl 1714 auf die Zeit der Errichtung dieses Raumes hin. Hier finden auch die Besprechungen statt, die Pammer mit anderen Naturschützern der Region führt, um die geplante Durchschneidung der Landschaft durch eine 110 kV-Starkstromleitung zu verhindern und für das Verlegen eines umweltfreundlichen Erdkabels einzutreten.

Wir treffen die Köchin Elisabeth Schnaitter in der Küche. Hier entstehen die Köstlichkeiten, die wir anschließend auch genießen können. Mehrere große Stücke Schweinsschopf und -bauch sind schon seit zwei Stunden im Backrohr. Jetzt nimmt sie Elisabeth heraus, schneidet feine Rillen in die Schwarte und gibt noch etwas Salz darüber. Nach weiteren eineinhalb Stunden ist der Braten knusprig braun und hat auch ausreichend Saft gebildet, zu dem Mehl- und Semmelknödel köstlich schmecken werden. Das Essen beginnen wir mit einer Milzschnittensuppe, um dann anschließend das zarte Bratl zu genießen. „Unser Fleisch stammt von Bauernhöfen aus Hirschbach. Dort werden die Tiere naturnah gehalten und erst ab einem Gewicht von etwa 120 kg geschlachtet. Die Bratenstücke sind so etwas größer als üblich", erzählt Pammer. Vanillesauce und frisch gebackene Buchteln, die Elisabeth mit selbstgemachter Ribiselmarmelade gefüllt hat, runden die Mahlzeit ab. Von den drei offenen Freistädter Bieren Ratsherren, Midium und Bio Zwickl wählen wir letzteres. Das bernsteinfarbige Getränkt erfrischt herrlich.

Rundblickeweg

Mit viel neuer Energie ausgestattet, begeben wir uns auf den Rundblickeweg, der direkt beim Wirtshaus startet und gut markiert etwa acht Kilometer durch eine idyllische Hochplateau-Landschaft führt. Kinderwagenfreundliche Naturwege führen uns zu zahlreichen Aussichtspunkten, die prachtvolle Blicke auf die vom Frühlingsregen sattgrüne Landschaft des östlichen Mühlviertels bieten. Manche Wegpassagen überschneiden sich mit anderen Wanderwegen, wie dem Bergkräuter- und Luagamoi-Weg. Nach purem Naturgenuss aus Waldpassagen, kleinen Bacherln, üppig blühenden Apfelbäumen und dem Duft von frisch gemähten Wiesen erreichen wir nach zweieinhalb Gehstunden wieder den Ausgangspunkt beim Wirtshaus Pammer.

🕒 **2,5 Stunden ↔ 8,2 km ↗ 179 hm**

Ausgangspunkt: Kulturwirtshaus Pammer, Guttenbrunn 3, 4242 Hirschbach. Tel. +43 79482 30, kulturwirtshaus.at

Öffis: von Linz/Donau, Hinsenkampplatz Bus 312, dann Bus 322 ab Freistadt Busterminal bis Guttenbrunn

10 Neumarkt
Marterl, Glasfenster & Tafelspitz

Auf dem Kefermarkter Weg zogen einst Pferde die Salzfuhrwerke über den Neumarkter Berg.

Majestätisch blickt ein Rind mit langen Hörnern über der Eingangstüre des Gasthofs Ochsenwirt im Mühlviertler Ort Neumarkt auf die Besucher. Im geschichtsträchtigen Gebäude in bester Lage direkt neben der Kirche erwartet uns tatsächlich eine köstliche Speise vom Rind: Nach einer wärmenden Kürbis-Ingwer-Suppe ist der Tafelspitz vom Almochsen in der eigenen Suppe ein Klassiker, serviert mit Rösterdäpfeln, Wurzelgemüse und Apfelkren. Auch Kaiser Franz Joseph, ein Freund von gekochtem Rindfleisch, hätte daran seine Freude gehabt. In der Gaststube mit der 450 Jahre alten Holztramdecke schmeckt das traditionelle Gericht gleich noch besser. Ein spätwinterliches Dessert rundet das Essen ab, nämlich die sogenannte Glühbirne: Es ist dies eine in Rotwein pochierte Birne mit Honig-Mandel-Crumble, Zimteis und Lebkuchen-Sabayon. Eine interessante Kombination. Wirt Johannes Gstöttenbauer betreibt die Gastwirtschaft mit einem zehnköpfigen Team bereits seit 1994. Mundpropaganda hat viele Stammgäste aus der Region angelockt, sein Haus wird auch gerne für Hochzeiten, Geburtstagsfeiern genutzt ebenso wie für Begräbnisfeiern.

Eine der Spezialitäten ist Wild, dessen Herkunft der Wirt als Jäger auch genau kennt. „Pro Jahr brauche ich 60 ganze Rehe, die vor allem in den Wildwochen von September bis Dezember in verschiedenen Varianten angeboten werden." Weitere Klassiker des Hauses sind Fische aus dem nahen Aisttal oder Schweins- oder Kalbsbraten. Diesen bereitet er gerne als geschmorte Kalbsschulter nach französischer Art zu. Jeden Sonntag gibt es auch noch Beuschelsuppe nach Großmutters Art, die von Jung und Alt gleichermaßen geschätzt wird. Auch der Urgroßvater spielte eine wichtige Rolle in der Geschichte des Gasthofs: „Aus Liebe zu seiner Frau, die als Köchin in einem Hotel tätig war, hat er im Jahr 1888 diesen Gasthof gekauft. Gleichzeitig hat er seinen eigenen Beruf als Diplomingenieur aufgegeben und ist Wirt geworden." So wurde eine Gasthaustradition weitergeführt, die schon im Jahr 1684 begonnen hatte.

Gstöttenbauer wirft einen Blick auf die fernere Geschichte. „Die Salzstraße führte im Mittelalter unmittelbar neben dem Haus vorbei. Da der Neumarkter Berg ein gewichtiges Hindernis für die Salz- und Handelsfuhrwerke zwischen Böhmen und dem Salzkammergut war, mussten Pferde als Vorspann zum Hinaufziehen der Wagen bereitgestellt werden. Oben angekommen, mussten sich Pferde und Kutscher dann ausrasten."

Steinbloß-Hof mit dem regionaltypischen Granitgestein

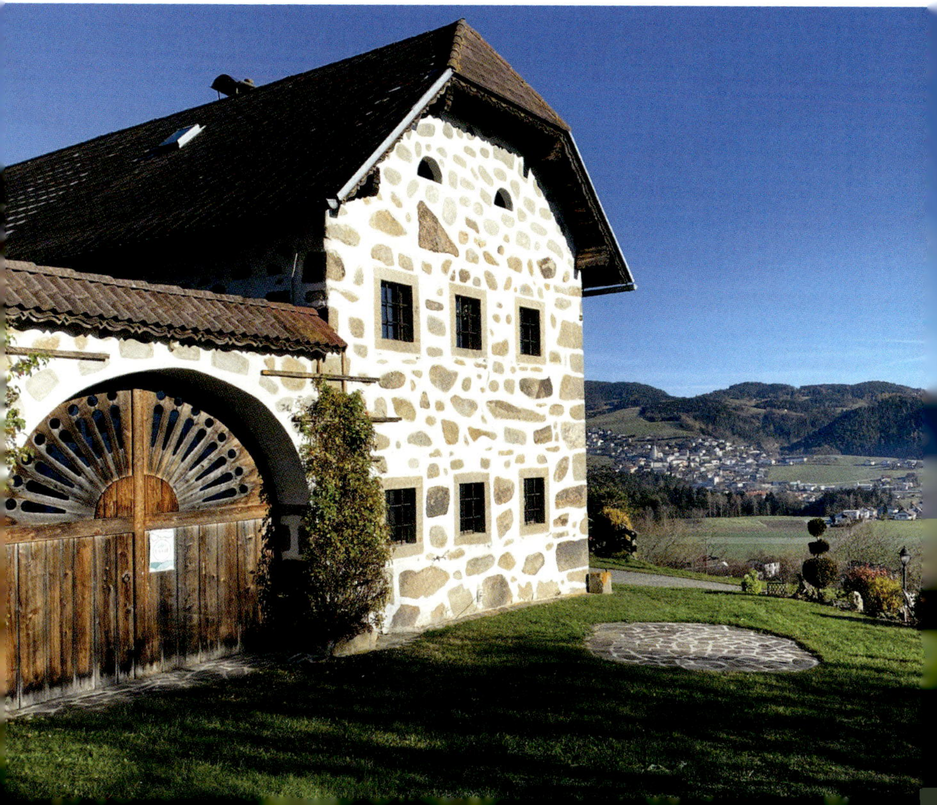

Bürgermeister Christian Denkmaier ergänzt dazu: „So kam es, dass der Ort bereits vor 850 Jahren als *novum forum* (lat. neuer Markt) urkundlich erwähnt wurde. Für die Versorgung von bis zu 100 Salzfuhrwerken am Tag gab es einst viele Gasthöfe."

Für Pferdeliebhaber

Pferde prägen seit jeher das Leben in Neumarkt, bis heute ist der Ort ein beliebter Treffpunkt für Pferdeliebhaber. Auf dem Wanderweg N6 treffen wir vom Marktplatz ausgehend bald auf einige Dutzend dieser prächtigen Tiere, die auf den ausgedehnten Koppeln des Prandstetterhofs von Familie Stroblmair gemütlich weiden. Auf dieser Reitsportanlage und dem umgebenden Gelände konnte der Autor vor Jahren die Ausbildung zum Wanderreitführer machen. Die einmalig schöne Route führt danach auf einen hügelig bewaldeten Bergrücken. Felsenbewehrte Baumgruppen, naturnahe Buschalleen und Bäche säumen den Weg. Entlang sauber gemähter Wiesen kommen wir zu einer Aussichtsplattform, die den Blick auf die reizvolle Kulturlandschaft ermöglicht. Schließlich wendet sich der Weg in Richtung des Ortes Kefermarkt. Dominanter Blickfang ist das herrschaftliche Schloss Weinberg, das seine Ursprünge bereits im 12. Jahrhundert hat, zunächst allerdings als eine gotische Burganlage diente. Wir steigen hinunter in die Ebene der Feldaist, wo wir den Rundweg über den Weiler Wagrein fortsetzen. Mehrere oft jahrhundertealte Marterl und Kapellen säumen unsere Tour und laden zum Innehalten ein. Insgesamt soll es 149 Exemplare im Ortsgebiet geben.

Abwechslungsreich geht es weiter, wobei wir jetzt nicht Pferden, sondern Hirschen begegnen, die sich in einem geräumigen Gehege tummeln. Die Harmonie der Landschaft scheint sich auch auf sie übertragen zu haben. So gelangen wir schließlich wieder in die Nähe des Reiterhofs und wählen den weiteren Rückweg über den Tannberg. Am Gipfel dieses ortsnahen Hügels befindet sich als vierzehnte Kreuzwegstation die Tannbergkapelle.

Obwohl in ihren Ursprüngen 270 Jahre alt, verleihen ihr die kunstvollen Bleiglasfenster des Welser Malers Rudolf Kolbitsch (1922–2003) ein modernes Gepräge. Wo viele Brautpaare ihren Bund fürs Leben schließen, genießen wir die meditative Stimmung und die großartige Rundumsicht auf den nahen, 63 m hohen Kirchturm bis zum gesamten Alpenpanorama im Süden. Ein würdiger Ort zum Verweilen, um dann die zehn Kilometer lange Rundwanderung nach drei Stunden am Marktplatz abzuschließen.

3 Stunden ↔ 10 km ↗ 270 hm

Ausgangspunkt: Gasthaus Ochsenwirt, Marktplatz 11,
4212 Neumarkt im Mühlkreis, Tel. +43 7941 8238, gh-oxnwirt.at

Öffis: von Linz/Donau, Hinsenkampplatz Bus 310/312 u.a. nach Neumarkt

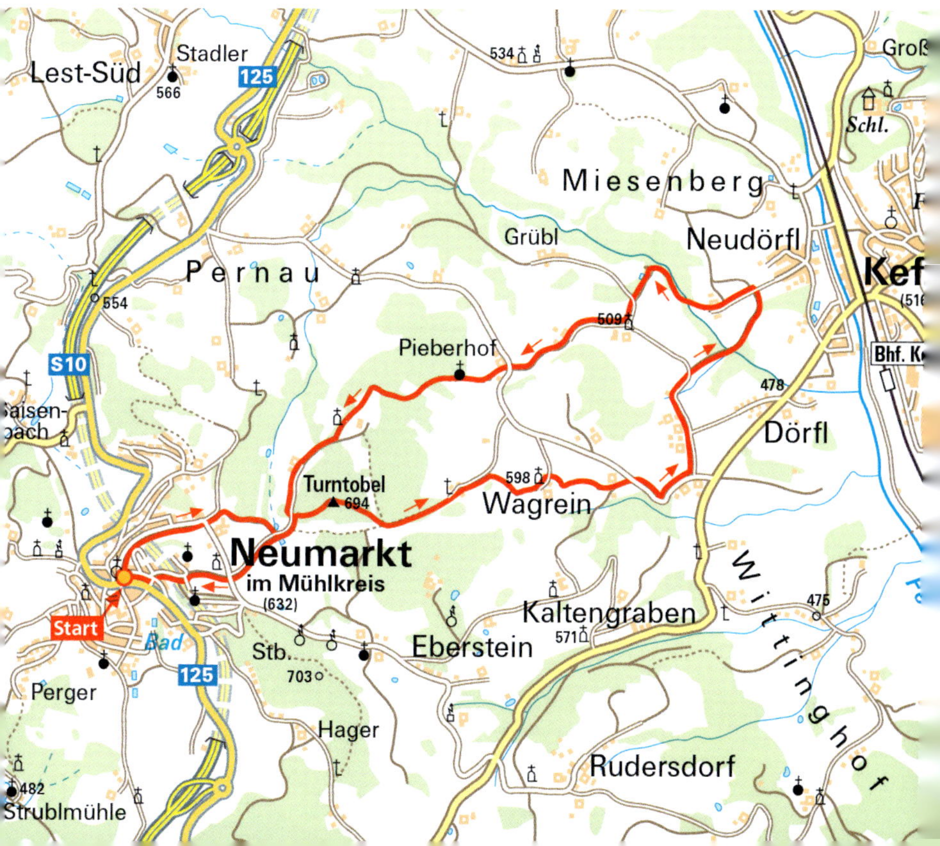

11 St. Leonhard
Pilgertascherl geben Kraft

Der Panoramablickweg führt zum urigen Felsgebilde am Haiderberg.

Uralte Wanderwege, allesamt gepflegt und bestens markiert, treffen sich in St. Leonhard. Auch der bekannte Johannesweg führt hier durch und bringt zahlreiche hungrige Pilgerinnen und Pilger in den Ort. Im Gasthof Kirchenwirt können sie sich mit kraftvoller Hausmannskost stärken. Als Spezialität des Hauses empfiehlt die Wirtin Karin Schwarz Pilgertascherl.
Was steckt dahinter? „Das ist eine Eigenkreation meiner Mutter. Erdäpfelteig wird dünn ausgewalkt, mit Schinken und Käse belegt, dann zu Tascherln geformt und in einer speziellen Panade gedreht.“ Nach dem Herausbacken werden sie auf Salate der Saison gebettet. In einer vegetarischen Variante kommen sie mit Bärlauch und Käse gefüllt auf den Tisch. Klingt interessant und schmeckt auch vorzüglich. Als weitere bei ihren Gästen beliebte

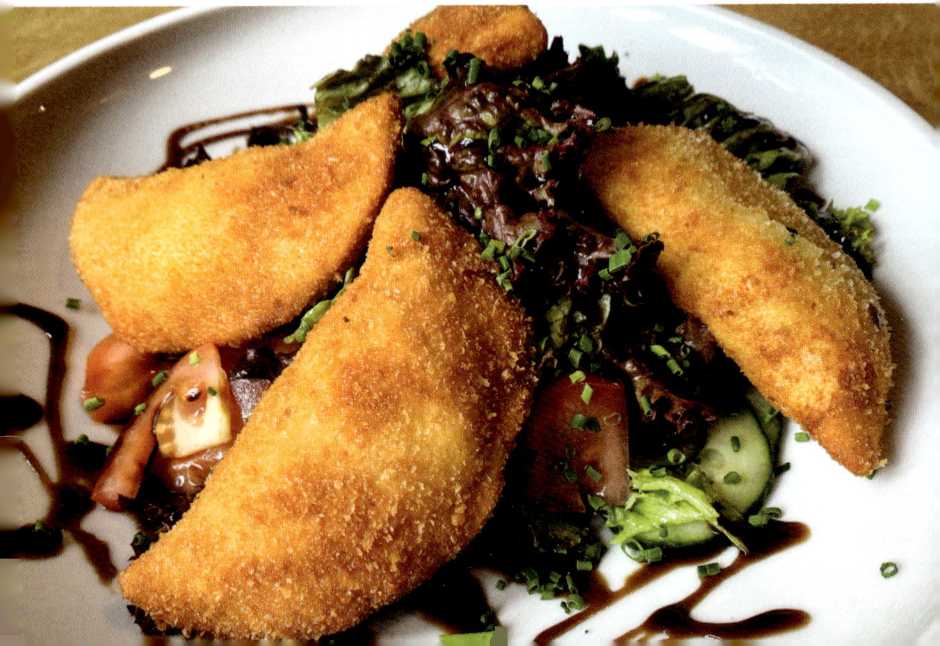

Speise serviert die Wirtin ein geschmackvolles Bauern-Cordon bleu. „Es ist ein Schweinsschnitzel gefüllt mit Speck, Zwiebel und würzigem Käse. Dann normal paniert und mit gemischtem Salat, Reis und Kartoffeln serviert.“ Die gute Qualität wird von Fleischköchin Hanni aus St. Leonhard sichergestellt.

Nach dem Hauptgericht erfreuen wir die angeregten Gaumenknospen mit einem Schnapserl, das aus St. Leonharder Zwetschken von einem einheimischen Bauern selbst gebrannt wurde. Auch für die Nachspeise, einen zartflaumigen Kuchen, ist eine Spezialistin in der Küche verantwortlich. „Unsere Köchin Traudi aus Gutau backt mit Herz. Deshalb kommt eine solche Zartheit heraus“, schmunzelt die Wirtin. Sie vermittelt mit ihrer warmherzigen Art rasch das Gefühl, sich bei ihr so wohl wie im eigenen Wohnzimmer zu fühlen. Genau das schätzt neben den zahlreichen Wanderern auch das Leonharder Stammpublikum von Alt bis Jung „Nach manchen dieser regelmäßigen Gäste kann man die Uhr richten, so regelmäßig kommen sie“, erzählt die Wirtin. Sie hat den seit 1935 sich in Familienbesitz befindlichen Gasthof vor über 20 Jahren übernommen.

Panoramablickweg

Vor dem kräftigenden Mahl haben wir uns am Morgen auf den neun Kilometer langen Panoramablickweg begeben, der durch die vielfältig gegliederte hügelige Landschaft führt. Nach der Bründlkapelle mit einer sprudelnden Quelle treffen wir auf einen nur im östlichen Mühlviertel bekannten Pechölstein. In diesen Granitstein sind Rillen eingemeißelt, in denen aus harzhaltigem Kiefernholz, wie in einem Kohlenmeiler, gewonnenes Pechöl fließt. Ein Meiler lieferte nach einer Brennzeit von etwa 50 Stunden um die 15 l Pechöl, das zur Wundheilung verwendet wurde.

Dann treffen wir auf einen Granitblock anderer Art, nämlich einen Opferschalenstein. Auf einer Leiter besteigen wir ihn und blicken in eine 80 cm tief ausgehöhlte Rundung. Experten

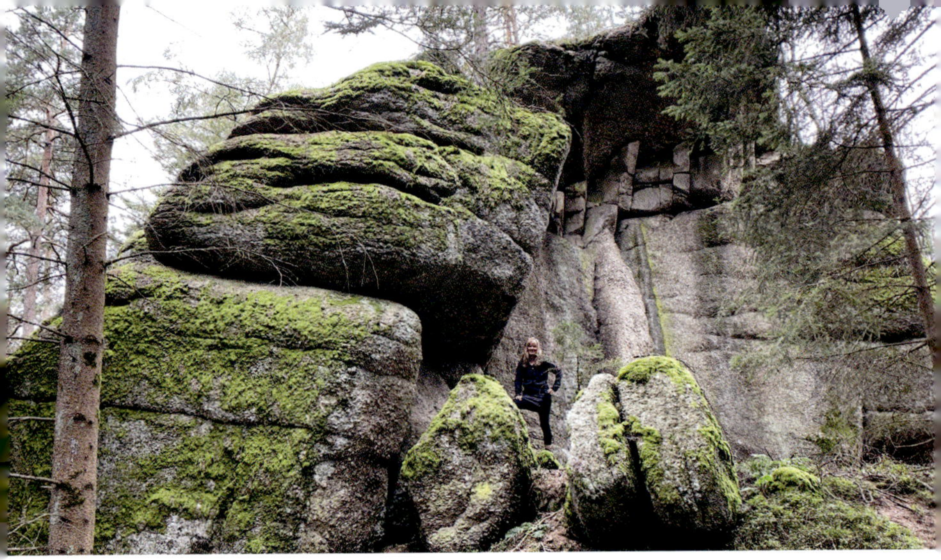

erklären, wie diese entstanden ist: Im Lauf von Jahrmillionen wurden durch Frostsprengungen Steinpartikel vom flachen Felsen gelöst, so bildeten sich die Vertiefungen heraus. Diese Stellen sollen auch sichtbare Zeichen besonderer Kraftfelder sein. Ein mystisches Naturschauspiel. Das folgende Seileder Kreuzstöckl lädt zu einer Rastpause ein. Der Bildstock erinnert an einen Hütebuben, der bei einem Wohnhausbrand Mitte des 19. Jahrhunderts ums Leben kam.
Auf dem weiteren Weg in Richtung des Haiderberg-Gipfels passieren wir immer wieder grüne Wiesen mit weidenden Rindern und wie von Riesenhand aufgeschichtete Felsblöcke. Von oben öffnet sich ein breites Panorama, das vom Ötscher über die Ennstaler bis zu den Berchtesgadener Alpen reicht. So erreichen wir nach drei Gehstunden wieder den Ausgangspunkt beim Kirchenwirt.

🕒 **3 Stunden ↔ 9 km ↗ 359 hm**

Ausgangspunkt: Gasthof Schwarz, Kirchenwirt, Pfarrgasse 4, 4294 St. Leonhard bei Freistadt, Tel. +43 7952 8294, gasthof-schwarz.at

Öffis: von Linz/Donau, Hinsenkampplatz Bus 340 Richtung Pregarten, dann Bus 343 Richtung Freistadt

Geriebene Knödel & mehr

Hausgemachte Bauernkost und reizvolle Radwege locken zum höchstgelegenen Waldhochmoor Österreichs.

Wo die asphaltierte Straße endet und nur mehr der Hochwald rauscht, verbreitet sich frischer Bratenduft in der Luft. Kenner wissen, woher er kommt. Beim Moserwirt, zwischen Unterweißenbach und dem niederösterreichischen Arbesbach gelegen, entstehen gerade originale Mühlviertler Speisen. Was sie noch nicht riechen, jedoch in Kürze auf ihrem Teller genießen können, sind die geriebenen Knödel. Wer diese wie der Autor als Kind regelmäßig an Sonntagen genossen hat, freut sich natürlich besonders darauf. „Sie bestehen zur Hälfte aus gekochten und aus rohen Erdäpfeln und enthalten kein Mehl. Nach 30 Minuten im kochenden Wasser sind sie essfertig", plaudert Wirtin Birgit Holzmann aus dem Küchenkästchen. Zart und flaumig, passen sie hervorragend zu Schweins- und Surbraten, die schon seit Stunden im Holzofen garen. Seniorchefin Elisabeth hat uns einen Blick ins vollgefüllte Backrohr werfen und die Vorfreude wachsen lassen. Dazu gibt es einen herzhaften Krautsalat. Manche Gäste lassen sich die geriebenen Knödel auch zum Kalbsbraten mit Gemüse oder zum Rinderbraten mit Blaukraut munden. „Aus einem 10-kg-Kübel mit rohen und gekochten Waldviertler Erdäpfeln machen wir 50 Knödel. An manchen Wochenenden brauchen wir allerdings bis zu 400 Stück. Die Knödel sind der Grund, warum uns zahlreiche Stammgäste, darunter Ausflügler, Wanderer und Radfahrer aus dem Linzer Zentralraum und natürlich aus der Mühlviertler Umgebung besuchen", so Birgit Holzmann. Vegetarier können sich mit hausgemachten Gemüsekäselaibchen mit Reis

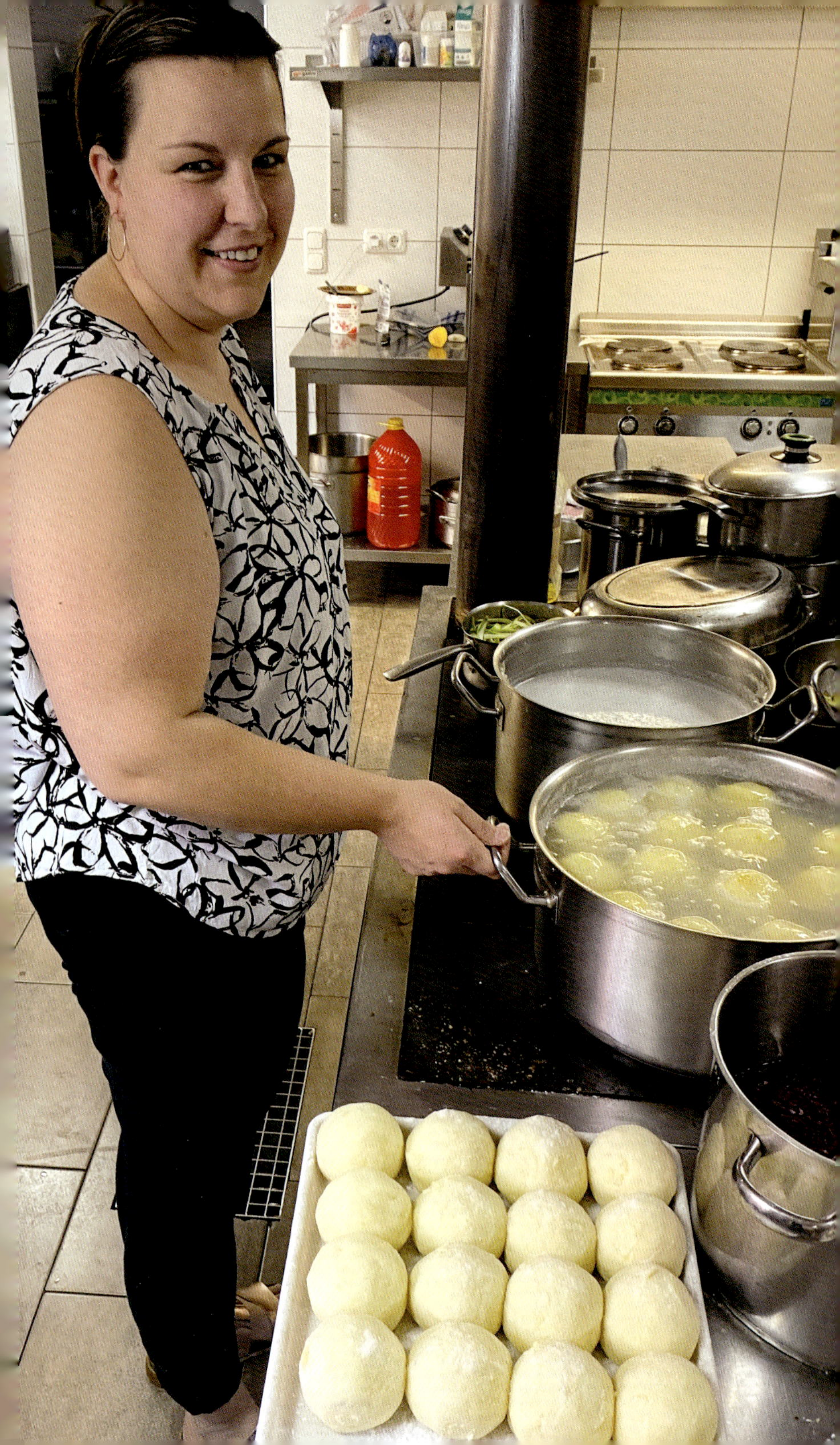

und Erdäpfeln stärken. Ein Gösser Zwickel schmeckt bestens dazu. „Wir beziehen alle Produkte aus der näheren Umgebung, wie das Fleisch von Angusrindern von einem Bauern aus Unterweißenbach. Bei zwei Jägern in der Familie sind wir auch immer ausreichend mit Wild versorgt", lächelt Seniorchefin Elisabeth. „Nur die Pommes werden fertig gekauft. Alles andere machen wir selbst." Auch einige der Nachspeisen haben schon Kultstatus erlangt. Dazu gehört die Cappuccino-Torte. Sie besteht aus mehreren Schichten Biskuit und Kaffeecreme sowie einer Zuckerglasur – köstlich. Die Mohnzelten würden mit ihrem knusprigen Mantel aus Erdäpfelteig und der nahrhaften Füllung jeden Bäcker im restlichen Oberösterreich vor Neid erblassen lassen. Ein Familienbetrieb, der schon seit 150 Jahren besteht und bei dem auch heute drei Generationen zusammenhelfen. Einige langjährige Servicekräfte ergänzen die Wirtshauscrew.

Auf der Hochlandroute

Bereits vor diesem Mittagessen haben wir mit dem E-Bike die Gegend erkundet. Von mehreren Radwegen, die beim Moserwirt vorbeiführen, wählen wir die Hochlandradroute R944, der wir zum Naturschutzgebiet Tanner Moor auf 930 m Seehöhe folgen. Wir blicken auf den idyllischen, einen Hektar großen Rubener Teich, der vom höchstgelegenen Waldhochmoor Österreichs gespeist wird. Kleine Buchten und lauschige Plätze laden zum Baden und Erholen ein. Einige Angler versuchen gerade, im fünf Meter tiefen, dunkelbraunen Gewässer Regenbogenforellen oder Karpfen zu fangen. Der 46 km lange Rundweg führt in einem stetigen Bergauf und Bergab über Liebenau, Windhing und Geierschlag wieder zurück zum Ausgangspunkt. Immer wieder sind Pausen angebracht, um Ausblicke in die reizvolle Landschaft zu genießen.

Strecke (E-Bike): 🕒 **2,5 Stunden ↔ 46 km ↗ 800 hm**
Ausgangspunkt: Moserwirt, Dauerbach 26, 4273 Unterweißenbach, Tel. +43 664 9115930

13 Tragwein
Eine runde Sache

Eine halbe Million Bauernkrapfen werden in Tragwein jährlich in Handarbeit erzeugt. Selbst Hand anlegen kann man beim nahen Discgolf-Parcours.

Auch in abgelegenen Gegenden entstehen oft innovative Ideen. Die Bauernkrapfen-Schleiferei in der Tragweiner Ortschaft Hinterberg ist ein interessantes Beispiel dafür. In der Schaubäckerei der Familie Lichtenegger backen gerade acht emsige Teigkünstlerinnen in Handarbeit knusprige Bauernkrapfen. Im angrenzenden Café können wir ihnen bei ihrer Arbeit zuschauen und gleich auch die frisch gebackenen Bauernkrapfen in verschiedenen Varianten verkosten.

Wir beginnen unsere Reise in ein kulinarisches Neuland mit dem Krapfen-Burger. Der getoastete Krapfen ist mit zartem Rindfleisch-Patty gefüllt und mit Käse, frischen Tomaten, Jungzwiebeln, Gurken, knackigem Salat sowie hausgemachter würziger Knoblauch-Kräuter-Sauce verfeinert. Eine beeindruckend geschmackvolle kulinarische Premiere für uns. Der „G'sunde" enthält gegrillte Putenstreifen, knackigen Salat und Gemüse der Saison. Eine „Saure Krapfenvariation" bringt noch weitere kreative Erfindungen des Hauses auf unseren Teller. Diesmal sind es halb so große Krapfen, dafür aber drei Stück: Die deftige Variante ist mit Speck und Käse, der Klassiker mit Sauerkraut und Speck und der „Krapfentoast" mit Schinken und Käse angereichert. Allesamt schmecken sie vorzüglich. Bei der Nachspeise fällt die Auswahl angesichts der vielen süßen Varianten nicht leicht. Der „Eisige" wird mit Vanilleeis, der „Geistige" mit Eierlikör und der „Himmlische" mit Honig und karamellisierten Mandelplättchen verfeinert, um nur einige Beispiele zu nennen.

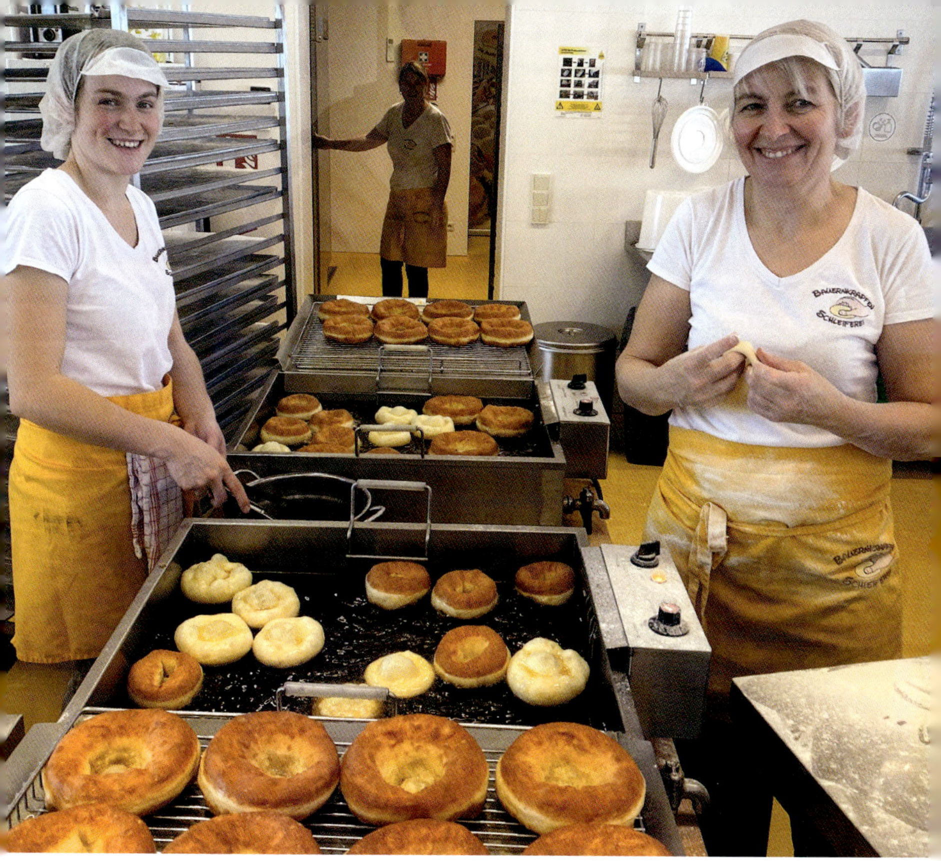

In der Krapfenschleiferei in Tragwein geht's rund

Wir wählen den Vanilligen mit hausgemachter Sauce und Powidlmarmelade. Ein köstlicher Abschluss.

Seniorchefin Roswitha Lichtenegger erinnert an die Anfänge des Familienbetriebs. „Nach einer inspirierenden Anregung bei einem Krapfenkochkurs in Tragwein habe ich selbst nach dem ursprünglichen Rezept meiner Großmutter Krapfen gebacken. Bald fanden sich so viele Abnehmer, dass wir im Jahr 2000 an die 7 000 Krapfen an Gastronomie und Märkte verkaufen konnten. Im letzten Jahr waren es bereits 500 000 Stück. Allein am heutigen Tag backen in der Schaubäckerei acht Personen 4 000 Krapfen. Dafür werden 900 Eier und 400 kg Mehl aus der Region verarbeitet. Dazu kommen noch

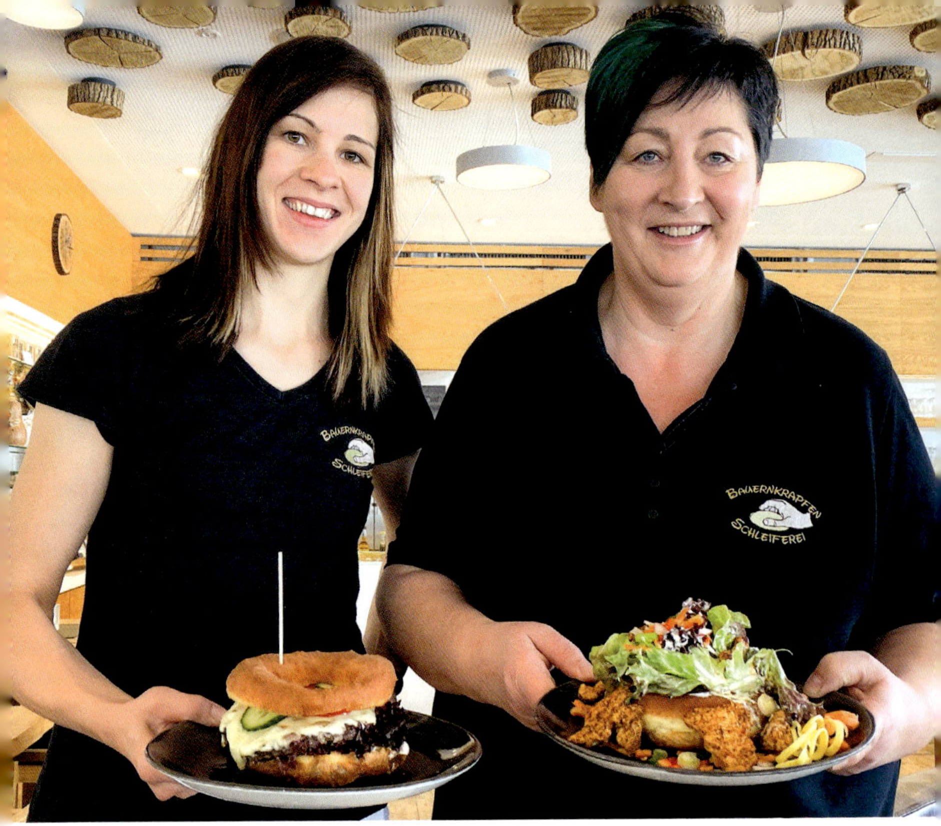

50 l Milch vom eigenen Bauernhof. Insgesamt beschäftigen wir an die 20 Personen."

Tochter Birgit hat den Krapfenduft bereits mit der Muttermilch aufgesogen. Sie beschreibt den Backvorgang: „Nur der erste Arbeitsschritt, das Kneten des Teigs, wird von einer Maschine erledigt. Alle anderen werden wieselflink von Hand gemacht. Zuerst wird der Teig in 100-g-Portionen geteilt und die Germteiglinge auf der Arbeitsfläche zu einer geschmeidigen Kugel gerollt. Aus dem so geschliffenen Teig wird dann der Bauernkrapfen geformt. Nach einer kurzen Rast wird er in bestem Pflanzenfett gebacken. Kurze Zeit später wird der goldbraun knusprige Krapfen schockgefroren, verpackt, bei minus 20 °C gelagert und danach österreichweit an die Kunden ausgeliefert."

Das nicht mehr verwendete Pflanzenfett findet eine kreative

weitere Verwendung: Es wird zu Krapfenseife verarbeitet – die natürlich wie ein Bauernkrapfen geformt ist.

Wandern mit Sport & Spiel

Eine kleine Rundwanderung lässt uns anschließend in die reizvolle Mühlviertler Landschaft eintauchen. Wir folgen dem als Pferdereitweg markierten Pfad und treffen nach wenigen Gehminuten auf markant in der Landschaft angebrachte Kettenkörbe. Der Eigentümer des angrenzenden Knollhofs, Larry Gould, klärt uns auf: „Es handelt sich um eine Discgolf-Anlage. Anstatt Golfbällen werden Frisbee-Scheiben in diese Körbe geworfen. Mit möglichst wenigen Würfen ist der 15er-Discgolf-Parcours auf der weitläufigen Wiesenfläche zu absolvieren. Hier haben auch schon Weltmeisterschaften stattgefunden." Eine interessante Sportspielvariante, die wir allerdings jetzt nicht ausüben, sondern stattdessen auf dem weiteren Weg prachtvolle Ausblicke in die Landschaft genießen. Nach eineinhalb Gehstunden erreichen wir wieder den Ausgangspunkt bei der Krapfenschleiferei.

1,5 Stunden ↔ 3,7 km ↗ 80 hm

Ausgangspunkt: Bauernkrapfen-Schleiferei, Hinterberg 11, 4284 Tragwein, Tel. +43 7263 7547, bauernkrapfen-schleiferei.at

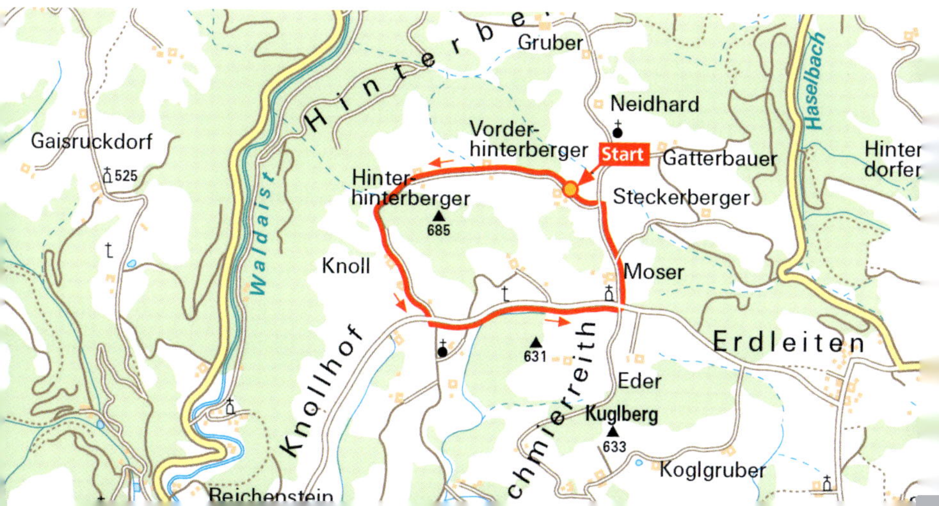

14 Rechberg

Auf dem Rücken der Pferde

Eine Wanderreittour im Umkreis der größten Burgruine des Mühlviertels führt durchs Tal der Naarn.

Nach Mark Twain ist Schlagfertigkeit etwas, worauf man erst 24 Stunden später kommt. Diese Eigenschaft trifft auf den Seniorchef des Ausflugsgasthauses Haunschmid in Rechberg sicher nicht zu. Seine Gäste haben ihm nämlich den Ehrentitel „Zum Goschert'n Wirt" verliehen. Sein meisterliches Mundwerk ist also legendär, sollte allerdings nicht von der vorzüglichen Qualität der Speisen ablenken. Heute leitet Tochter Sonja als Wirtin den Urlaubsgasthof im Herzen des Naturparks Mühlviertel.

In traumhafter Lage direkt am Badesee schmecken die bodenständigen Gerichte doppelt so gut. Die Wirtin empfiehlt als besondere Spezialität des Hauses den „KAFF-Mostbraten" vom Weiderind. Seine Bezeichnung ist die Kurzform von „Kulinarisch Aktiv Feste Feiern" und erinnert an die Landesausstellung von 2002, bei der ihr Gasthof im Rahmen einer Wirtekooperation auf diese Speise spezialisiert war. Sie weiß um die Geheimnisse der Zubereitung. „Das weiße Scherzel wird ausgiebig im Rohr gebraten und aus dem Bratensaft die Mostsauce gemacht. Dazu gibt es in Most gedünstete Zwetschken, Serviettenschnitten, Erdäpfel und Gemüse als Garnierung sowie ausgiebig Salate vom Buffet." Es ist in der Tat ein Gericht, in der die ganze Kraft der Region enthalten ist. Als Alternative dient der Schweinsbratenschopf mit Reis, Erdäpfeln, Serviettenschnitten und Salat vom Salatbuffet. „Wir kochen regional, bekommen das Fleisch aus dem nahen Münzbach und das Gemüse aus Naarn." Dazu gibt es hausgemachte Säfte und Marmelade sowie selbst gezüchtete Naturpark-Forellen aus den hauseigenen Fischteichen. Als weitere Überraschung serviert uns Sonja ein Glas Grüner Veltliner aus dem dazugehörigen Weingarten in Langenlois. Er mundet ebenfalls vorzüglich.

Ein Genusserlebnis, das wir mit zahlreichen Wanderern teilen, die den „Stoakraftweg" begehen, der hier vorbeiführt und auf einer Länge von 50 km den Naturpark durchquert. Konzertbesucher der Burg Klam und bis zu 50 Teilnehmer an den Landschulwochen sind ebenfalls regelmäßig als Gäste im Haus. Der Spruch auf der Speisekarte drückt wohl auch das Motto aus: „Trink, was klar ist. Iss, was gar ist. Sprich, was wahr ist. Lieb, was rar ist."

Reiten und Baden

Ein 16 km langer, markierter Reitweg hat uns vom Reitpark Gstöttner bei Schönau im Mühlkreis nach Rechberg geführt. Pferdelandwirt Ludwig Kriechbaumer ist einer der Pioniere dieses Sports im Mühlviertel. Er hat bereits in den 1980er-Jahren seinen Betrieb von Rinder- auf Pferdehaltung umgestellt und sich an der Erstellung des 700 km langen Reitwegenetzes beteiligt. Wegweiser mit Pferdekopf und Richtungspfeilen in Verbindung mit einer Wanderreitkarte führen uns sicher durch die reizvolle Landschaft, die auch von Wanderern gerne frequentiert wird. Wir treffen auf nach Harz duftende Waldwege, verschlungene Wiesenpfade und immer wieder auf romantische Bauernhöfe, die oft noch in der ursprünglichen Steinbloßbauweise errichtet sind. Häufig taucht die größte Burgruine des Mühlviertels, die Ruine Ruttenstein, am Horizont auf. Längere Wegpassagen führen entlang der Naarn. Diese hat im Lauf der Jahrtausende eines der schönsten Täler des Mühlviertels gestaltet. Ihr weiches Wasser hat harte Granitblöcke im Bachbett und mächtige Blockburgen an den Hängen hinterlassen. Der das Ufer begleitende, befestigte Weg lädt immer wieder zu genussvollen Galoppaden ein. Es ist ein besonderes Erlebnis, auf den kilometerlangen Trab- und Galoppstrecken zu einem ruhigen und harmonischen Rhythmus zu finden. Am Zielpunkt

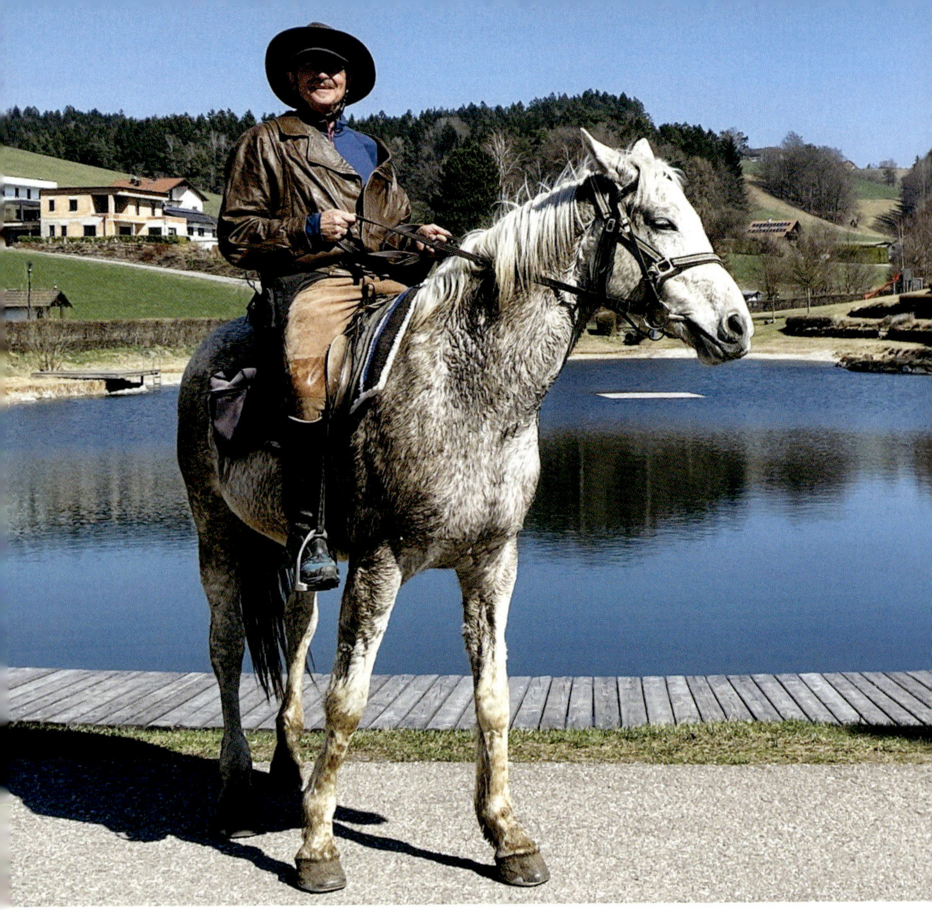

des zweieinhalbstündigen Ritts befindet sich der Naturbadesee Rechberg. Nicht nur an heißen Sommertagen ist er einen Besuch wert: Zwei Tiefwasserbrunnen speisen ihn mit reinstem Wasser. Er bietet als Biotop Lebensraum für zahlreiche Tiere und ist ein attraktives Ziel für Ausflugsgäste.

2,5 Stunden ↔ 16 km ↗ 240 hm

Ausgangspunkt der Reittour: Reitpark Gstöttner bei Schönau im Mühlkreis

Einkehr: Gasthof Haunschmid „zum goschert'n Wirt", Rechberg 15, 4324 Rechberg bei Perg, Tel. +43 7264 4613 oder +43 66488624241, gasthof-haunschmid.at

Öffis (nur nach Rechberg): vom Linz Hbf. mit REX 6375 Richtung Grein, umsteigen in Perg Schulzentrum in Bus 374 nach Rechberg

Sarmingstein 15

Fangfrische Forelle am alten Mautturm

Predigtstuhl und historischer Mautturm laden zur Natur- und Kulturerkundung im Herzen des Strudengaus ein.

Bereits ein halbes Jahrhundert ist vergangen, seit mit dem Bau des Kraftwerks Ybbs-Persenbeug im engen, mäandernden Tal der Donau kein von Felsriffen erzeugtes Tosen und Brausen zu hören ist. Das einzige Geräusch, das heute im Ort Sarmingstein an die gewaltigen Strudel des Flusses in früherer Zeit erinnert, ist das Rauschen des Sarmingbaches. Er fließt unmittelbar neben der Terrasse des Strudengauhofes vorbei und erzeugt ein stimmungsvolles Ambiente für die Gäste des Hauses. Von der Terasse können sie den Blick auf die nahe Donau genießen. Auch eine der kulinarischen

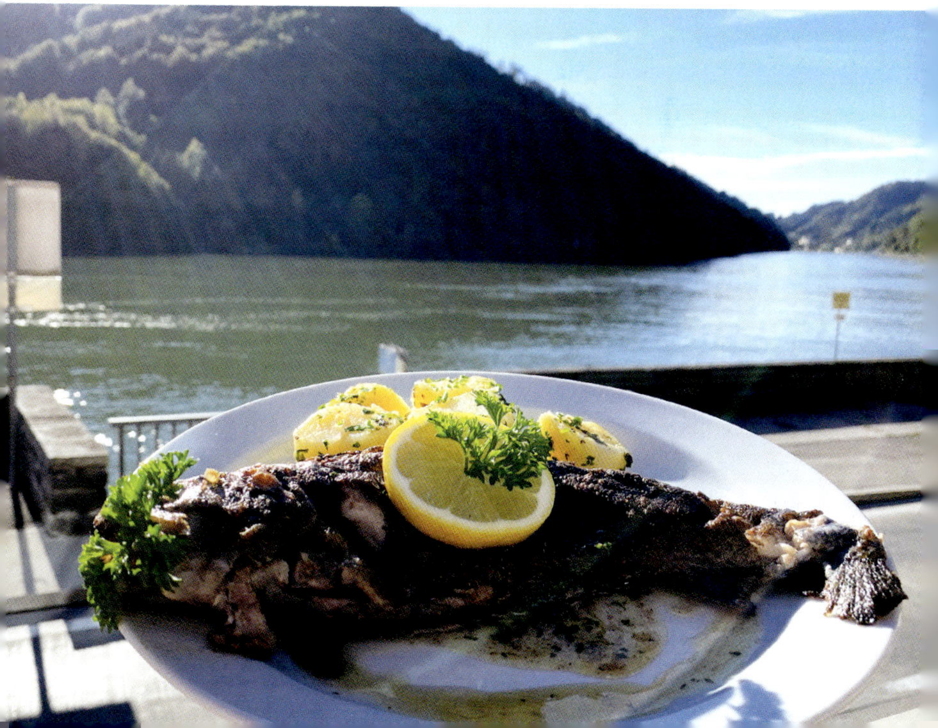

Spezialitäten hier hat mit dem Wasser zu tun, denn der klare Sarmingbach speist einen Fischkalter, der dem Wirt Hannes Ettlinger jederzeit fangfrische Forellen liefern kann. Frischer können sie nicht auf den Tisch kommen, knusprig und gleichzeitig zart sind sie ein wahrer Genuss. Eine weitere Spezialität entspringt dem Wunsch zahlreicher Motorradfahrer, die aus Österreich, Deutschland und Tschechien kommend das Gasthaus frequentieren. Es ist ein Ungarisches Gulasch mit Erdäpfeln. Ingrid, die Schwester des Wirts, hat das Zwiebelfleisch so lange weich gedünstet, dass es im Mund geradezu zerfällt. Die hohe Qualität setzt sich auch bei der Nachspeise fort, den Gries-Zwetschken-Knödeln mit Bröseln. „Es ist herausfordernd, sie heil aus dem kochenden Wasser in die Pfanne zu kriegen, weil der Teig so zart ist," erzählt die Chefköchin. Umso genussvoller können wir die ganz besondere Zartheit der Knödel auf der Zunge zergehen lassen.

Predigtstuhl & Künstleratelier

Vor diesem gediegenen Essen haben wir bereits die reizvolle Landschaft erkundet und Interessantes über die reiche Geschichte der Gegend erfahren. Unmittelbar hinter dem Gasthof führt ein Teil des 450 km langen Donausteigs steil nach oben und beschert uns nach einer Gehstunde auf dem 520 m hohen Predigtstuhl einen prachtvollen Ausblick auf den tief unten fließenden Donaustrom und den nahen Ort St. Nikola. Auf dem Rückweg treffen wir bei Haus Sarmingstein Nr. 22 auf das Atelier des Malers Wolfgang Hanghofer. Der Künstler ist 1955 in Linz geboren, war Schüler des Architekten Laurids Ortner und hat viele Jahre in Berlin und Paris verbracht. Wir erfreuen uns an der Expressivität der Bilder des Landeskulturpreisträgers, die eine besondere Intensität ausstrahlen. „Die gezeichnete Linie ist vergleichbar mit der sprachlichen Konzentration eines Verses", sagt der Maler. Wir verlassen das Atelier und treffen auf den um 1880 errichteteten „Verschönerungsweg", der uns zum historischen Mautturm führt. Der Unternehmensberater Markus

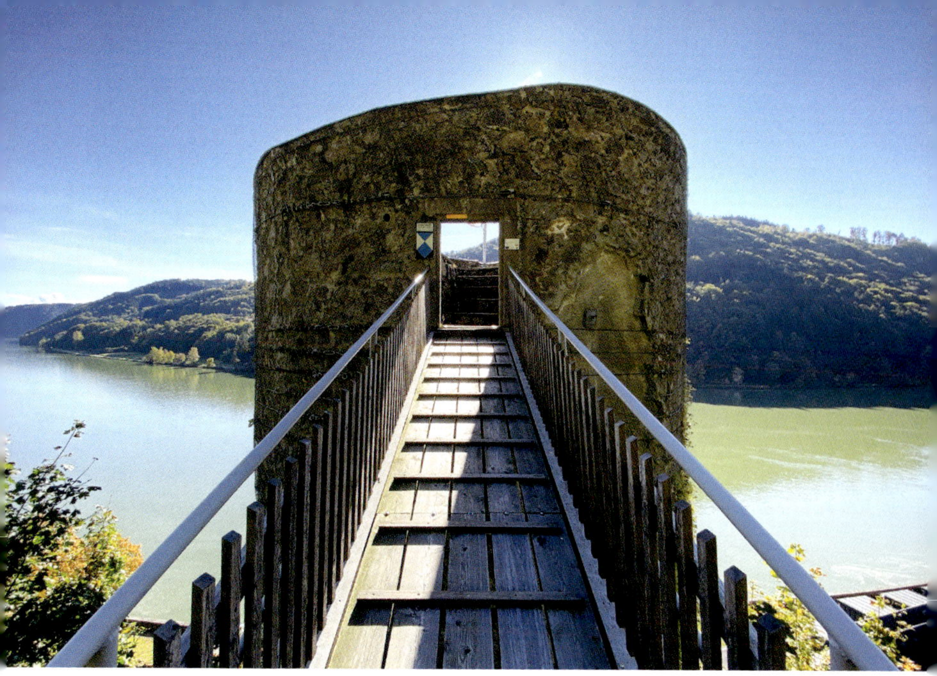

Pöcksteiner war maßgeblich an der Sanierung dieses mittelalterlichen Denkmals beteiligt. Er berichtet: „Der Turm ist einer der letzten mittelalterlichen Mauttürme an der Donau. Er war an einer strategisch wichtigen Stelle platziert und Teil eines alten Maut- und Sicherungssystems mit mehreren Befestigungsanlagen im Strudengau." Auf einer Brücke betreten wir den heutigen Aussichtsturm und überblicken weithin die Donau. Ebenfalls im Blickfeld liegt die Kiliani-Kirche, die ein ungewöhnliches Schicksal hat: Sie wurde nämlich um das Jahr 1900 von mehreren Bürgerfamilien aus Sarmingstein von der Diözese Linz übernommen und befindet sich auch heute noch im Besitz von fünf Familien.

1,5 Stunden ↔ 5 km ↗ 270 hm

Ausgangspunkt: Gasthaus Strudengauhof, Sarmingstein 13, 4382 St. Nikola an der Donau, Tel. +43 7268 8302, strudengauhof.at

Öffis: Zug von Linz/Donau, Chemiepark Bahnhst. Richtung Wien, umsteigen in Amstetten in Bus 380 Richtung Waldhausen, Haltestelle Sarmingstein

16 Mauthausen

Donau, Granit und Salz

Mauthausen war mit sieben Steinbrüchen das Granitzentrum der Monarchie. Dort steht auch die einzige unveränderte Wohnburg Österreichs.

Einen über 100 Jahre alten Bauernhof mit Frühstückspension haben Birgit und ihr Mann Christian Siebenhofer mit viel persönlichem Einsatz zu einem Haubenlokal umgewandelt. Seit über 20 Jahren können die Gäste ihre Liebe zum kulinarischen Detail und die gastliche Atmosphäre des Hauses genießen. „Aus einfachen Grundprodukten werden spektakuläre Speisevarianten erzeugt", lautet die Devise der beiden Gastronomen. Nach dieser Ankündigung freuen wir uns auf die Vorspeise, einen leicht gegarten Saibling aus dem Gusental mit einer Karottenvielfalt in verschiedensten Zuständen, etwa mariniert oder als Creme, sowie mit unterschiedlichen Gewürzen wie Koriander und Chili. Ein farbenfroher und wohlschmeckender Einstieg. Dann folgt als Hauptspeise Rehbraten von der Mauthausener Jagd. Dazu gibt es Pizokel, eine Art Spätzle, mit Waldviertler Mohn, eine leicht süßliche Kerbelknolle, eingelegte Perlzwiebeln und gemixtes Rotkraut.

Den süßen Abschluss zelebriert eine Schokoladevariation, bestehend aus einem lauwarmen Schokoladetörtchen mit Schokomousse, Schokoschaum und Sorbet. Als Alternative verlockt warmer Biotopfen mit Kriecherlröster und Crunch. Nach diesem Feuerwerk an Geschmäckern können wir gut verstehen, dass die kulinarischen Leistungen des Hauses mit einer Gault-Millau-Haube und 86 Falstaff-Punkten gewürdigt wurden. Einen wichtigen Beitrag leisten neben Chefkoch Christian auch Ehefrau Birgit und Schwägerin Gerlinde im Service. „Am meisten freut mich die Zufriedenheit unserer Gäste. Meine Motivation ist, Menschen glücklich zu machen. Essen und Trinken zählen zu den wichtigsten Grundbedürfnissen. Besonders bei den Überraschungsmenüs zelebrieren wir die Spontanität. Alles ist marktfrisch und schonend zubereitet, das bewahrt den Eigengeschmack der Produkte", unterstreicht Christian Siebenhofer.

Unseren Besuch in Mauthausen beginnen wir mit einem Rundgang durch das geschichtsträchtige Marktzentrum. Der Obmann des Heimat- und Museumsvereins Mauthausen, Karl-Heinz Sigl, begleitet uns. Er ist ein profunder Kenner der Geschichte des Ortes: „Die Donau als Transportweg, das Salz als Handelsware und die reichen Granitvorkommen prägten die Geschichte Mauthausens", erzählt er. Wir passieren den Marktplatz mit den riesigen Platanen, die zum 50-jährigen Regierungsjubiläum von Kaiser Franz Joseph im Jahr 1898 gepflanzt wurden. Über die Kirchenstiege erreichen wir den achteckigen Karner aus dem 13. Jahrhundert neben der Pfarrkirche. In der nahen Kirchenberg-Gasse springt ein runder Turm ins Auge. Seine Geschichte ist bemerkenswert: „Seit der Mitte des 17. Jahrhunderts verlief hier die ehemalige Salzstraße nach Budweis. Das weiße Gold aus dem Salzkammergut wurde auf der Traun mit Schiffen zur Donau gebracht, in Mauthausen zwischengelagert und anschließend für den Transport nach Böhmen auf Pferdefuhrwerke umgeladen. Vom Salzturm aus wurde der Verkehr durch die Engstelle geregelt: Wenn dort oben die weiße Fahne wehte, hatten die am Fuß des Berges wartenden Salzfuhrwerke freie Fahrt nach Norden. War aber eine rote Fahne zu sehen, hatte der Gegenverkehr aus Böhmen die Vorfahrt. Diese „Ampelregelung" war bis ins 17. Jahrhundert gebräuchlich und gilt als eine der ersten auf Österreichs Straßen."
Wir setzen – allerdings ohne Ampel – unseren Weg fort zum „Heindlkai", der nach einem früheren Steinbruchbesitzer benannt ist. Am ehemaligen Schiffsmeisterhaus erinnern

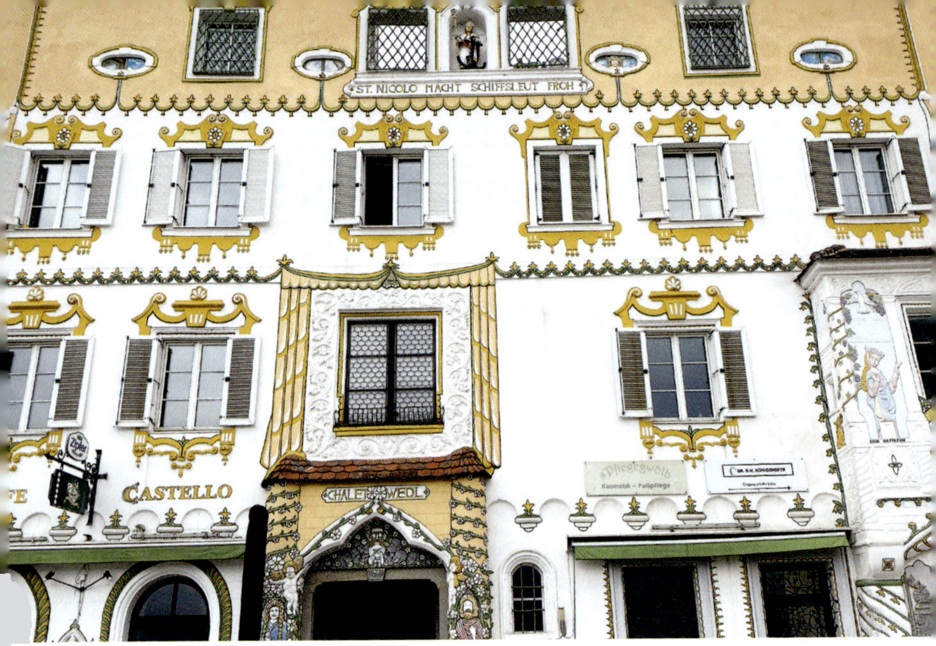

Das Wedl-Chalet ist ein beliebtes Fotomotiv

zahlreiche Hochwassermarken an die Überflutungen durch die Donau. Die älteste stammt aus dem Jahr 1682. Am Heindlkai 31 steht die „Schindta-Burg". Ein kreativer Zahnarzt gestaltete hier das mittelalterliche Bürgerhaus zu einem romantisch verzierten Kunstobjekt um, das zusammen mit dem benachbarten Wedl-Chalet ein beliebtes Fotomotiv ist. Der auf dem Gebäude angebrachte Name soll wohl auf humorvolle Weise auf die Begleitumstände einer Zahnbehandlung hinweisen. Daneben unterbricht die engste Gasse der Stadt die Häuserzeile. Sie ist teilweise nur 70 Zentimeter breit und diente wohl als Fluchtweg bei steigendem Donauwasser. Schließlich erreichen wir das direkt an der Donau gelegene Schloss Pragstein. Das fünfeckige Gebäude war ursprünglich ein Wasserschloss auf einer Insel in der Donau. Das erklärt auch die der früheren Geländeform angepasste Bauweise. „Pragstein ist die einzige unverändert erhaltene Wohnburg Österreichs", weiß der kundige Führer. Das darin untergebrachte, in Österreich einmalige Apothekenmuseum und das Heimatmuseum zeigen sehenswerte Objekte.

Beim Besuch in Mauthausen sind die Zeugen der steinernen Geschichte im Ortsbild erkennbar – jedes ältere Gebäude hat einen Granittürstock. Im einstigen Granitzentrum der Monarchie gab es sieben Steinbrüche, von denen heute keiner mehr in Betrieb ist. Wir begeben uns auf den Mauthausener Wanderweg. Eine zweieinhalbstündige Rundwanderung, die anfangs kräftig ansteigend rasch ans ländliche Ortsende führt. Bei der Marbacher Linde genießen wir den Ausblick auf das Donautal und das prachtvolle Panorama vom Ötscher bis zum Traunstein mit den zahllosen Gipfeln der Haller Mauern, des Gesäuses und des Toten Gebirges. Bei der urigen Kreuzmühle folgen wir dem Jakobsweg, auf dem wir nach insgesamt acht Kilometern wieder das Ortszentrum erreichen.

🕒 **3 Stunden** (mit Ortsbesichtigung) ↔ **8 km** ↗ **160 hm**
Ausgangspunkt: Weindlhof, Kirchenweg 12, 4310 Mauthausen, Tel. +43 7238 2641, weindlhof.at
Öffis: ab Linz/Donau Hinsenkampplatz mit Bus 360, Hst. Mauthausen

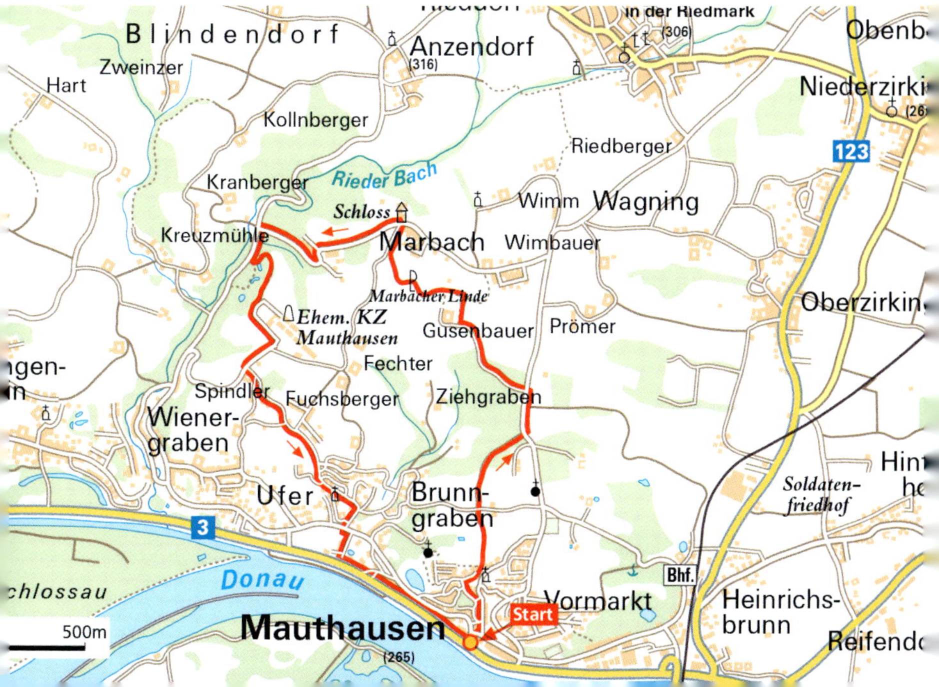

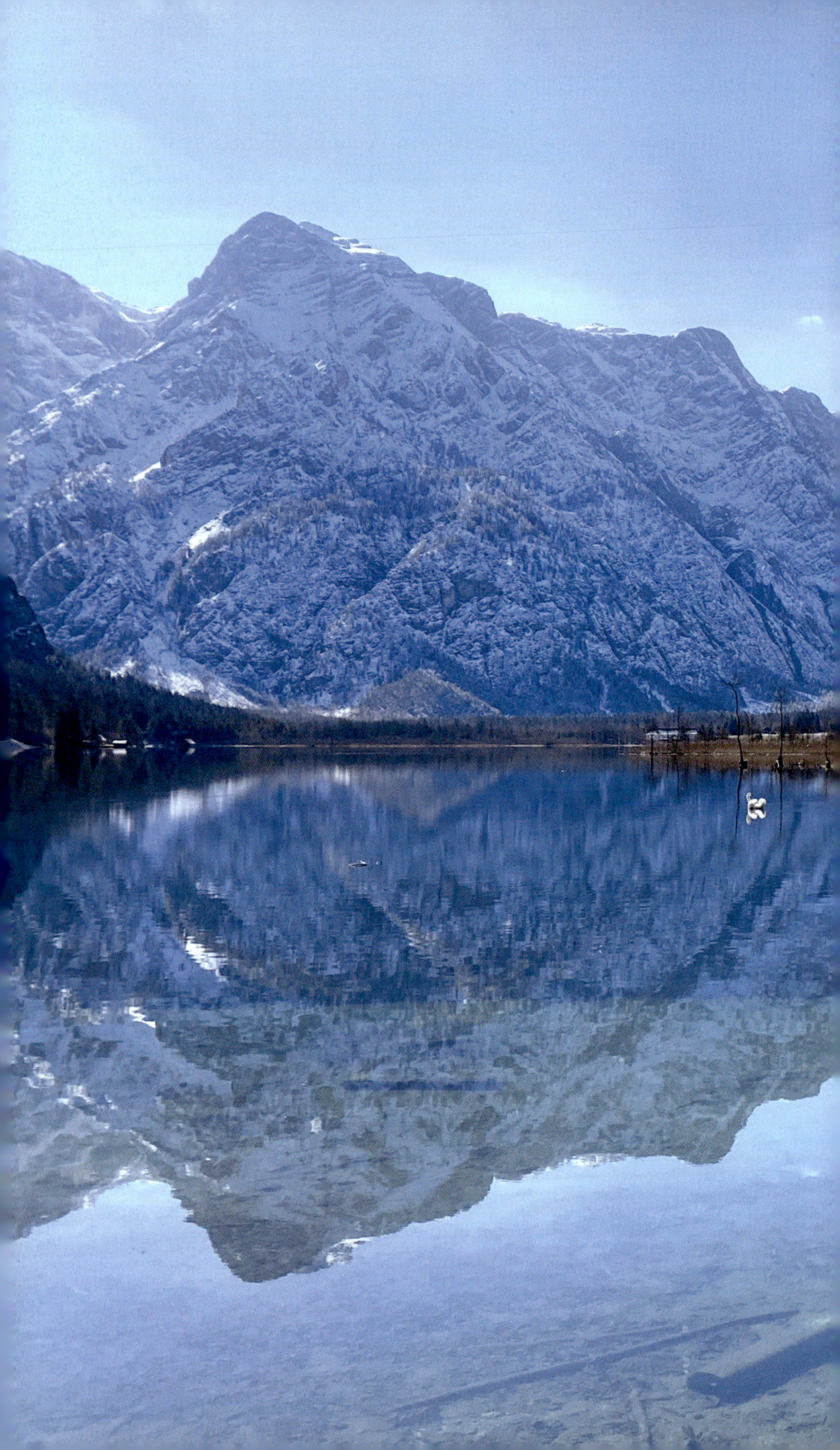

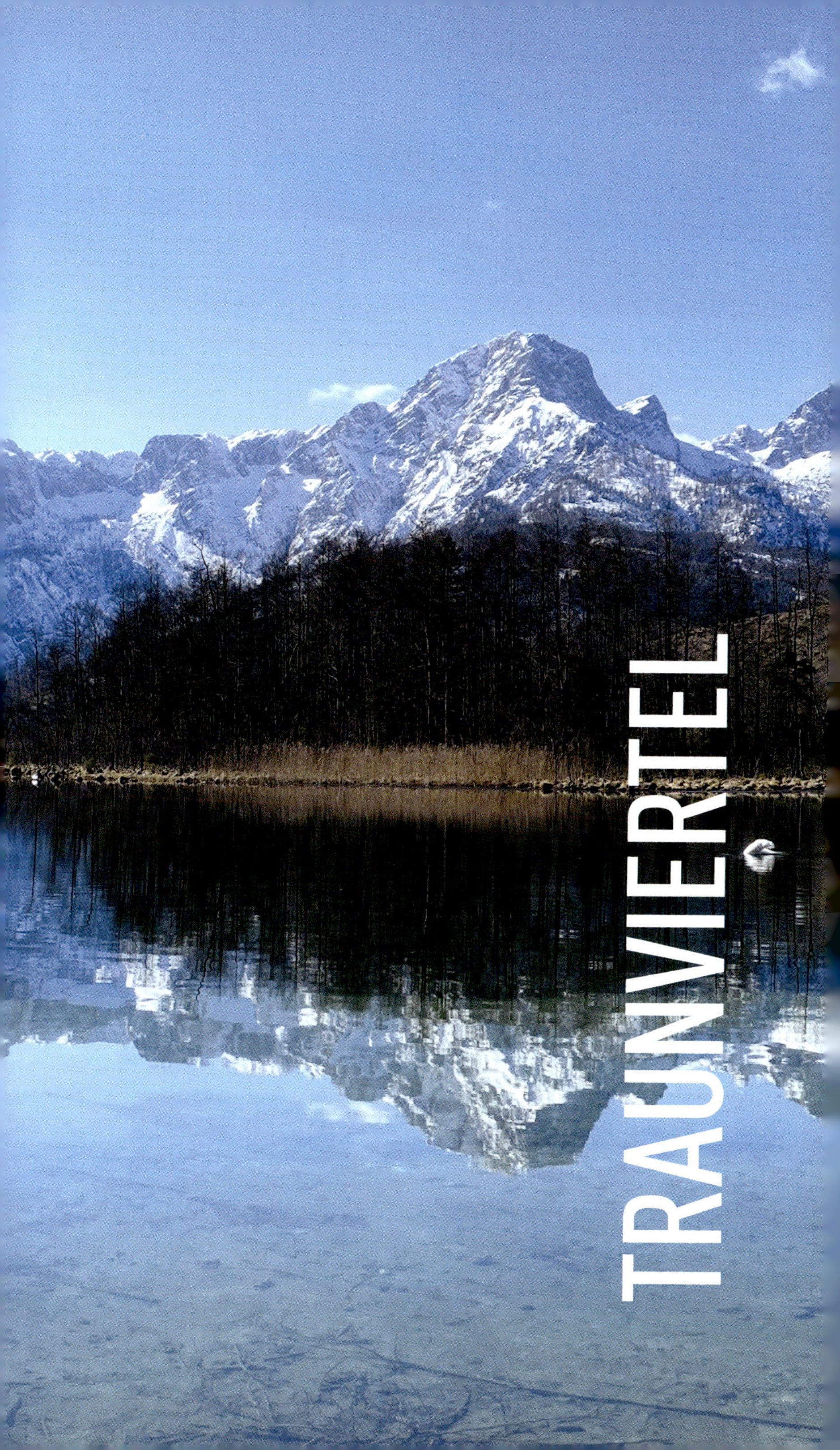

TRAUNVIERTEL

17

Waldneukirchen
Im Zentrum der Messerer

Eine Radtour durch das Steyrtal führt durch eine reizvolle Voralpenlandschaft. Kulinarische Genüsse locken unter einer schattigen Sommerlinde.

Bereits in der Biedermeierzeit sollen die Ausflügler unter einer mächtigen Sommerlinde auf einem Hügel in St. Nikola bei Waldneukirchen die Aussicht über das Hügelland der Voralpen genossen haben. Seit dem Jahr 1855 konnten sie sich auch in einer Gastwirtschaft stärken. Auch heute wird im Restaurant „Hohe Linde" die Gastfreundschaft zelebriert. Eine Falstaff-Gabel weckt das Interesse auf die Spezialitäten des Hauses. Auf der Terrasse sitzend, mit Blick auf das prachtvolle Sengsengebirge und den Großen Priel, starten wir mit einer legierten Spargelcremesuppe. Die Zutaten, geröstete Laugen-Croutons, Sardellen und Schlagobers, schweben auf einem kleinen Schiffchen über der länglichen Schale, in der sich die Suppe befindet und bringen so die Kreativität der Speise perfekt zur Geltung. Als Hauptgericht folgt eine Wildererpfanne vom Maibock an Waldpilzrahmsauce, dazu Holzknechtspätzle mit Speck, Zwiebel und Romanesco. Dieses Gemüse hat grüne Röschen, die wie kleine Tannen aussehen, schmeckt wie eine Mischung aus Blumenkohl und Brokkoli und ist reich an Kalium und Vitamin C. Es ergänzt vorzüglich den Geschmack des zart-aromatischen Rehwilds. Ein Glas St. Laurent vom Weingut Leitner aus Gols mit dem Duft nach Brombeeren und Holunder rundet den Genuss trefflich ab. Auch die Nachspeise, eine Dessertvariation nach Art des Hauses, beeindruckt durch ihre Geschmacksvielfalt und die edle Präsentation: Ein Parfait mit Irish Coffee Creme thront in der Mitte auf einer extralangen Schale. Daneben ein

Fruchtspiegel aus Erd- und Brombeeren. Den äußeren Rahmen bilden ein Topfenauflauf auf der einen und ein zartes Schokoküchlein auf der anderen Seite. Seniorchefin Ottilie Tretter klärt über die Geschichte des Hauses auf: „Seit 1988 befindet sich das Haus in Familienbesitz und wurde mehrfach umgebaut und modernisiert, um den wachsenden Besucherzahlen und Qualitätsansprüchen gerecht zu werden. Jeden Monat wird eine neue Speisekarte kreiert. Wir haben fast ausschließlich Stammgäste, dazu viele Wanderer und Radler. Sie wissen, dass bei uns regelmäßig Neues finden. Die Zutaten beziehen wir aus der Umgebung. Unsere Nudel-, Milch-, Eier- und Fleischbauern sind verlässliche Lieferanten."

Mit dem E-Bike nach Grünburg

Es lohnt sich, dort mit dem Fahrrad die abwechslungsreiche Voralpenlandschaft zu erkunden, am besten mit dem E-Bike. Zunächst geht es hinunter ins Steyrtal nach Grünburg, wo wir auf den malerischen Ort Steinbach auf der anderen Flussseite blicken. Früher war hier das Zentrum des Messerer und anderer

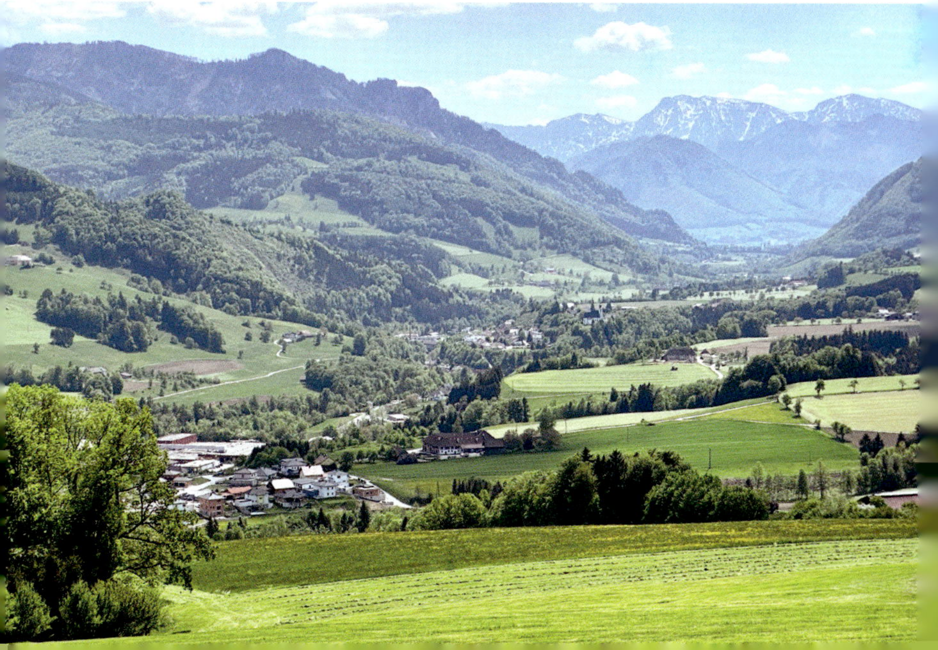

Gewerke, die ihre Blütezeit im 16. Jahrhundert hatten. Wasserräder trieben die Hämmer und Schleifmaschinen an. Das Messerer-Museum direkt an der Steyr und der geschichtsträchtige Messererweg 357 erinnern daran. Diesem folgen wir auf dem parallel verlaufenden Steyrtal-Radweg in südlicher Richtung bis zur Haunoldmühle, um dann auf die andere Flussseite zu wechseln. Pures Radfahrvergnügen entlang des in verschiedenen Grünvarianten schimmernden Wassers. Durch herrliche Hangwälder über der Steyr geht es weiter in nördliche Richtung. Immer wieder fällt unser Blick auf die auf einem Hügel thronende Linde jenseits des Flusses, wo auch das gleichnamige Gasthaus steht. Nach der nächsten Brücke über die Steyr folgen wir dem Voralpenradweg R12, um dann Waldneukirchen und schließlich nach zwei Fahrstunden und 22 km unseren Ausgangspunkt zu erreichen.

Strecke (E-Bike): 🕒 **2 Stunden ↔ 22 km ↗ 400 hm**
Ausgangspunkt: Gasthaus Hohe Linde, Hohe Linde Straße 13, 4595 Waldneukirchen, Tel.: +43 7257 7034, hohelinde.at

Blick auf den Kirchturm von Steinbach

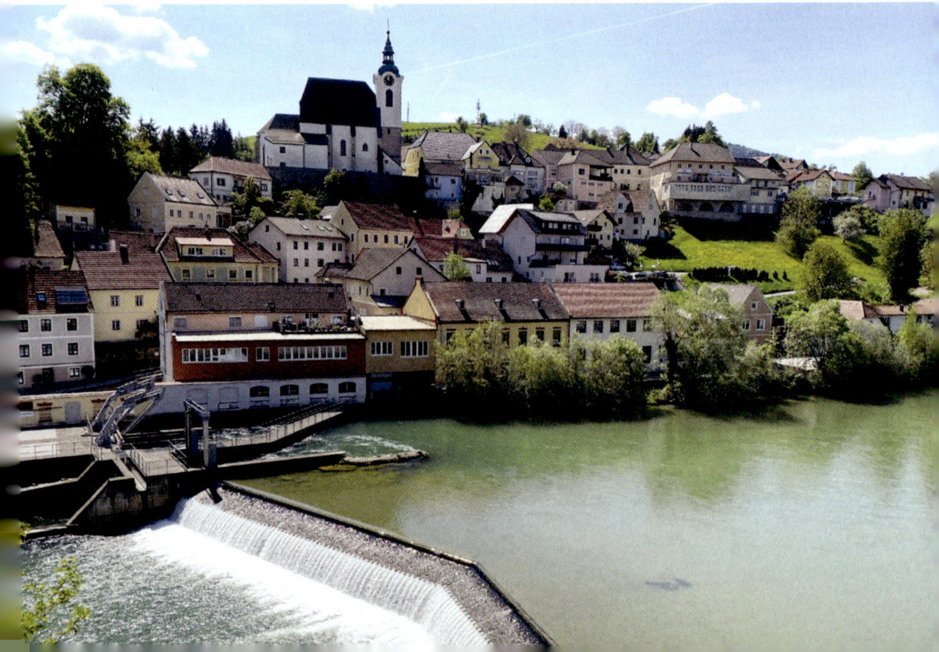

Gourmetspeisen im Sternenpark

Die Anton-Schosser-Hütte im Ski- und Wandergebiet Hohe Dirn bietet wahrhaft himmlische Genüsse.

Wo findet man eine urige Berghütte, die in einer halben Gehstunde erreichbar ist und wo die Gäste mit einer feinen Auswahl von bodenständigen, Falstaff-prämierten Tagesspezialitäten verwöhnt werden? Das alles finden wir auf der Anton-Schosser-Hütte des Alpenvereins inmitten des Ski- und Wandergebiets Hohe Dirn. Benannt nach dem oberösterreichischen Heimatdichter Anton Schosser (1801–1849), thront sie auf einer einsamen Bergkuppe inmitten der oberösterreichischen Voralpen auf 1 158 Meter Höhe. Hüttenwirt Franz Kastner ist Koch und Hüttenmanager in einer Person. Immer wenn er Wild bekommt, verarbeitet er Faschiertes aus Gamsfleisch – gemischt mit etwas Rind- und Schweinefleisch – zusammen mit einem knusprigen Vollkorn-Eiweiß-Weckerl zum beliebten Almburger. Eine andere Spezialität sind gebackene Wurstknödel mit Braunschweiger, Speck, Bergkäse und Zwiebeln. An manchen Tagen gibt es auch ein köstliches Ofenbratl oder hausgemachte Käsespätzle. Der aus der Leonfeldener Lebzelterfamilie Kastner stammende Hüttenwirt hat lange Jahre in der Lebensmittelindustrie verbracht und sich erst in seinen 50-ern zum Dasein als Hüttenwirt entschlossen, mit beeindruckendem Einsatz. Bis zu 500 Essen finden an schönen Wochenendtagen begeisterte Abnehmer. Dabei wird Franz von Servicekraft Dominik unterstützt. Immer dabei ist auch sein prachtvoller Bullmastiff-Rüde Karli, der mit seinem friedlichen Wesen die Gäste erfreut. Die Hütte ist bis auf Montag und wenige Feiertags-Ruhetage ganzjährig geöffnet. Neben Familien, die den kurzen Anstieg schätzen, besuchen

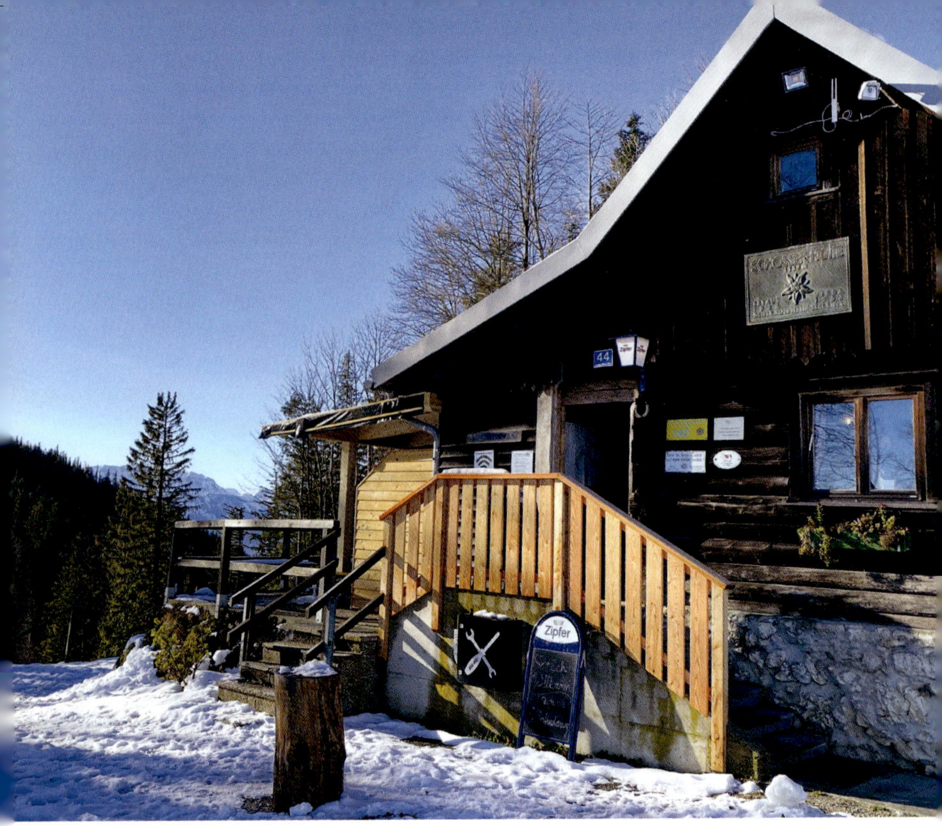

vor allem Skitourengeher und Schneeschuhwanderer die Hütte. Wir runden unser Essen mit einem vom Wirt frisch zubereiteten Bauernkrapfen ab. Einfach köstlich.

Wandern im Dunkelheit-Schutzgebiet

Eine bestens ausgebaute Bergstraße hat uns vom Ennstalort Losenstein acht Kilometer lang bis zum Wanderparkplatz oberhalb der Ortschaft Hamberg heraufgebracht. Nur mehr 170 Höhenmeter haben wir in einer halben Gehstunde bis zur Anton-Schosser-Hütte zu bewältigen. Im tief unter uns liegenden Ennstal sitzt noch der winterliche Nebel. Unser Blick fällt auf den hoch aus dem Nebelmeer aufragenden Schieferstein. Auf dem weiteren Weg stoßen wir auf mehrere, bis zu vier Meter große weiße

Kugeln. Es sind Beobachtungskuppeln und gehören zum Sternenpark Hohe Dirn, einem Projekt der Sternfreunde Steyr. Dieses Observatorium befindet sich in der Kernzone des Dunkelheit-Schutzgebietes Hohe Dirn. Die umliegenden Bergketten schirmen die Lichterflut der Ballungsräume gut ab. „Hier ist einer der finstersten Orte im Bundesland, an dem es am Ende des Tages noch richtig Nacht wird. Der Lichtschmutz von Linz und Graz lugt nur aus dem untersten Zipfel des schattenhaften Gebirgspanoramas herauf. Darüber funkeln aus dem tiefdunklen Firmament abertausende Sterne", so der Obmann des Vereins der Sternfreunde Steyr, Rudolf Dobesberger. Für Interessierte gibt es regelmäßig Beobachtungsabende. Ein zwanzigminütiger Genussweg hat uns nach dem Essen von der Anton-Schosser-Hütte zur Hohen Dirn auf 1 134 Meter geführt. Auf dem Weg zeigen die ersten Schneerosen bereits ihre Knospen. Am Gipfel

Beobachtungskuppel des Sternenparks Hohe Dirn

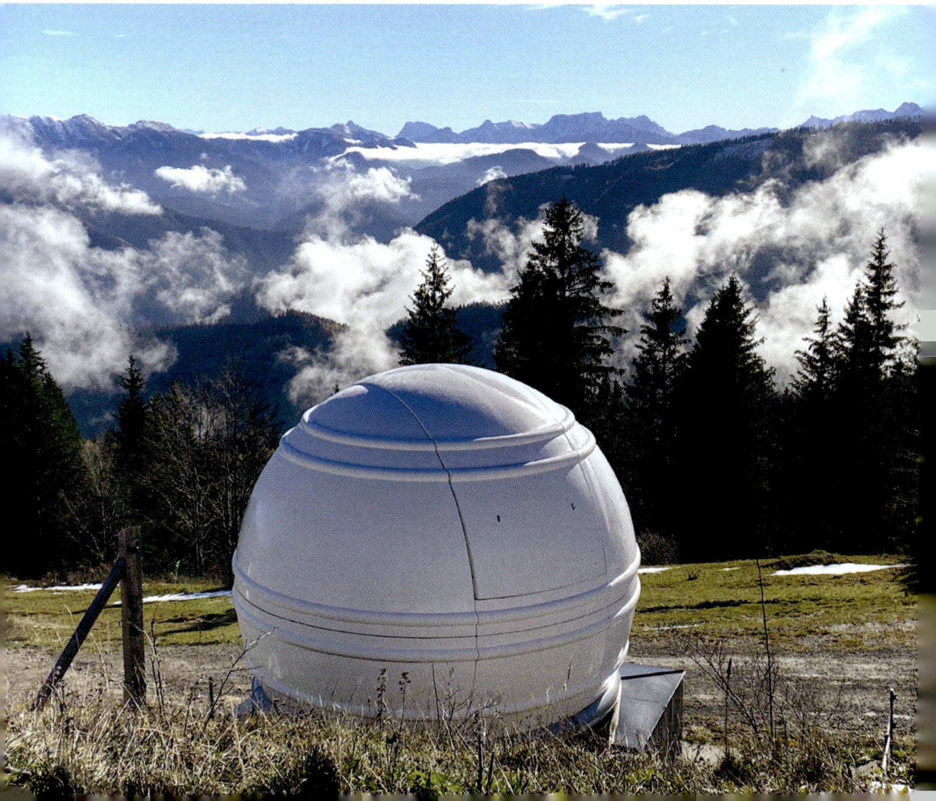

eröffnen sich herrliche Ausblicke auf die Berge des Nationalparks Kalkalpen. In einer knappen Gehstunde erreichen wir wieder den Ausgangspunkt am Wanderparkplatz.

Wanderweg HD5 🕒 **3 Stunden → 6,6 km ↗ 780 hm oder**
Wanderweg HD4 🕒 **3,1 Stunden → 6,9 km, bis zur Anton-Schosser-Hütte**
Von der Anton-Schosser-Hütte auf den Gipfel der Hohen Dirn:
🕒 **20 Minuten ↘ 30 hm**
Vom Gipfel der Hohen Dirn zum Wanderparkplatz:
🕒 **40 Minuten → 2,1 km ↘ 13 hm**
Ausgangspunkt bei Pkw-Anreise: Von Losenstein über eine Brücke Richtung Schosser-Hütte/Hohe Dirn bis zum Wanderparkplatz vor einem Schranken, 7 km, 610 hm
Einkehr: Anton-Schosser-Hütte, Hohe-Dirn-Straße 44, 4462 Reichraming, Tel. +43 7255 20620, www.schosserhuette.at; www.starparkhohedirn.at
Öffis: von Linz Hbf. S1 Richtung Kleinreifling, Hst. Losenstein;

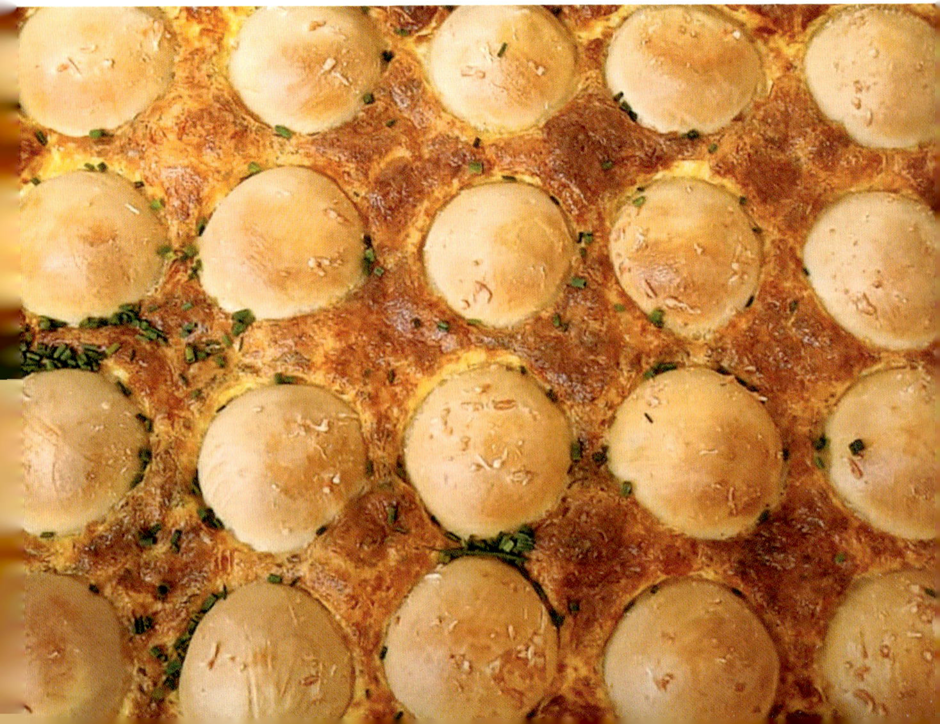

Farbenpracht mit Panorama

Eine Wanderung zur Ennser Hütte führt über prachtvolle Höhenwege.

Für einen Platz auf dieser Sonnenterrasse steigt man gern 600 hm aus dem Tal auf. Die Ennser Hütte liegt auf 1 295 m am Rand des Nationalparks Kalkalpen. Ein wunderbarer Ausblick auf das Reichraminger Hintergebirge und die Gipfel des Sengsengebirge stimmt auf einen genussreichen Aufenthalt ein. Dazu animiert auch die Speisekarte der Naturfreundehütte. Dabei stehen zweierlei Kaspress-Knödel-Varianten zur Wahl, einmal als Suppe, einmal überbacken mit warmem Krautsalat. Aber unsere Wahl fällt auf die besondere Spezialität des Tages, die Schwammerlrahmsauce mit Semmelknödel. Der knackige Knödel und die mit Eierschwammerl und Herrenpilzen reich bestückte Sauce munden vortrefflich. Hüttenwirtin Helga Zeiselberger lässt uns einen Blick auf den alten Holzofen in ihrer Küche werfen: Dort köcheln in einem mächtigen Topf die Zutaten für das Tellerfleisch, also Rindfleisch mit Gemüse und verschiedenen Gewürzen. Wir kosten auch diesen Hüttenklassiker aus zarten Rindfleisch-Würferln, Nudeln und diversen Gemüseeinlagen. Er schmeckt ebenfalls vorzüglich. Helga lobt die bewährte Qualität ihres Holzofens, in dem sie auch ihre Süßspeisen herstellt. Neben einem knusprigen Bauernkrapfen wählen wir einen gezogenen Apfelstrudel. Mit einem Zirbenschnapserl zum Abschluss „inhalieren" wir noch einmal das großartige Panorama.

Einmalig ist die Farbenpracht der herbstlichen Wälder, die vom zarten Grün der jungen Nadelbäume über das helle Silbergrau der Lärchen bis hin zum strahlenden Gelb, Orange und Rotbraun der Buchen und Ahornbäume reicht. Zahlreiche

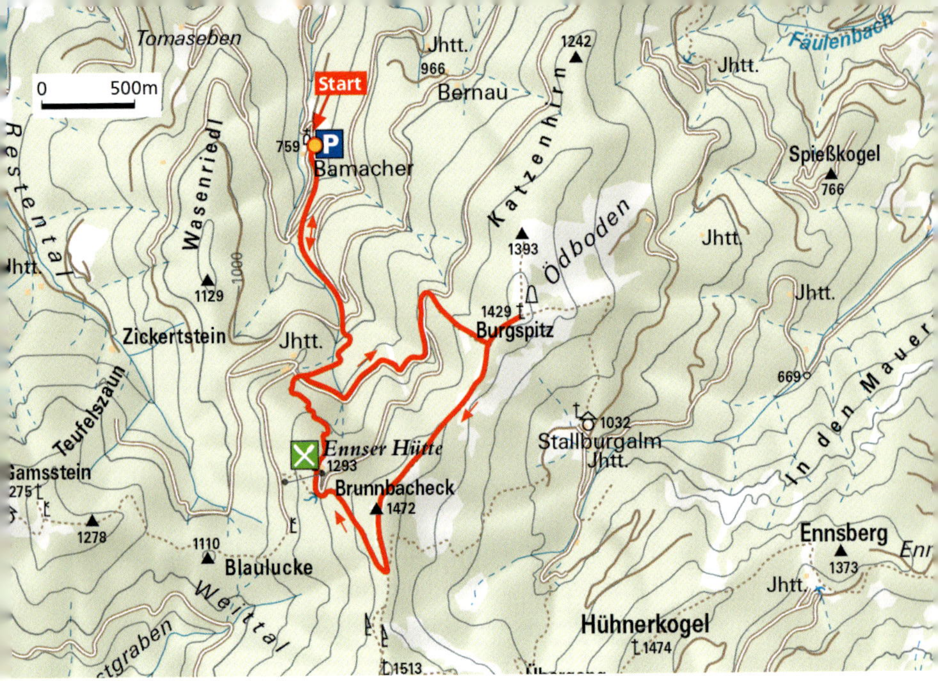

Stammgäste erfreuen sich an diesem Farbenspiel, das an Gemälde der Impressionisten erinnert. Im späten Frühjahr bietet sich hier jedoch ein völlig anderes Bild: Da sind die Wiesenflächen der nahen, baumfreien Berggipfel mit einem Blumenmeer übersät, vor allem mit dem weißblühenden Narzissen-Windröschen. Gäste, welche in einem der drei Zimmer oder im Matratzenlager nächtigen, können hier auch einen traumhaften Sonnenuntergang bewundern.

Vom Parkplatz auf den Burgspitz

Ausgangspunkt unserer morgendlichen Wanderung ist der Parkplatz Bamacher oberhalb von Großraming. Wir steigen wie auf einer Naturtreppe auf dem Wurzelgeflecht der Buchen und Fichten bis auf die Höhe von 1 150 m auf, um dann nicht direkt die Ennser Hütte anzusteuern, sondern vorher den seitlich gelegenen Burgspitz mit 1 429 m zu erklimmen. Hier liegt das gesamte südliche Ennstal ausgebreitet vor uns. Was dann folgt, ist pures Bergwandervergnügen. Ein sanfter Höhengratweg führt uns über das Brunnbacheck auf den markanten Almkogel auf 1 513 m. Ein großartiger Aussichtsberg mit 360-Grad-Rundumblick bis zum Ötscher und die Schladminger Tauern. Viele Gipfel leuchten bereits im Sonnenschein hoch über dem herbstlichen Nebelmeer, das noch die Täler erfüllt. Eine wohlverdiente Rast, bevor es in wenigen Minuten auf die Ennser Hütte hinuntergeht. Nach der genussvollen Essenspause erreichen wir nach insgesamt vier Gehstunden wieder den Parkplatz am Ausgangspunkt.

Ausgangspunkt: Parkplatz Bamacher oberhalb von Großraming; erreichbar über die Ennsbrücke, weiter ca. 1 km flussaufwärts bis zum Güterweg Rotsteinbichl Richtung Ennser Hütte. Die Straße endet nach etwa 4,5 km beim Schotterparkplatz „Bamacher"

🕒 **4 Stunden ↔ 9 km ↗ 700 hm**

Einkehr: Ennser Hütte, Oberplaißa 13, 4463 Großraming, Tel. +43 0664 4430141, ennser-huette.at

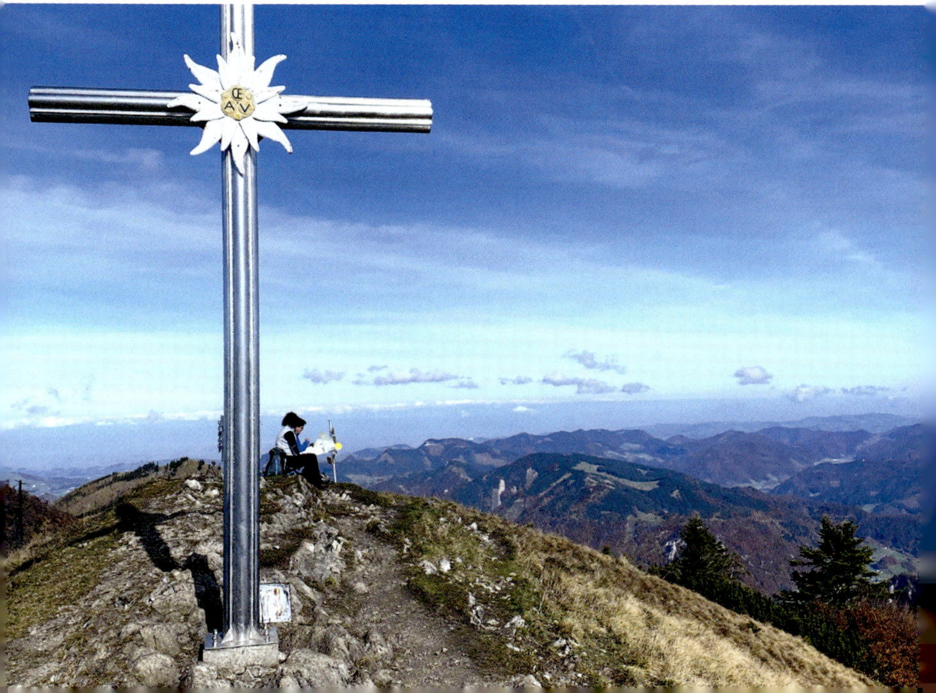

20 Weyer
Von der Hengstdeckstation zum Kultiwirt

Eine reizvolle Wanderung führt von Weyer ins Naturschutzgebiet Kreuzberg.

Ein klassisches Gasthaus, in dem bodenständige Gerichte auf dem Holzofen zubereitet werden. Bei einem Besuch im Gasthof von Kristina und Wolfgang Berger in Weyer kann man das aus der Nähe erleben und die Liebe spüren, mit der gekocht und serviert wird. Wir starten mit einer Rahmsuppe „wie damals". Mit einem zerkleinerten Erdapfel und Brotwürferln schmeckt sie herzhaft cremig und würzig. Wirt Helmut empfiehlt dann als Spezialität des Hauses Blunzenknödel: „Dazu wird Blunzengröstl in Würfel geschnitten, kräftig gewürzt und kurz vorgefroren, dann in einem Semmelknödelteig eingepackt und anschließend in Wasser wallend gekocht", erklärt der Wirt. Wir bekommen die Knödel mit Sauerkraut, Kren, Erdäpfeln und frischem Schnittlauch serviert. Braune Butter verleiht dem Ganzen noch einen nussigen Geschmack. Einfach und köstlich. Ein Gösser Märzen passt trefflich dazu. Bei einem Rundgang zeigt uns Wolfgang Berger historische Raritäten an den Wänden der Gaststube: Ein Fresko mit einer grazilen Madonna in der Mandorla springt dabei sofort ins Auge. Es konnte aus einem 450 Jahre alten Schiffsmeisterhaus in Weyer gerettet werden, das mittlerweile nicht mehr existiert. Eine Kuriosität ist auch das älteste Marterl von Oberösterreich an der Wand der Stube. Der Hammerherr Hans Händl, Sohn einer wohlhabenden Familie aus Weyer – der Ort soll zu dieser Zeit reicher als Steyr gewesen sein – verlor 1460 beim Sturz vom Pferd sein Leben. Seine Eltern ließen aus großer Trauer ein Marterl aus

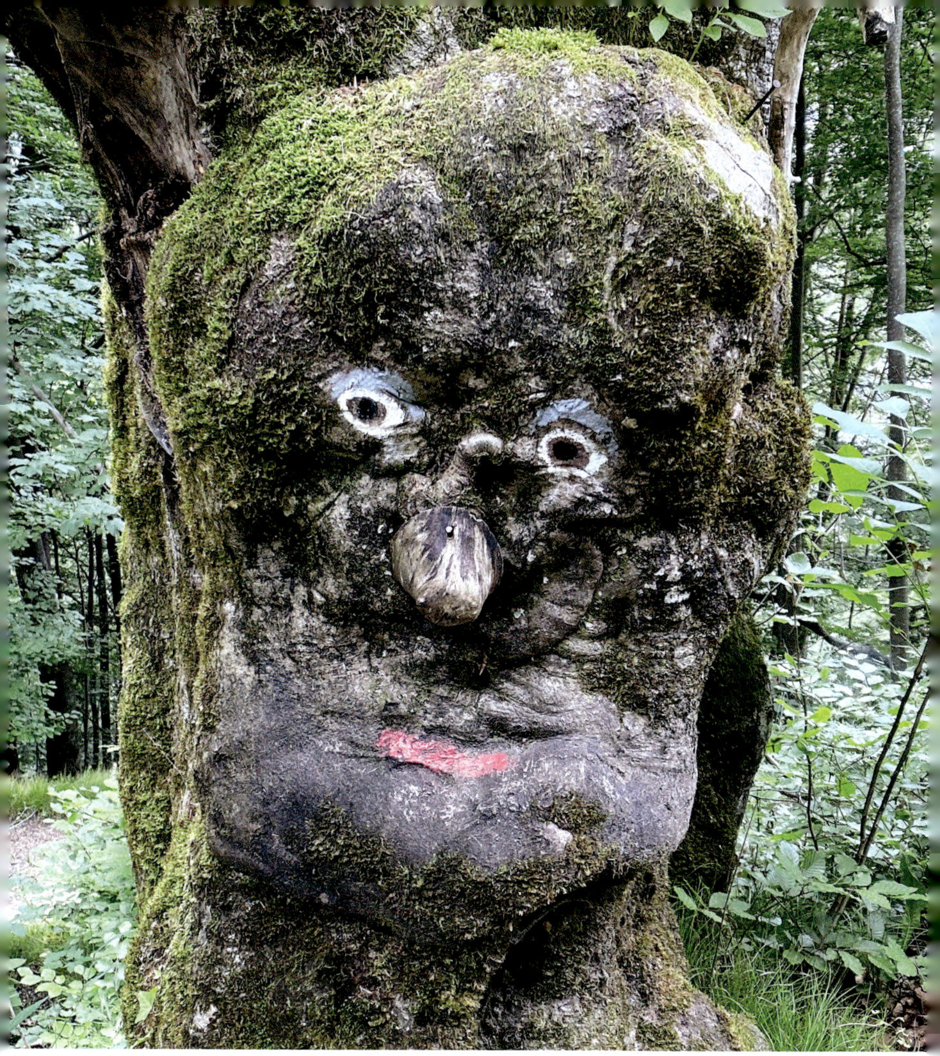

Stein anfertigen, das den Unfall bildlich darstellt. Interessant ist auch die Geschichte des Hauses, die Wirt Wolfgang kurz schildert: „Es wurde im Jahr 1888 erbaut und diente ursprünglich als Getreidespeicher und als Hengstdeckstation. Mein Urgroßvater erwarb es 1926. 2012 haben wir den Betrieb unserer Eltern aus dem Dornröschenschlaf geweckt und behutsam renoviert. Vorher haben meine Frau Kristina und ich jahrelang in renommierten Häusern in England, Irland, Italien und der Schweiz gastronomische Erfahrung gesammelt. Eine meiner Stationen war dabei als Barkeeper im Wiener Hotel Bristol.“ Gemeinsam mit Kristina bewirtet er heute Gäste aus dem eigenen Ort, ebenso Fußballer- und Senioren-Stammtischbesucher, Radfahrer sowie Pilger auf dem Sebaldusweg.

Zwerge und drei Kreuze

Bereits vor dem köstlichen Essen sind wir einer Empfehlung der Wirtsleute gefolgt und haben den nahen Kreuzberg erwandert. Der Hausberg von Weyer wurde schon 1982 zum Naturschutzgebiet erklärt und bietet gemütliche Wanderwege. Direkt vom nahen Marktplatz überquert man den Gaflenzbach und folgt dem Wegweiser „Drei Kreuze“. Der von einem Verein mit dem klingenden Namen Kreuzbergritter bestens gepflegte Wanderweg führt zunächst durch ein mit geschnitzten Zwergenfiguren geschmücktes Waldstück. Nach mehreren Kurven mit sanften Steigungen passiert man den idyllischen Einsiedlerboden und erreicht nach 220 hm die Drei Kreuze: Es sind aus Blech gefertigte, überlebensgroße und bemalte Blechfiguren mit Szenen aus der biblischen Kreuzigungsgeschichte. Ein mystischer Ort mit prachtvollem Panoramablick vom Großen Buchstein bis zum Almkogel, von dem wir nach insgesamt zwei Gehstunden wieder den Ausgangspunkt erreichen.

🕒 **2 Stunden ↔ 7 km ↗ 350 hm**

Ausgangspunkt: Gasthaus Binbanberger, Hollensteinerstraße 14, 3335 Weyer, Tel. +43 7355 6294, binbanberger.at

Öffis: Zug von Linz Hbf. nach Amstetten, dann R58 nach Waidhofen, dann Bus SV130 Richtung Kleinreifling, Hst. Weyer

Heurigenwirtin am Berg

Ein uriger Weg führt durch die Höll zum Linzerhaus auf der Wurzeralm.

Wenn eine waschechte Wiener Heurigenwirtin mitten im Gebirge aufkocht, kann man sich als Gast glücklich schätzen. Wenn das im Linzerhaus passiert, einer gemütlichen Alpenvereinshütte auf der Wurzeralm, ist die Freude doppelt groß. „Man isst nicht nur mit dem Gaumen, sondern auch mit dem Auge", ist die Hüttenwirtin Brigitte Skreinig überzeugt. Das können wir bereits bei der Suppe trefflich bestätigen: Blanchiertes, bissfestes Gemüse in der Frittatensuppe erinnert an eine bunte Blumenwiese und schmeckt vorzüglich. Bei einer weiteren Hüttenspezialität, dem Linzerhaus-Pfandl mit gemischtem Salat, ergibt das angebratene Putenfleisch mit Speck, frittierten Erdäpfeln, Lauch und Paprika eine optisch ansprechende und geschmackvolle Speise. „Alles ist reine Hausmannskost, frisch gemacht und knackig", betont die Wirtin. Ein würziges Grieskirchner Bier vom Fass passt bestens dazu. Diese besondere Frische zeichnet auch den Kaiserschmarrn mit Zwetschkenröster aus, den wir als Nachspeise genießen.

Bereits am Vortag wird dafür eine größere Menge Teig zubereitet, damit er über Nacht ziehen kann. 5 Liter Milch, 40 XL-Eier und Mehl werden dafür benötigt. „Die Eier beziehen wir direkt vom Bauern und das Mehl von der Mühle", sagt die Wirtin. Auch die anderen Produkte werden von sorgfältig ausgewählten Herstellern geliefert, das Schweinefleisch aus dem steirischen Vulkanland, das Rindfleisch aus dem Ennstal und die Käsekrainer aus dem Waldviertel. Weitere Hüttenspeisen, die andere Gäste mit Appetit verzehren, verschieben wir auf einen nächsten

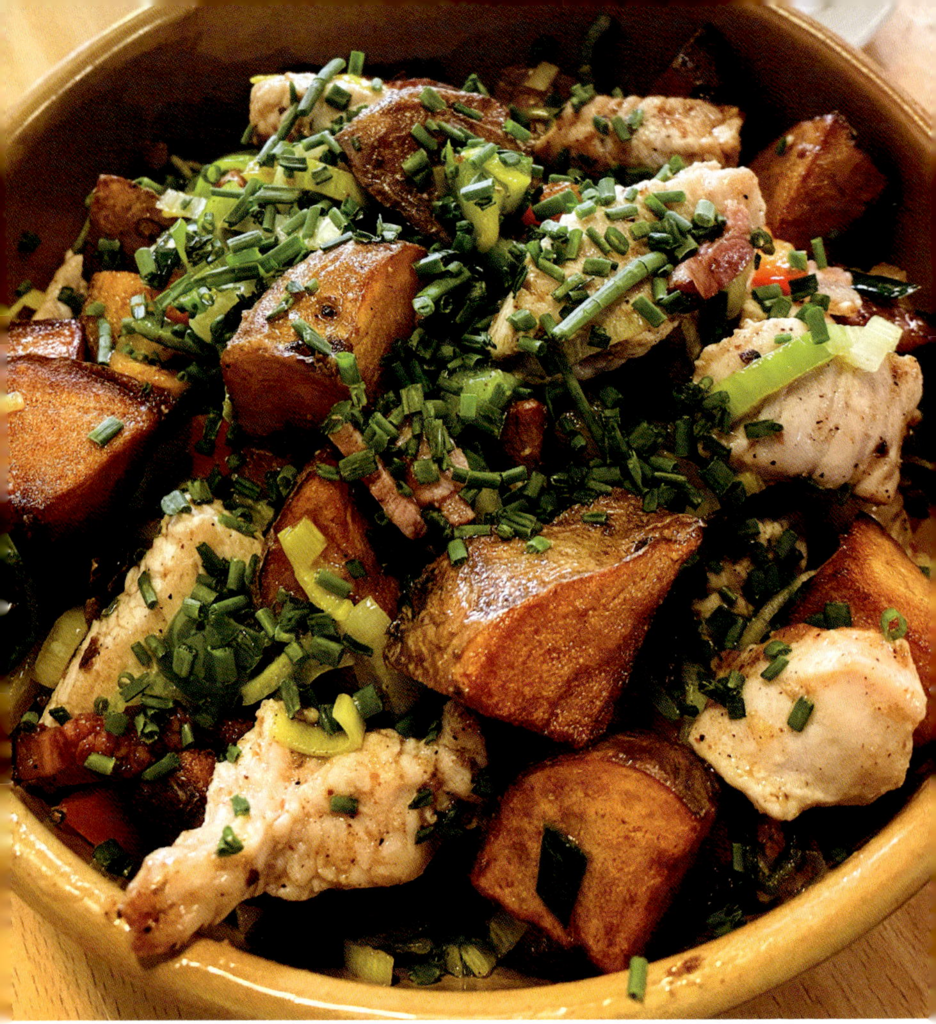

Das Linzerhaus-Pfandl, eine Hüttenspezialität

Besuch, so die Spätzle mit Gemüse in Rahmsauce, ebenfalls farbenfroh bunt gestaltet oder ein knuspriges Schnitzel nach Wiener Art mit Petersilienkartoffeln und gemischtem Salat. Wirt Hermann Skreinig ist voll damit beschäftigt, die Tages- und die Übernachtungsgäste zu betreuen, die in den 35 Zimmern der Alpenvereinshütte untergebracht sind. Letztere kommen aus der ganzen Welt, aus den USA oder aus dem europäischen Ausland. „Auch Mitglieder des niederländischen Königshauses waren hier mehrmals zu Gast. König Willem-Alexander hat als 16-Jähriger hier Skifahren gelernt und im Linzer Haus genächtigt," weiß der aus dem steirischen Seckau stammende, gelernte Berufsjäger und Forstwart Skreinig. Er erinnert auch an die lange Geschichte des Hauses. „Bereits um 1900 pachtete der Linzer Ski- und Rodelklub hier eine Almhütte, die schließlich im Jahr 1931 dem Neubau eines Schutzhauses Platz machte. Ab 1963 erleichterte eine Kleinkabinenbahn den Aufstieg, die 1977 durch die heutige Standseilbahn abgelöst wurde."

Der Aufstieg

Eine sportliche Skiwandertour hat uns von der Talstation durch die Höll auf das winterliche Almplateau der Wurzeralm gebracht. Neben der Aufstiegsroute entlang der Standseilbahn oder über die Schmiedalm ist dies die urigste Wegvariante. Es geht durch einen einsamen naturbelassenen Hochwald, manchmal zwischen schluchtartigen Felsformationen hindurch, dann wieder entlang idyllischer Lichtungen. Dies alles unter den steil abfallenden Wänden des Stubwiesgipfels. An einigen Felssturzblöcken haben Menschen schon in prähistorischer Zeit ihre

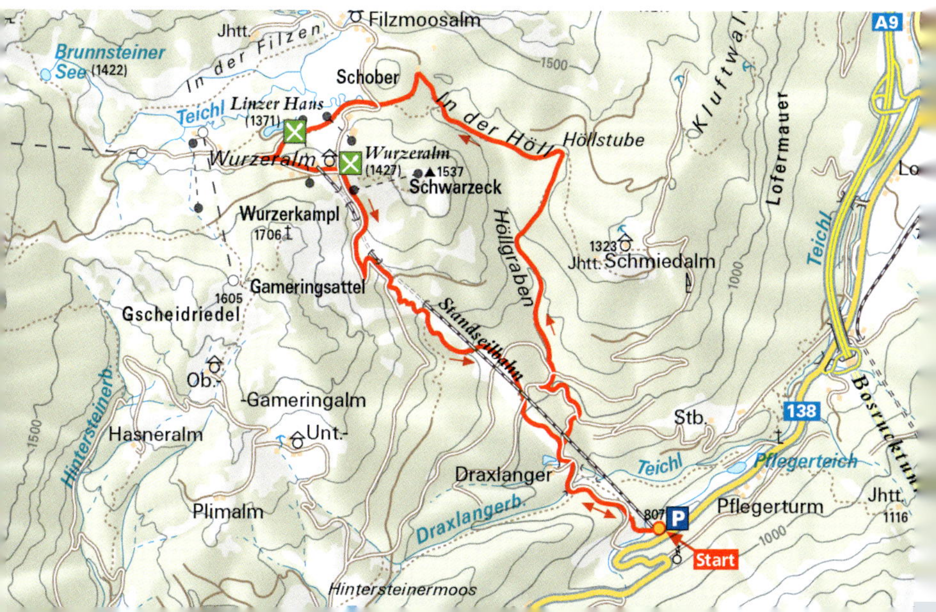

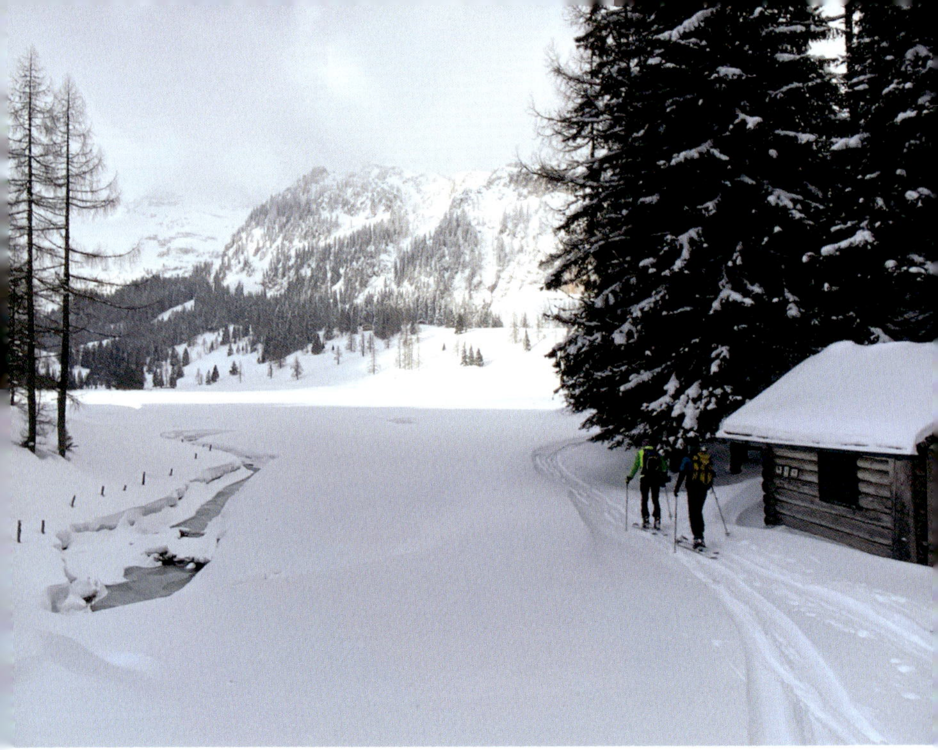

Spuren hinterlassen, wie Felszeichnungen bezeugen und das Gebiet der Höll zu einem der bedeutendsten Felsbildvorkommen Österreichs machen. Schließlich erreichen wir nach zweieinhalb Gehstunden das winterlich verschneite Almgebiet. Das dominante Warscheneckmassiv bildet neben der Roten Wand, dem Toten Mann, Wurzerkampl und Stubwiesgipfel ein imposantes Panorama und lädt zur Besteigung ein. Für die Abfahrt nutzen wir die bestens präparierte Piste zurück ins Tal.

Aufstieg mit Tourenskiern: 🕒 **2 Stunden → 4,5 km ↗ 560 hm**
Abfahrt über die präparierte Piste
Ausgangspunkt: Talstation Wurzeralmseilbahn
Einkehr: Linzerhaus Wurzeralm, 4582 Spital am Pyhrn, Tel. +43 7563 237, mobil +43 664 9172965

Vom Bergretter zum Hüttenwirt

Von Steyrling aus führt eine prachtvolle Winterwanderung auf die Steyrerhütte.

Wenn zwei Naturfreunde ihre bisherigen Berufe hinter sich lassen und eine Schutzhütte betreiben, kann man sich auf einen interessanten Aufenthalt einstellen. Hüttenwirtin Andrea Herndl ist für das leibliche Wohl der Gäste zuständig und orientiert sich mit ihrer Hausmannskost an den Kochkünsten

Traumhafte Ausblicke aufs Tote Gebirge

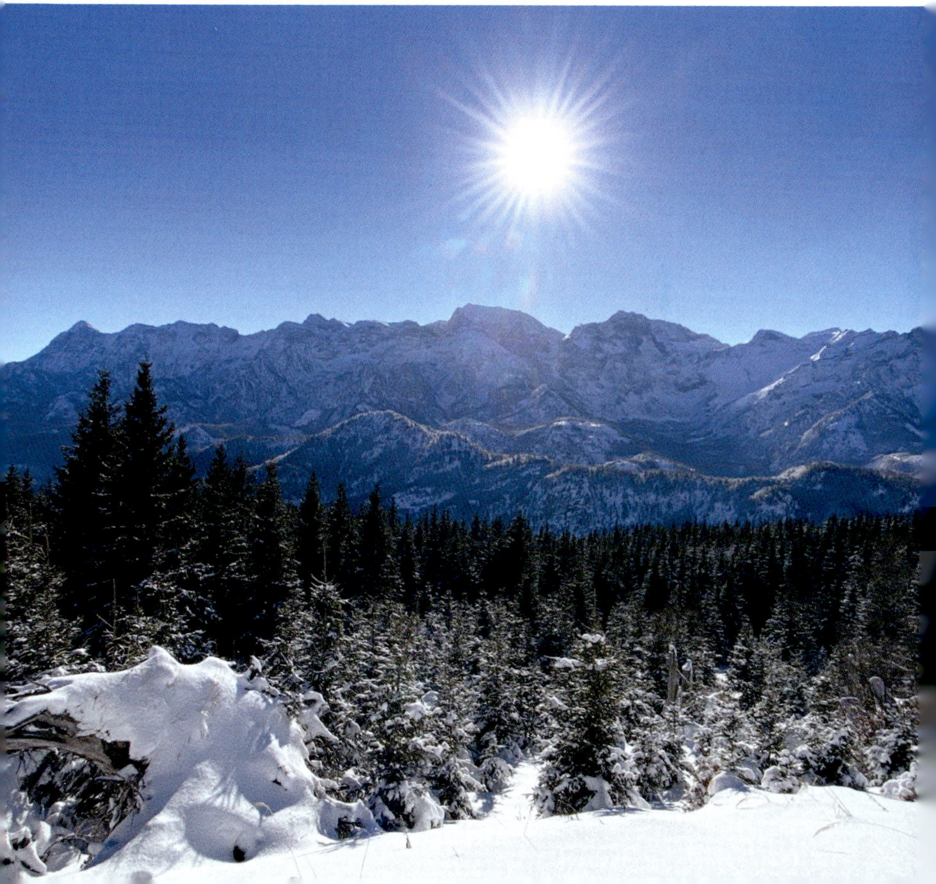

ihrer Mutter, erfindet allerdings dazu kreative neue Varianten. Ihr Mann Harald ist gelernter Landmaschinentechniker und hat zuletzt als Lagerist gearbeitet. Schon immer war der Kasberg sein Hausberg. Diesen und die nahe Kremsmauer kennt er als Ortsstellenleiter der Bergrettung Steyrling wie seine Westentasche. Seit 2019 hat er ein neues Leben als Hüttenwirt begonnen und kümmert sich neben der Versorgung der Gäste um die Erhaltung der Naturfreunde-Schutzhütte. Dies reicht von der Energieversorgung bis zu Abwasserentsorgung.
Kulinarisch gesehen ist die Steyrerhütte durch die Kreativität von Andrea Herndl ein wahrer Gewinn, zum Beispiel beim Linseneintopf mit Steinpilzknödeln. „Die Knödel wurden dabei mit gerösteten Steinpilzen angereichert und rundum angebraten", erzählt die Küchenfee. Eine wohlschmeckende und gesunde Kost. Auch die Nachspeisen sind selbst gemacht und werden

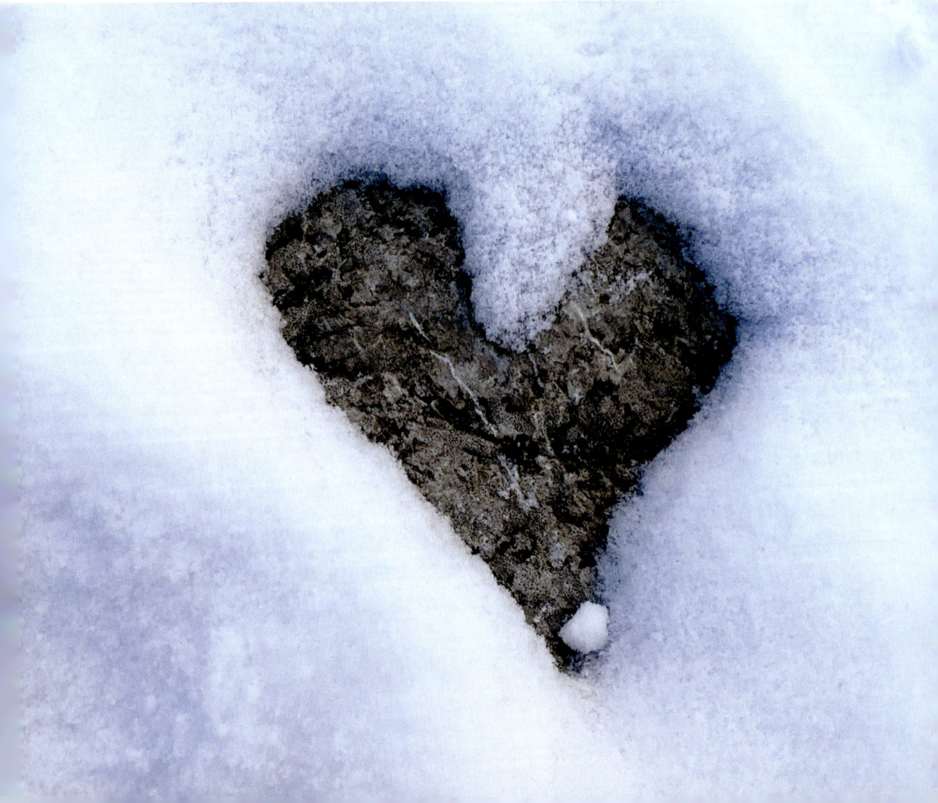

holzofenwarm serviert. Der Klassiker unter den Strudeln, ein gezogener Apfelstrudel mit Vanillesauce sowie ein knuspriger Bauernkrapfen geben uns wieder neue Kraft für den Abstieg.

Aufstieg vom Brunnental

Die Hütte ist das ganze Jahr über geöffnet, nur während einer dreiwöchigen Jagdsperre im Herbst geschlossen. Zu dieser Zeit gehen die Gäste des Grundeigentümers, der Fürstlich Schaumburg Lippische Forstverwaltung Steyrling, auf die Jagd auf Gams-, Reh- und Schwarzwild sowie auf bis zu zwölf Jahre alte Hirsche. Ein sportlicher Aufstieg über 850 hm und zweieinhalb Gehstunden hat uns vom Parkplatz zu der unter dem Gipfel des Kasbergs gelegenen Schutzhütte geführt. Zuerst ging es durch den Katzengraben zügig bergauf. Den Namen hat er nach der Meinung alter Jäger von den zahlreichen Füchsen, die hier hausen sollen. Gleich daneben plätschert der Zösenbach leise vor sich hin, meist fließt er unterirdisch. Je nach Schneelage steigt man mit Tourenski, Berg- oder Schneeschuhen den Hohlweg nach oben. Steile Konglomeratfelsen sind mit malerischen Eiszapfen übersät. Auf einem Granitstein hat der Schnee ein romantisches Herz geformt. Schließlich zieht sich der Weg durch verschneite Waldlichtungen und wechselt wieder zu von riesigen Nadelbäumen gesäumten Durchgängen, die an einen gotischen Dom erinnern.

🕒 **2,5 Stunden** (Aufstieg) → **6,5 km** (einfache Strecke) ↗ **750 hm**
Ausgangspunkt mit dem Pkw: Parkplatz Brunnental, Steyrling; auf der Steyrtalstraße B 138 nach Steyrling abbiegen, dann 6,3 km bis zum Parkplatz Brunnental, ab da auf Weg Nr. 433 aufwärts
Einkehr: Steyrerhütte, Steyrling 145, 4571 Steyrling,
Tel. +43 664 9670500, steyrer-huette.at, steyrerhuette.at
Öffis: von Linz Hbf. mit dem Zug nach Steyrling; optional weiter mit dem Bus nach Steyrling/Kindergarten oder mit dem „Dorfmobil" zum Parkplatz Brunnental

23 Micheldorf
Hirschgenuss beim Schwarzen Grafen

Vom Sensenschmiedemuseum in Micheldorf geht es auf der Sengstschmiedroas zum Ursprung der Krems.

Ein Gewölbe, das mit seiner Größe und Eleganz an die Mezquita, die Kathedralmoschee im südspanischen Córdoba, erinnert. Es wurde allerdings nicht als Sakralbau errichtet, sondern diente einst als Kuhstall im Wirtschaftsteil des Sensenschmiedegebäudes der sogenannten Schwarzen Grafen in Micheldorf. Noch immer ist hier der Glanz vergangener Zeiten zu spüren. In dem geschichtsträchtigen Ambiente, heute das Gasthaus zum Schwarzen Grafen, verwöhnt seit über 20 Jahren die Familie Pfarrsbacher-Sams ihre Gäste mit traditionellen Köstlichkeiten. Wirt Stephan leitet unser Essen mit Maronicremesuppe mit Wildfleischstrudel ein. Dann folgt ein Gericht, dessen Hauptzutat er als Jagdleiter

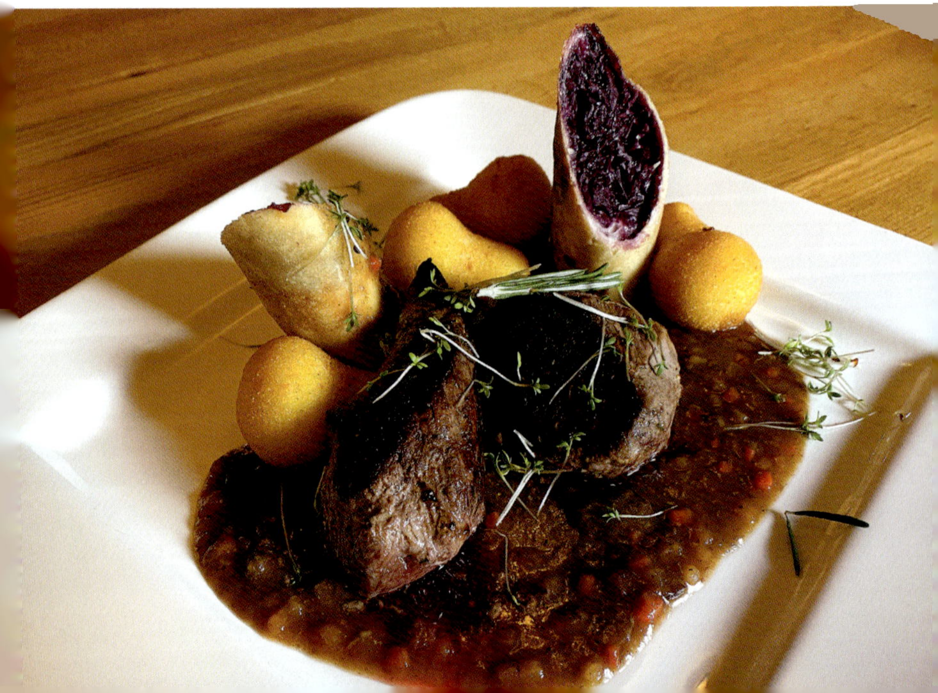

von Micheldorf bestens kennt: Es sind Hirschmedaillons auf Rotwein-Preiselbeersauce. Dazu gibt es Birnenkroketten und gebackenen Blaukrautstrudel. Das Hirschrückensteak ist medium gebraten, hat außen eine schöne Kruste, ist innen butterweich und rosafarben. In Verbindung mit der Spezialsauce des Hauses und dem in knusprigen Strudelteil gewickeltem Blaukraut ergibt es einen wahren Gaumengenuss. Dazu empfiehlt der Wirt zwei spezielle Biere: einmal ein Kaltenhausener Maronibier, ein starkes Kreativbier mit Maronimehl, Gersten- und Weizenmalz, oder ein noch dunkleres Gösser Stiftsbräu, dicht und cremig und gestützt von zarter Süße. Beide passen perfekt zum Hirsch. Mit einer Schwarzen-Grafen-Torte schließen wir das Essen ab, eine Schoko-Nuss-Komposition nach Art des Hauses, von der Wirtin Angela zu Recht behaupten kann: „So etwas gibt's kein zweites Mal."

Sensenmuseum & Sengstschmiedroas

Neben dem Gasthof befindet sich das Werksgelände des ehemals größten Sensenwerks in Oberösterreich, heute Museum. Martin Osen ist der Obmann des Museumsvereins und erinnert an die große Geschichte des Industriekomplexes: „Der Micheldorfer Schmiedemeister Konrad Eisvogel löste mit der Erfindung des Breithammers im Jahr 1584 einen vorindustriellen Wirtschaftsboom aus. Kurze Zeit später wurden Millionen von Sensen weltweit exportiert. Das Kremstal spielte im 16. Jahrhundert eine ähnliche Rolle wie Manchester im 18. oder Silicon Valley im 20. Jahrhundert. Caspar Zeitlinger machte Jahrhunderte später die von seinem Schwiegervater übernommene Sensenschmiede ab 1830 zu einem der größten metallverarbeitenden Betriebe der Monarchie. Fast 500 Mitarbeiter erreichten einen Exportanteil von 90 Prozent." Viele der von ihm errichteten Anlagen sind erhalten und lassen uns in die vergangene Zeit eintauchen. In der Schmiedehalle, Gradn-Hammer genannt, werden wir gewarnt: „Achtung, jetzt wird es sehr laut." Dann wird der Schmiedehammer per

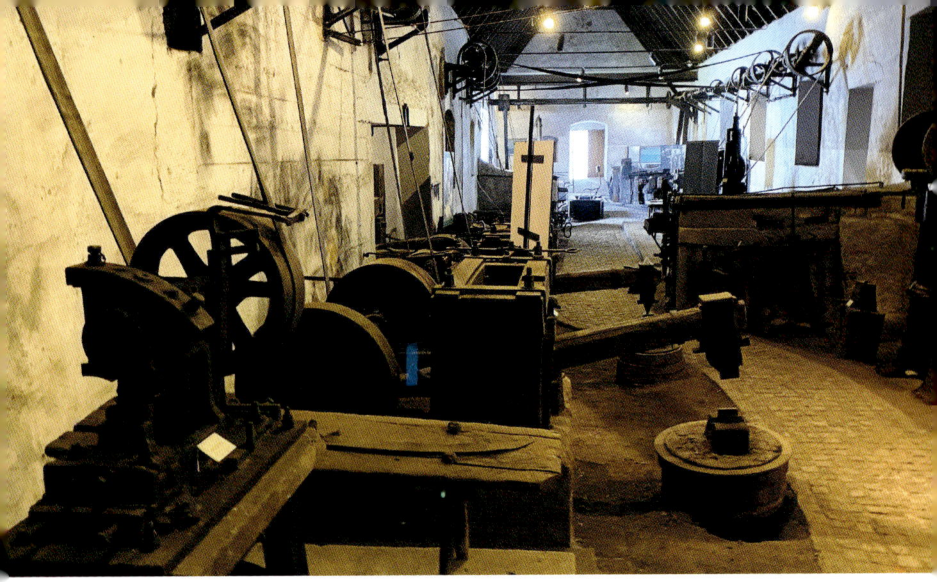

In der Schmiedehalle ging es einst laut her

Knopfdruck betätigt und dröhnt im raschen Stakkato-Rhythmus auf den unter ihm befindlichen Amboss. Wir erfahren, dass mehr als 20 Arbeitsschritte erforderlich waren, um aus einem Stück Stahl in der Größe eines heutigen Mobiltelefons, dem sogenannten Bröckl, eine Qualitätssense entstehen zu lassen. „Für jeden Produktionsschritt war ein jeweils darauf spezialisierter Arbeiter zuständig. Besonders heikel war das sogenannte Breiten. Dabei wurde das bereits in die erforderliche Länge gebrachte Sensenblatt in die notwendige Breite geschmiedet – weniger als einen Millimeter dünn musste es werden. Das erforderte viel Geschick und Erfahrung," erzählt der Experte. Danach kümmerte sich der Ertl-Macher um die Krümmung des Sensengriffs, also um das sogenannte Örtl der Sense. Schließlich wurde das Markenzeichen, ein Kelch mit Hostie, angebracht. Es bürgte für die besondere Qualität. In der späteren, großgewerblichen Erzeugung von Sensen entstand eine umfassende, arbeitsteilige Herstellung, begleitet von einer ausgeprägten Hierarchie der Mitarbeiter. Wurden im 16. Jahrhundert 13 Sensen pro Tag hergestellt, steigerte sich das Tagwerk im 19. Jahrhundert auf etwa 200 Sensen. Essmeister, Hammerschmied und Abrichter waren die drei höchstrangigen

Schmiedknechte. Sie führten die formgebenden Arbeiten am glühenden Stahl aus. Ihren besonderen Status verdeutlichte die Festtagstracht: Die Hüte der Schmiedknechte waren mit prunkvollen Goldborten geschmückt, wie wir uns beim anschließenden Besuch im Herrenhaus überzeugen können. Augarten-Porzellan und wertvolles Mobiliar zeugen vom respektablen Wohlstand der Sensenschmiedemeister. Wir können auch noch die prächtige Sonnenuhr an der Außenwand des Herrenhauses bewundern, die den heiligen Georg darstellt. Sein Schwert dient als Zeiger.
Dann begeben wir uns auf den Themenweg Sengstschmiedroas, wo wir der Krems entlang noch auf weitere 15 Sensenschmieden und auch Mühlen treffen. Ein Abstecher führt uns dann immer mit Blick auf die Kremsmauer zum Kremsursprung. Ein kräftiger sprudelnder Wasserstrom fließt als Karstquelle direkt aus den Tiefen des Toten Gebirges, um sich nach 63 Fließkilometern mit der Traun zu vereinigen. Nach drei Gehstunden und zehn Kilometern treffen wir wieder beim Schwarzen Grafen ein.

🕒 **1,5 Stunden** (bis zur Sengstschmiedroas) → **6 km** ↗ **260 hm**
Ausgangspunkt: Gasthaus Zum Schwarzen Grafen, Kaspar-Zeitlinger-Straße 28, 4563 Micheldorf, Tel. +43 7582 61160, mobil +43 676 6501797, schwarzergraf.at
Öffis: von Linz Hbf. mit S4 nach Kirchdorf, dann Bus 430 nach Micheldorf

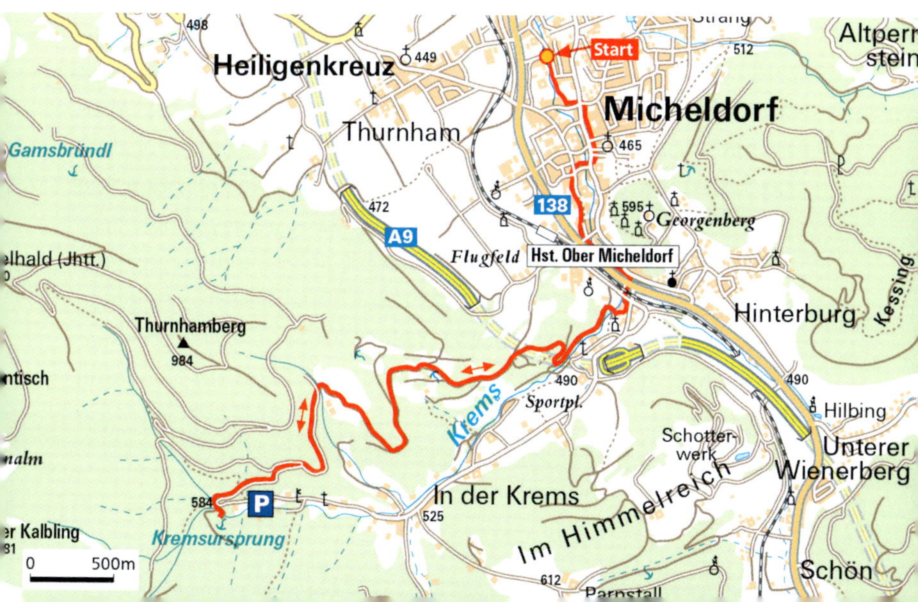

24 Inzersdorf
Dorfstub'n mit Charme

Im Alpenvorland unterwegs von der Inzersdorfer Madonna zur Ruine Seisenburg.

Wenn ein Wirt seinen Beruf als einen der schönsten überhaupt bezeichnet, kann man sich auf einen außergewöhnlichen Gasthausbesuch einstellen. Genau das erleben wir in der Inzersdorfer Dorfstub'n im Kremstal. Mit einer Knoblauch-Käserahmsuppe mit Brotcroutons starten wir unser Essen. Die örtliche Nähe zur Käserei Schlierbacher genießen wir auch beim ersten Hauptgang, einem gebackenen Bio-Paulus in Sonnenblumenkruste mit Preiselbeeren und Erdäpfel. Um das unverkennbare Aroma des mit Rotkultur behandelten und gut gereiften Bio-Weichkäses perfekt zur Geltung zu bringen, wird er zweimal paniert, einmal normal und ein zweites Mal mit Sonnenblumenkernen. Erst dadurch entsteht die knusprige Kruste. Dazu gibt es ein würziges Eggenberger Wildschützbier. Zum Neutralisieren des intensiven Käsegeschmacks dienen die Früchte auf dem Teller. Der zweite Hauptgang, Krautroulade auf Bratensafterl mit Erdäpfeln bringt wieder andere Geschmacksnuancen. Das in Kraut gewickelte Faschierte wurde mit etwas geselchtem Fleisch angereichert und schmeckt köstlich. Mit Brandteigkrapferl auf Himbeeren mit Walnusseis runden wir den kulinarischen Genuss ab. Nachdem uns die Chefkellnerin Theresa Preinstorfer einen von ihrer Familie selbst gebrannten Obstler serviert hat, erzählt der Wirt Josef Neumair über seinen interessanten Werdegang: Nach einer Koch- und Kellnerlehre genoss er es, auf Saison zu gehen und in Tiroler Skiorten ebenso wie an der Nordsee zu arbeiten. „Es gibt nichts Schöneres für einen Jugendlichen, auf Saison im Gastgewerbe zu arbeiten.“ Wieder sesshaft geworden, hat er mit seiner Frau Anita zuerst den Stiftskeller in Schlierbach gastronomisch ausgebaut und ist schließlich in Inzersdorf gelandet. Die großzügig renovierte Inzersdorfer Dorfstub'n verdient den Namen zu Recht. Beim Rundgang durchs Haus passieren wir ganze fünf Stuben, beginnend mit der Kegel- und Gaststube, dem Extrastüberl und dem Gewölbe-Stüberl. Dieses Tonnengewölbe soll noch ein Mauerrest des ehemaligen Schlosses Inzersdorf sein. Neben dem Saalstüberl befindet sich der imposante Ballsaal mit einer modernst ausgestatteten Theaterbühne. Alles in allem ein würdiges Kommunikationszentrum für den beschaulichen Kremstalort.

Unterwegs zur Ruine Seisenberg

Vor dem Essen haben wir die Inzersdorfer Madonna in der örtlichen Marienkirche besucht. Dieses bedeutende Kunstwerk wurde um etwa 1430 geschaffen und stellt eine der beeindruckendsten Standfiguren des Typs „Schöne Madonna"

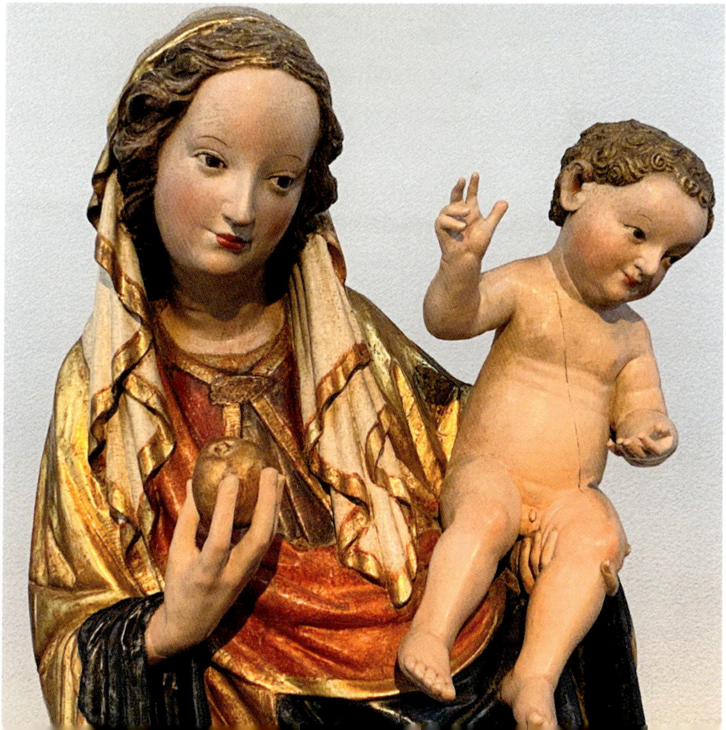

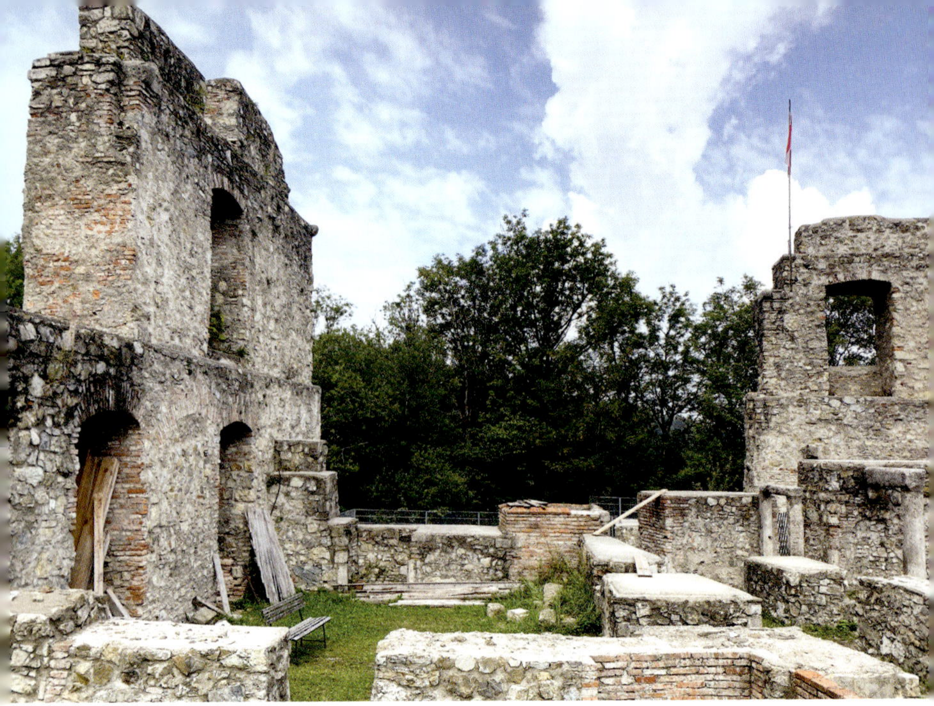

Die Burgruine Seisenberg verbreitet mittelalterliches Flair

in Österreich dar. Sie zeichnet sich aus durch eine hohe Stirn, eine schmale, gerade Nase, einen kleinen Mund und hinter die Ohren zurückgelegte Haare und strahlt eine zarte Anmut aus. Von Inzersdorf, einem Zentrum der Marienverehrung, nahmen zahlreiche Wallfahrtswege ihren Ausgang. Die Wanderung zur Ruine Seisenburg beginnen wir, der Markierung Nr. 10 vom Ortszentrum folgend. Auf befestigten und naturbelassenen Wegen wandern wir durch ein wahres Alpenvorlandidyll. Mehrere Feuersalamander kreuzen unseren Weg. Vorbei an der auf dem Nachbarhügel thronenden Magdalenenkirche erreichen wir die im Gemeindegebiet von Pettenbach gelegene Burgruine Seisenburg. Sie wurde bereits im 14. Jahrhundert urkundlich erwähnt und war im 16. Jahrhundert in Besitz der Herzöge von Österreich. Nach mehreren Besitzerwechseln wurde sie im 17. Jahrhundert zu einem Renaissanceschloss ausgebaut. Um 1940 wären kostspielige Sanierungsarbeiten notwendig gewesen, die jedoch nicht durchgeführt wurden und so verfiel das Bauwerk. Heute sind nur noch wenige Mauerreste dieses einst so stolzen Schlosses zu sehen. Vor wenigen Jahren begannen freiwillige Helfer mit der Restaurierung der verfallenen Gemäuer. Durch diese unentgeltlichen Arbeiten können wir uns heute in die Mittelalterzeit zurückversetzen. Getränke, die in einem Brunnentrog bereitstehen, sorgen für eine willkommene Stärkung, ehe wir für den weiteren Rundweg der Markierung R12 folgen. Wir passieren die idyllische Hubertuskapelle und ein Gehege mit ursprünglich in der Mandschurei beheimateten Sikahirschen. Deren rotbraunes, mit zahlreichen weißen Flecken durchzogenes Fell färbt sich im Winter schwarz. Nach insgesamt vier abwechslungsreichen Stunden erreichen wir wieder Inzersdorf.

Rundweg 🕒 **4,5 Stunden** ↔ **12,3 km** ↗ **530 hm**
Rückweg auf dem Hinweg ist um eine Gehstunde kürzer
Ausgangspunkt: Inzersdorfer Dorfstub'n, Dorfplatz 1,
4565 Inzersdorf im Kremstal, Tel. +43 7582 83 0 90, dorfstubn.co.at
Öffis: Vom Linz Hbf. Richtung Salzburg, in Wels Hbf. Zug R 3207 Richtung Grünau, dann Bus 483 Richtung Kirchdorf, Hst. Inzersdorf

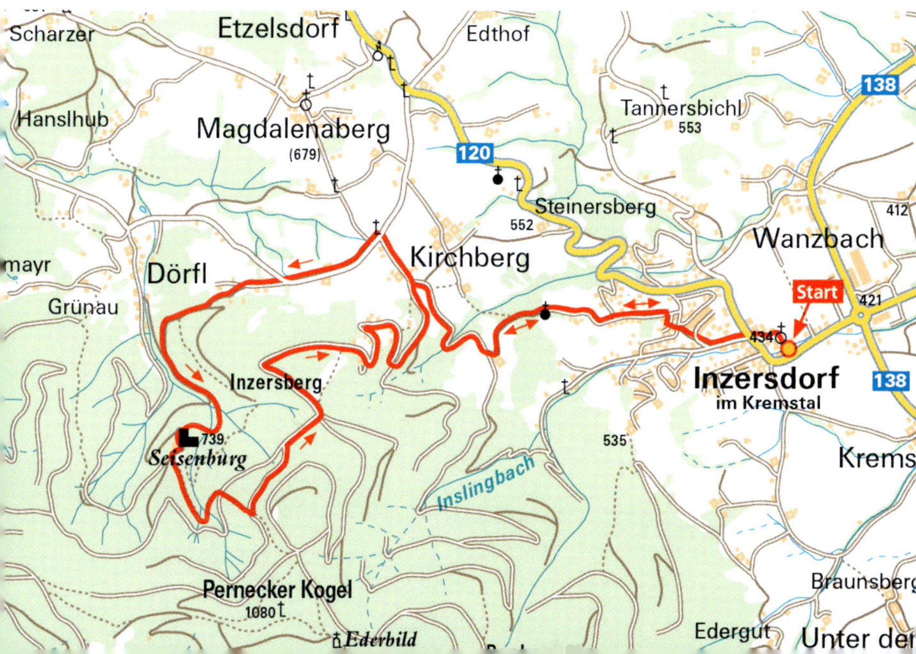

25 Vorchdorf
Genuss & Kunst im Schloss

Nach einem wahren Feuerwerk an Kunst- & Gaumengenüssen geht es auf dem Almuferweg durch den Theuerwanger Forst.

Das historische Ambiente im Gasthaus Schloss Hochhaus in Vorchdorf verbindet Tradition und Moderne: Alte Holztische und ein Holzriemenboden in den Gewölberäumen werden begleitet von Bildern zeitgenössischer europäischer Maler an den Wänden. Ringsum meterdicke Schlossmauern. Ursprünglich im Besitz des Klosters Kremsmünster, wurde das Schloss vor 500 Jahren von dem italophilen Geschlecht der Fernberger im Renaissancestil errichtet.

Wirtin Tamara Staudinger empfiehlt zum Einstieg eine hausgemachte Griesnockerlsuppe mit Markscheiben. Dann folgt ein gebackener Ochsenschlepp mit warmem Erdäpfelsalat, ein legendäres klassisches Gericht der Altwiener Küche. Chefkoch

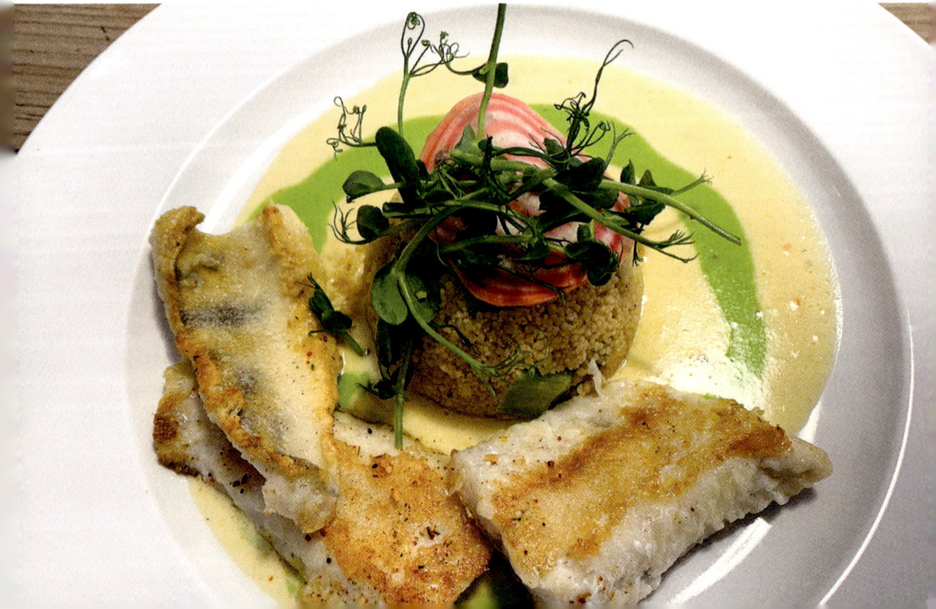

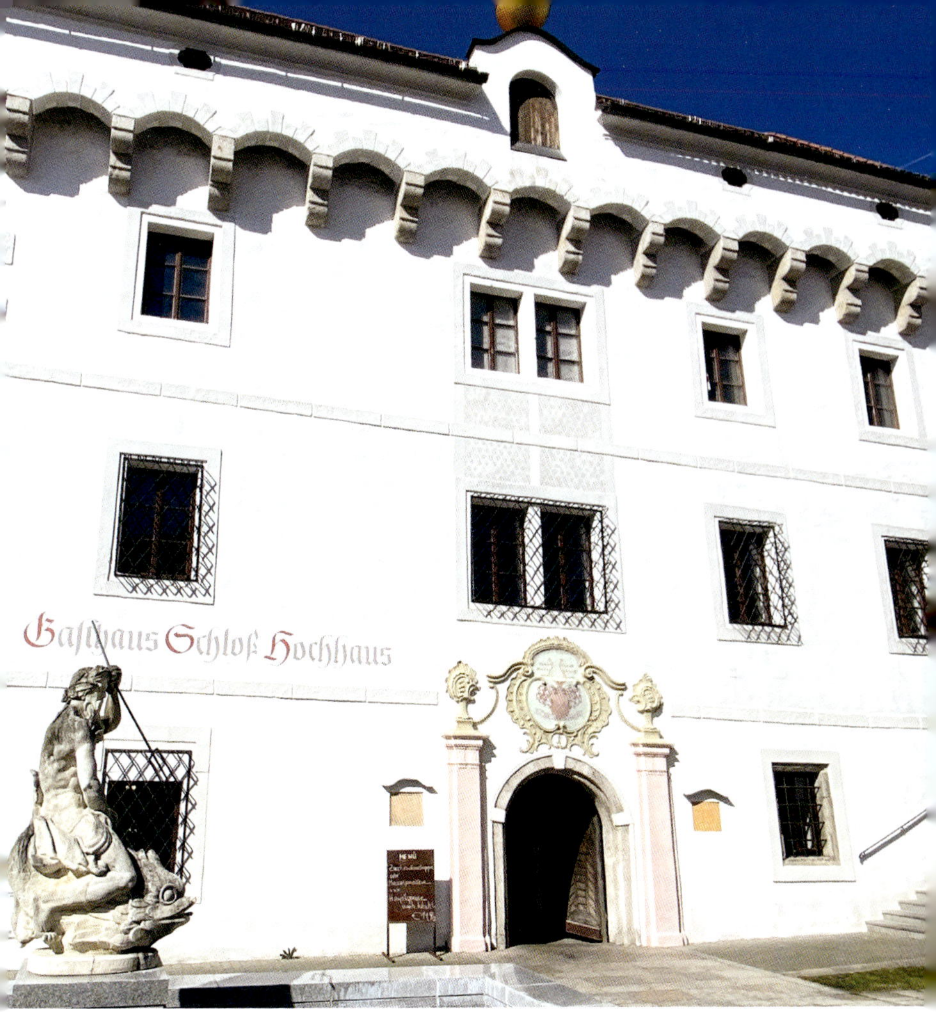

Josef Meiseleder erklärt die Art der Zubereitung: Die beweglichen Teile des Schwanzes vom Rind werden geschmort, dann ausgelöst, in Formen gepresst und kaltgestellt. Anschließend werden die mundgerechten Stücke paniert, in heißem Öl knusprig herausgebacken und erfreuen nun unseren Gaumen mit einem wunderbar zarten Geschmack. Es folgt ein gebratenes Maishendl mit Couscous und Orangen-Quitten-Currynektar. Durch die Maisfütterung ist das Fleisch äußerst

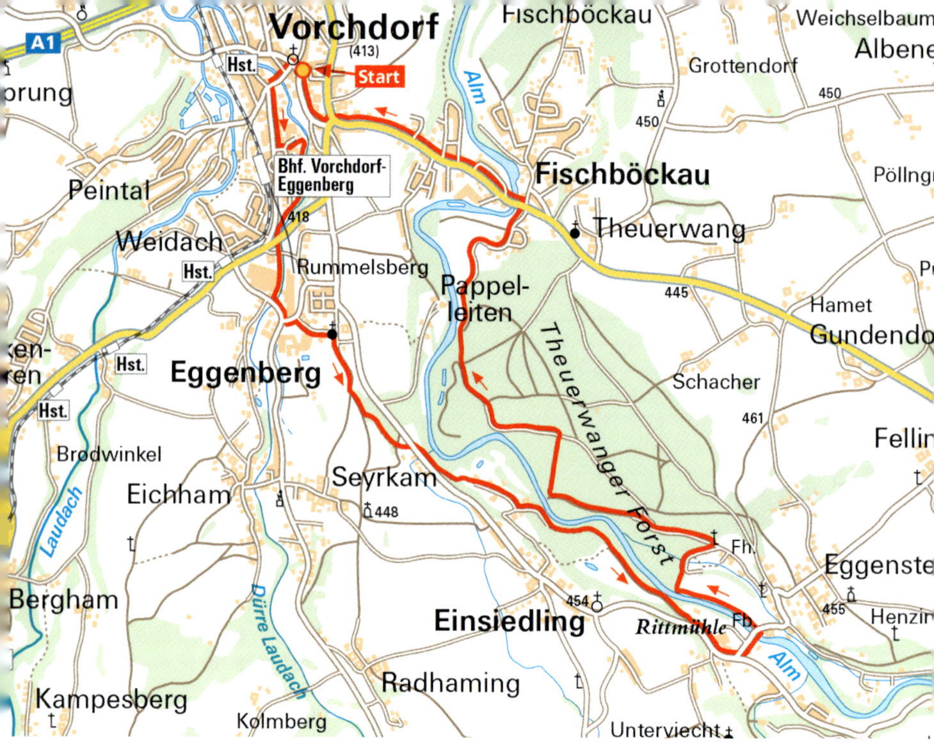

saftig. Couscous begleitet auch eine weitere Speise, ein gebratenes Zanderfilet mit Weißwein-Buttercreme. Ein Urgesteins-Riesling von Schloss Gobelsburg ergänzt das Speisevergnügen trefflich. Auch hier ist das Bemühen des Kochs spürbar, beste Produkte zu verwenden und sie mit entsprechender Wertschätzung zuzubereiten. Das bemerken wir auch bei der Nachspeise, einem Griesflammerie mit Karamelobers, Korallenhippen, Ananas-Zitronensorbet, Karamelsauce mit Heidelbeeren und Himbeeren. Einfach köstlich.

Nachdem schon die gesamte Speisefolge von der inspirierenden Bildergalerie des Gastraumes begleitet war, steigert sich der Kulturgenuss beim folgenden Aufstieg in den zweiten Stock des Hauses. Hausherr Erich Spitzbart führt uns durch eine der wohl profiliertesten Galerien Österreichs. Vom berühmten italienischen Maler Parmigianino aus dem Jahr 1521 spannt sich der Bogen bis zu den österreichischen Malergrößen Franz Blaas und Arnulf Rainer. Die meisten Werke stammen aus der eigenen Sammlung der letzten 40 Jahre. Spitzbart ist aber nicht nur Galerist, sondern auch ein Häuserretter: Er hat das ehemalige Bürgerspital von Vorchdorf aus dem 16. Jahrhundert saniert und mit dem Tanglberg eines der besten Restaurants des Landes begründet. Auch dort trifft Kochkunst auf zeitgenössische Malerei. Der Chefkoch des preisgekrönten Haubenlokals, Max Schellerer, besucht auch gerne in seiner Freizeit den nahegelegenen Gasthof Schloss Hochhaus und genießt ein Wiener Schnitzel.

Almuferweg

Der Almuferweg ist ein elf Kilometer langer Rundweg und beginnt im Zentrum von Vorchdorf. Er führt zunächst entlang der beschaulich plätschernden Dürren Laudach und wendet sich bei Schloss Eggenberg dem Almfluss zu. Ein wahres Schneerosenparadies erfreut unser Auge. Leberblümchen und frischer Bärlauch ergänzen das Wandervergnügen. Bei der ersten Brücke in Eggenstein setzen wir auf der anderen Flussseite den Weg durch den Theuerwanger Forst fort, von wo wir nach zweieinhalb Gehstunden wieder den Ausgangspunkt erreichen. Ein purer Frühlingsgenuss.

Rundwanderung: 🕒 **2,5 Stunden ↔ 11 km ↗ 110 hm**
Ausgangspunkt: Gasthaus Schloss Hochhaus, Schlosspl. 1, 4655 Vorchdorf, Tel. +43 7614 21110, schloss-hochhaus.at
Öffis: Zug von Linz Hbf. Richtung Salzburg, in Wels Zug R3207 Richtung Grünau im Almtal, Hst. Pettenbach AST 70 nach Vorchdorf

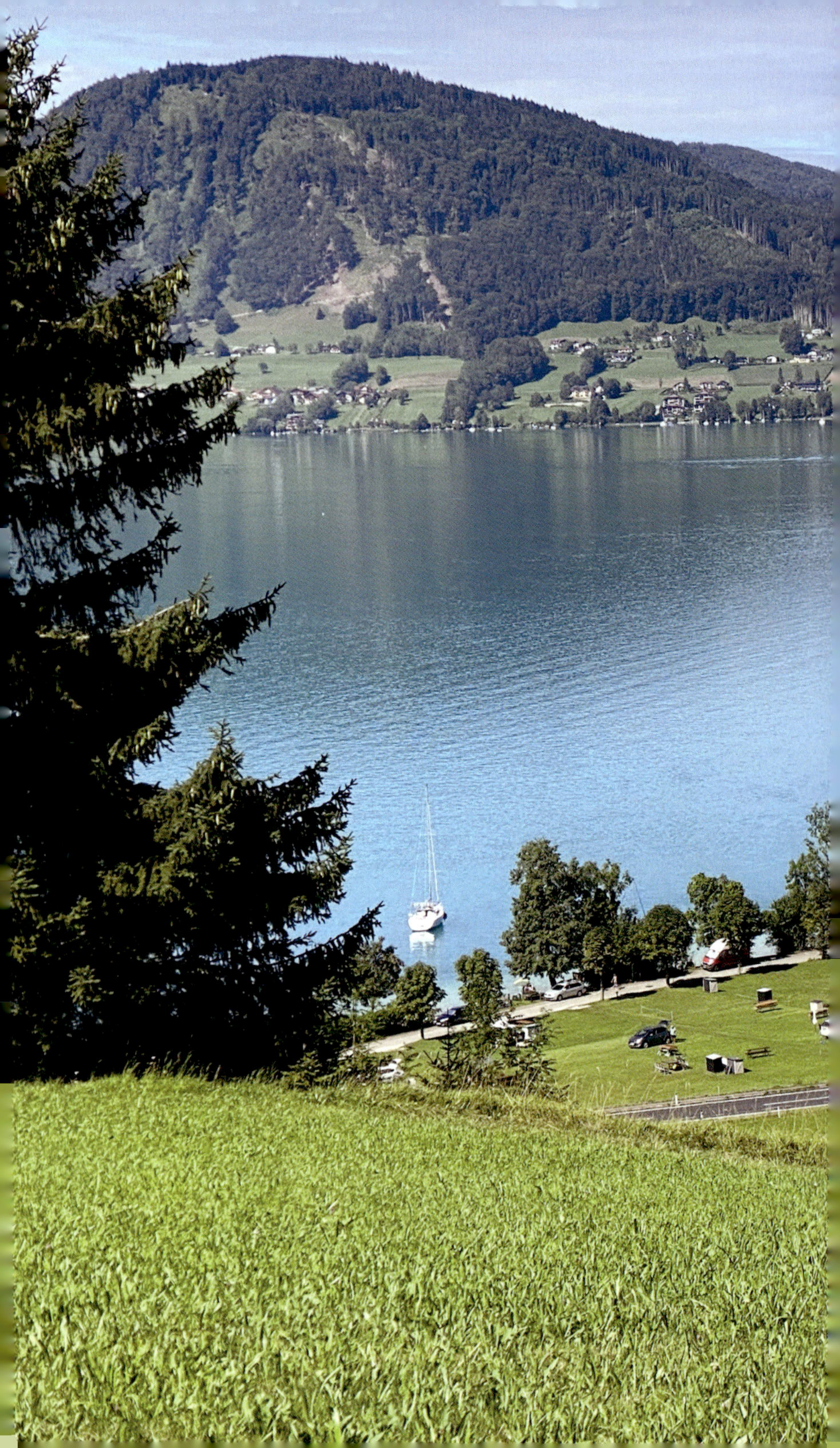

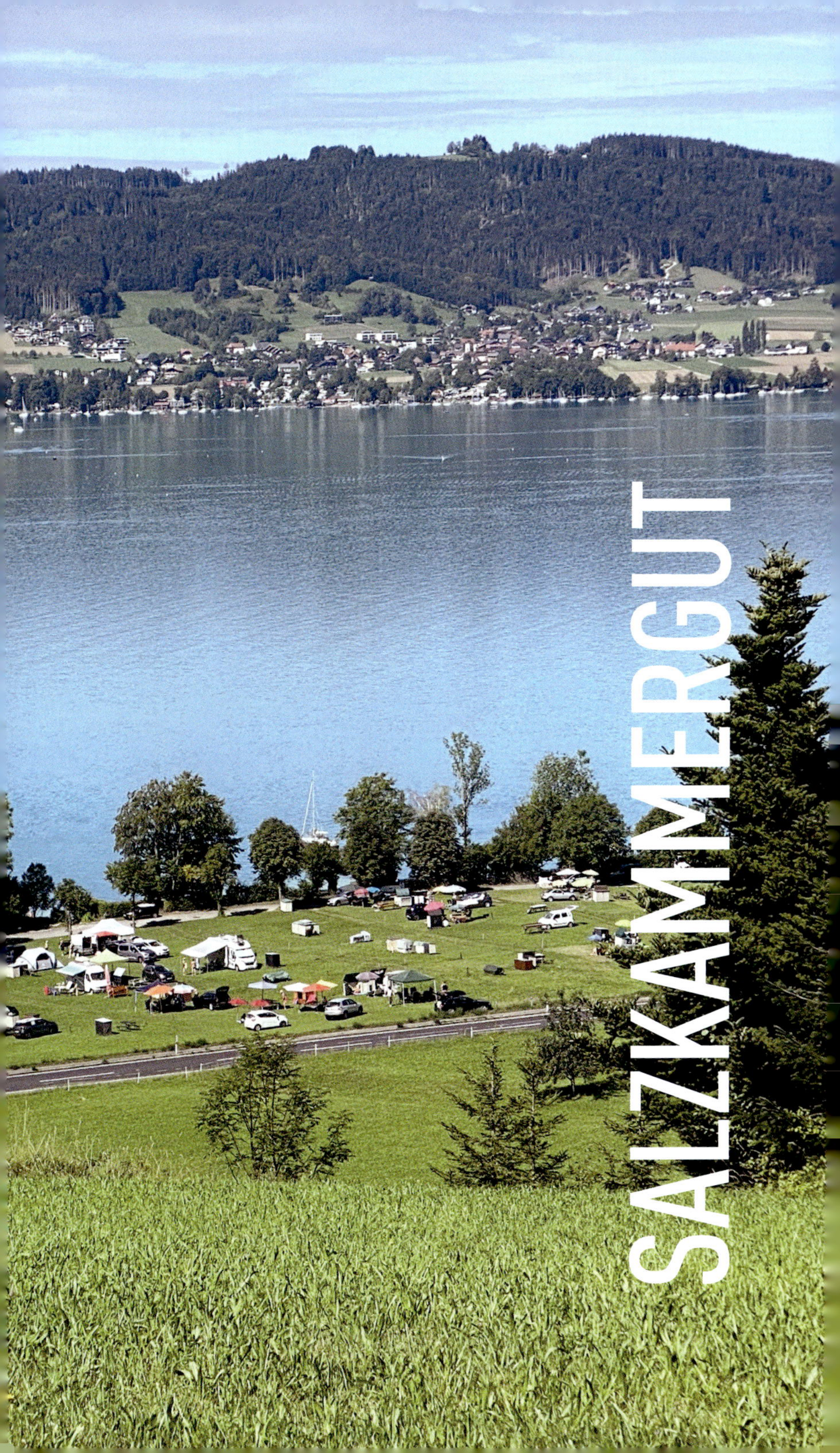
SALZKAMMERGUT

26

Gmunden

Gipfelfreuden mit Ofenbratl

Von der Ramsaualm am Laudachsee lohnt der Aufstieg auf den Katzenstein, einen der schönsten Gipfel des Salzkammerguts und der kleine Bruder des Traunsteins.

Auf der am idyllischen Laudachsee auf 900 m Höhe gelegenen Ramsaualm haben Wirt Gerhard Kornbinder und seine Frau Sabine die perfekte Logistik dafür entwickelt, um zahlreiche Gäste bewirten zu können. „Damit wir das schaffen, kommen alle Speisen entweder aus dem Holzofen oder aus dem Topf. Das Essen kann so binnen fünf Minuten serviert werden. Nur das Anstellen für die Bestellung dauert etwas länger." Es ist ein wahres Vergnügen, die professionelle und freundliche Essensaufgabe an einem heißen Sommertag zu beobachten. Ohne lange Wartezeiten

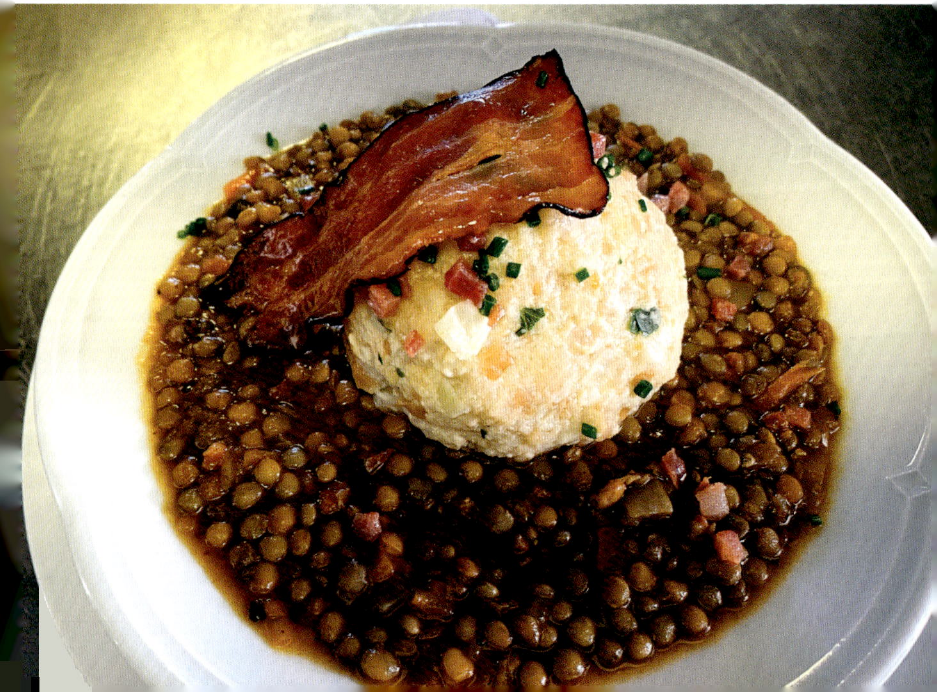

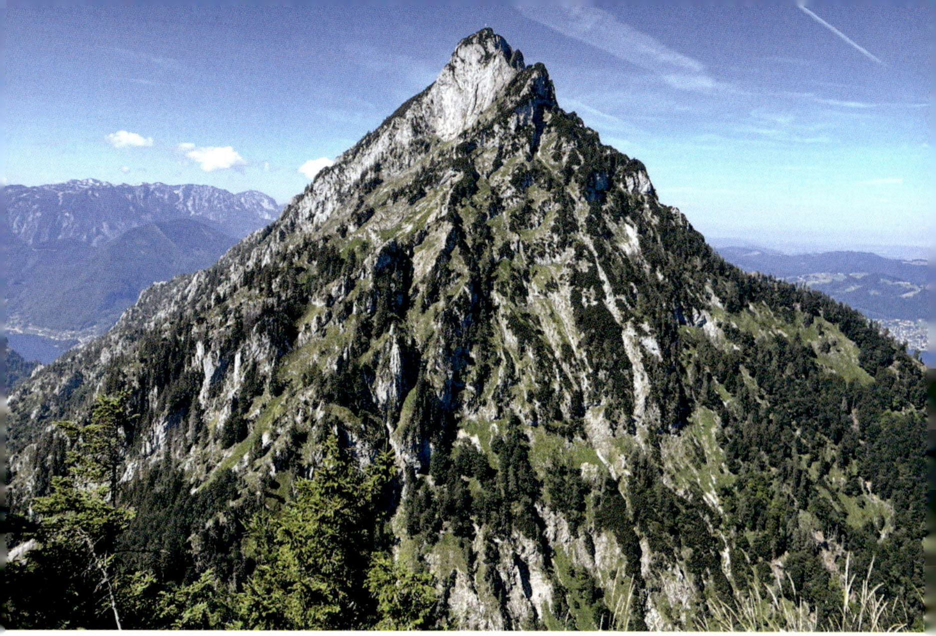

Der pyramidenförmige Katzenstein, des Traunsteins kleiner Bruder

können wir die Köstlichkeiten der Almküche genießen: Steinpilze und Eierschwammerl mit Semmelknödel machen den Beginn, es gäbe aber auch Specklinsen mit Semmelknödel: frische Linsen, die einen Tag vorher eingeweicht und dann mit Speck und Zwiebel angeröstet werden, wie der Wirt erzählt. Die beliebteste Speise aus dem Backrohr ist allerdings eindeutig der ofenfrische Schweinsbraten mit warmem Krautsalat. Eine köstlich-kraftvolle Stärkung mit allen Zutaten aus der näheren Umgebung. Den Abschluss bildet eine Spezialität des Hauses, nämlich der „Schlampige Obstrahmstrudel". Dabei muss der Teig mit der Obstfülle und Sahne 24 Stunden ruhen, bis er fertig ist. Er wird dann wie Lasagne portioniert und sieht nicht wie ein gewöhnlicher Strudel aus. Er hat nämlich eine quadratische Form und wird deshalb „schlampig" genannt. Man spürt die lange Erfahrung des Wirte-Ehepaars. Bereits seit zehn Jahren bewirtschaften sie diese Almhütte und wollen das noch bis zur Pension in über zehn Jahren fortführen. Die Ramsaualm hat eine lange Geschichte, sie wurde bereits 1285 erstmals urkundlich erwähnt. 1970 abgebrannt,

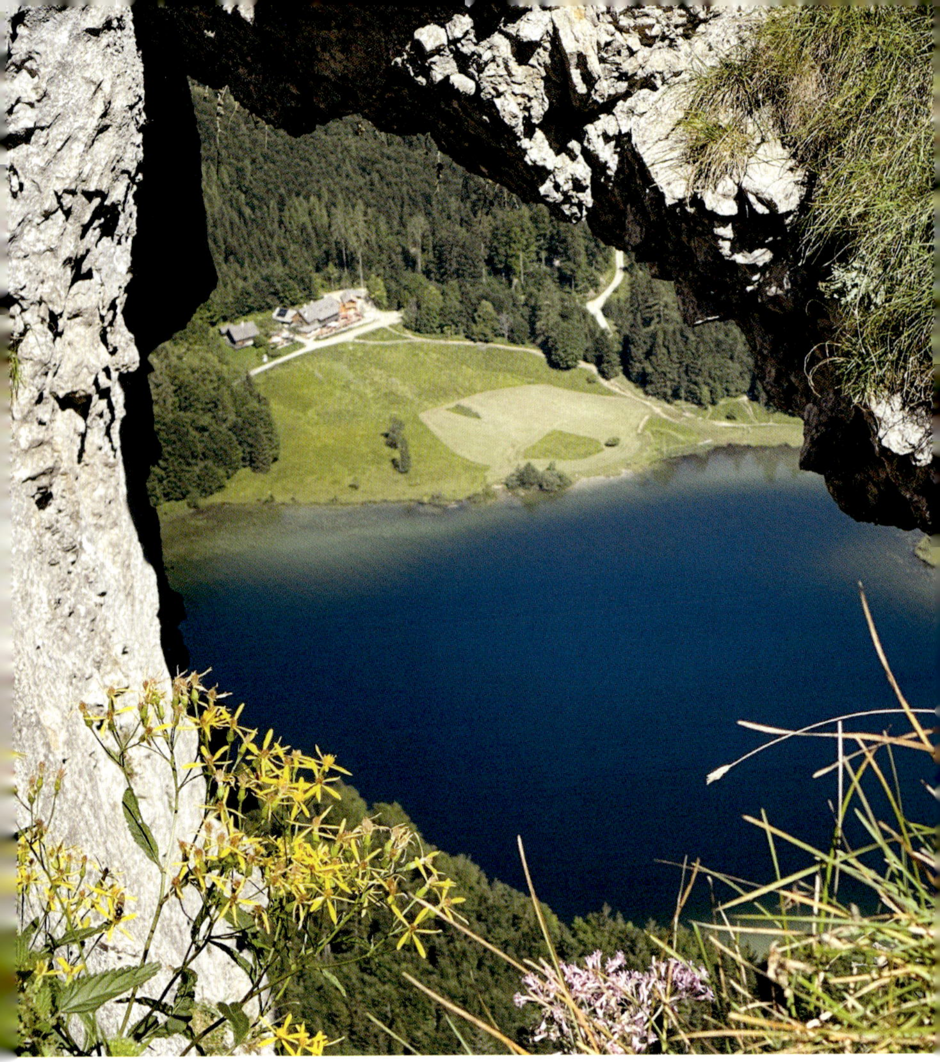

Blick auf den Laudachsee

wurde sie in den Jahren 2008/2009 mit viel Liebe zum Detail neu errichtet. Heute beeindruckt sie mit einem unvergleichlichen Blick auf den Laudachsee.

Des Traunsteins kleiner Bruder

Im Sommer kommen vor allem Touristen hierher, die den Aufstieg mit der Grünbergbahn von Gmunden aus gewählt haben.

Im Herbst und Frühling kehren mehr Einheimische ein, die häufig den nahen Katzenstein besteigen. Genau das haben wir auch bereits vor unserer Genusspause auf der Ramsaualm gemacht. Ausgangspunkt war der Wanderparkplatz beim „Franzl im Holz“ nahe Gmunden. Von dort haben wir nach einer Gehstunde den Laudachsee erreicht. Hier fällt der Blick bereits auf die malerisch-schroffe Felsformation des Katzensteins (1 349 m). Er gilt als einer der schönsten Gipfel des Salzkammerguts und wird auch der kleine Bruder des nahe gelegenen Traunsteins genannt. Gleich hinter dem Laudachsee beginnt auf dem Gassner-Steig der anspruchsvolle Aufstieg auf den traumhaften Aussichtsgipfel. Über Leitern und mit Stahlseilen versicherten Passagen geht es durch die höhlenartige Gamsluck'n zur Hohen Scharte. Schwindelfreiheit und Trittsicherheit sind Voraussetzung. Immer wieder eröffnen sich prachtvolle Ausblicke. Besonderes Highlight ist das Katzensteinfenster, ein riesiges Loch im Felsen, durch das der tiefgrüne Laudachsee und die Ramsaualm heraufblicken. Ein einzigartiger Ausblick, wie es keinen zweiten im Land gibt. Nach eineinhalb Stunden ist der Gipfel erreicht, von dem sich ein wunderbarer Rundumblick vom Alpenvorland bis zum Dachstein bietet. Direkt vor uns liegt der Traunstein, der von hier die Form einer scharfkantigen Pyramide hat.

Ausgangspunkt: Wanderparkplatz beim Gasthaus Franzl im Holz, Laudachseestraße 57, 4810 Gmunden

🕒 **1 Stunde** vom Wanderparkplatz bis zur Ramsaualm, dann **1,5 Stunden** auf den Gipfel des Katzensteins (einfacher Weg) ↔ 5,8 km ↗ 630 hm

Alternative: mit der Seilbahn auf den Grünberg, dann eine Stunde Fußweg zur Ramsaualm

Einkehr: Ramsaualm am Laudachsee, Traunstein 53, 4810 Gmunden, Tel. +43 664 9329694 oder +43 720 316847, laudachsee.com

Öffis: von Linz Hbf. Bahn Richtung Freilassing, Hst. Schwanenstadt, dann Bus 520 nach Gmunden Bbf. Kirchenplatz, dann Bus 511 Richtung Sonnenpark zur Talstation der Grünbergseilbahn

27 Traunkirchen
Yak-Gulasch und Rodelspaß

Die Hochsteinalm bei Traunkirchen ist ein Wanderparadies und Treffpunkt für Feinschmecker zugleich.

Wenn von der Fassade eines Almgasthofs eine Riesenbratpfanne herunterlacht, so kann man sich auf einen deftigen Hüttenschmaus einstellen. Küchenassistentin Dana bereitet auf der Hochsteinalm im Hochtal bei Traunkirchen gerade Gulasch aus Yakfleisch zu, das uns Wirtin Sabine Ammering als eine Spezialität des Hauses empfiehlt. Sie serviert es mit Semmelknödel und Erdäpfeln. Was unterscheidet das Fleisch des ursprünglich asiatischen Rinds von dem einer einheimischen Rasse? „Es ist einfach aromatischer, sehr cholesterinarm und im Geschmack ähnlich dem Wildfleisch. Und zur Wurstherstellung eignet es sich auch", erzählt die Gastgeberin. Ihre zehn Yaks sind das ganze Jahr über im Freien. „Mehr Bio beim Essen geht nicht", lächelt Sabine Ammering. Einige Stangen Yak-Dauerwurst hängen einladend in der Stube. Auch das Bratl vom glücklichen Strohschwein ist eine Spezialität und wird mit Semmelknödel und Stöckelkraut serviert. Mehr als dreieinhalb Stunden wurde es im Holzofen gegart und ist entsprechend weich und zart. Ein frisch gezapftes Zipfer vom Fass ergänzt den Genuss. Auch ein Herz für Veganer hat die Wirtin, für diese gibt es Almcurry mit Gemüse der Saison und Linsen. Ein beliebtes Eintopfgericht, das für Nichtveganer auch mit einer würzigen Burenwurst serviert wird. Schließlich lernen wir das Gericht mit der ältesten Tradition kennen, nämlich die Zwetschken-Pofesen. „Die gibt es, seit es diese Hütte gibt. Sie wurden bereits von meiner Uroma und meiner Oma nach altem Rezept mit Weißbrot und Powidl herausgebacken", so die Wirtin. Sie repräsentiert bereits die siebte Generation auf der sich seit

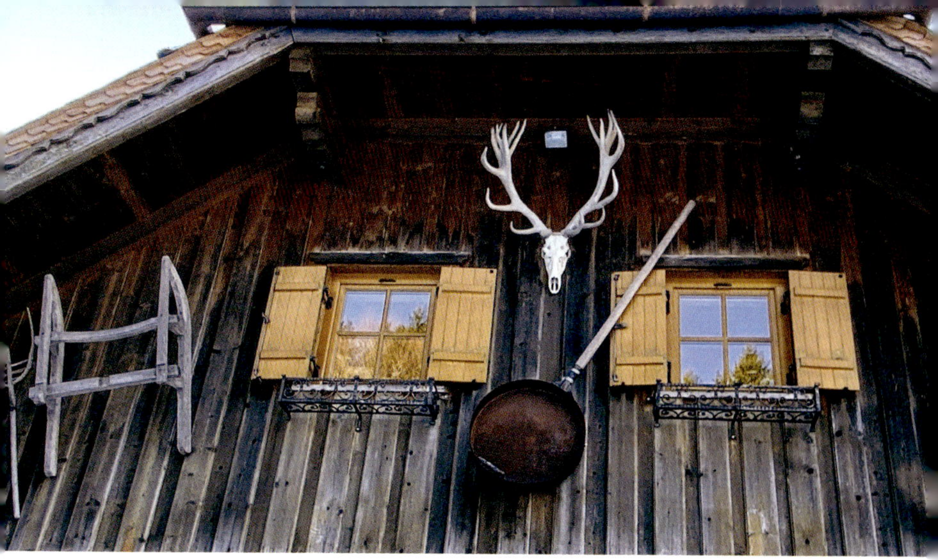

1870 in Familienbesitz befindlichen Hütte. Auf den dazugehörigen 15 Hektar Grund findet sich eine an einen Zoo erinnernde Tiervielfalt: Neben den Yaks tummeln sich Esel, Alpakas, Vierhornschafe, Miniponys und Stachelschweine. In der Gaststube zeigt uns Josef Ammering neben Gams- und Rehtrophäen den wohl bemerkenswertesten „Bewohner" des Hauses, einen echten Wolpertinger. Das volkstümliche Fabelwesen besitzt einen Entenschnabel, Ziegenkrickerl, Entenflossen und den Schweif eines Dachses. Beruhigenderweise ist das kleine „Monster" ausgestopft.

Rodelspaß im Winter

Am Parkplatz am Mühlbachberg oberhalb von Traunkirchen haben wir unseren Hüttenbesuch gestartet. Neben der kinderwagentauglichen Forststraße führt auch ein Wanderweg in einer gemütlichen Stunde zur Hochsteinalm. Großartige Blicke ergeben sich auf den Traunsee mit dem imposanten Traunstein und dem Katzenstein dahinter. Ein idyllisches Bächlein im Wald treibt ein Wasserrad an, das wiederum eine von Eis überzogene Zwergenfigur veranlasst, mit einem Hammer auf einen Amboss zu schlagen. Schließlich erreichen wir

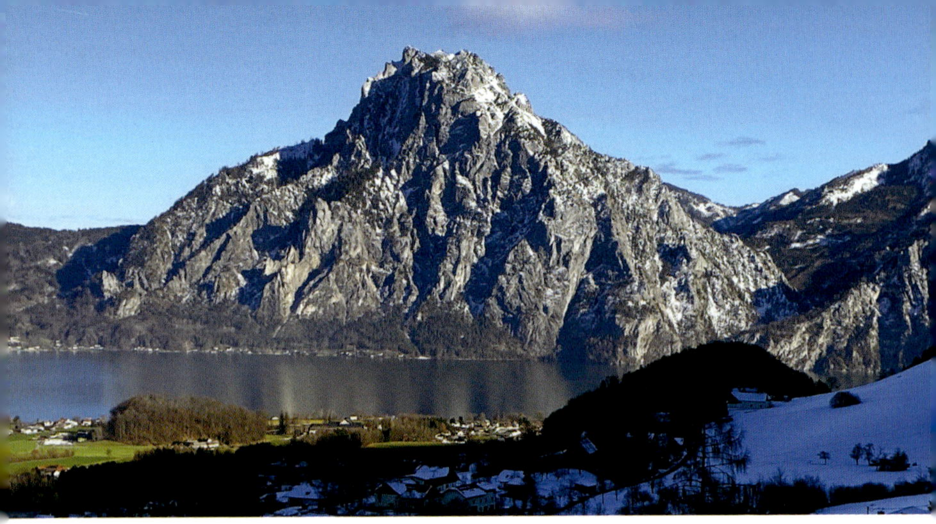

das Almplateau mit den in der Wintersonne dösenden Eseln. Nach dem Essen nutzen wir das Angebot des Wirts, den Rückweg mit einer Rodel zurückzulegen. Eine Genussabfahrt auf dem breiten Forstweg bringt uns wieder zum Ausgangspunkt zurück. Von dort holt er gegen eine geringe Gebühr die zur Verfügung gestellten Rodeln wieder ab.

Gehzeit: 🕒 **1 Stunde** (einfacher Weg) → **1,6 km** ↗ **150 hm**
Ausgangspunkt: Parkplatz am Mühlbachberg oberhalb von Traunkirchen
Einkehr: Hochsteinalm, Hochsteinalm 1, 4801 Traunkirchen,
Tel. +43 664 9875221, hochsteinalm.at

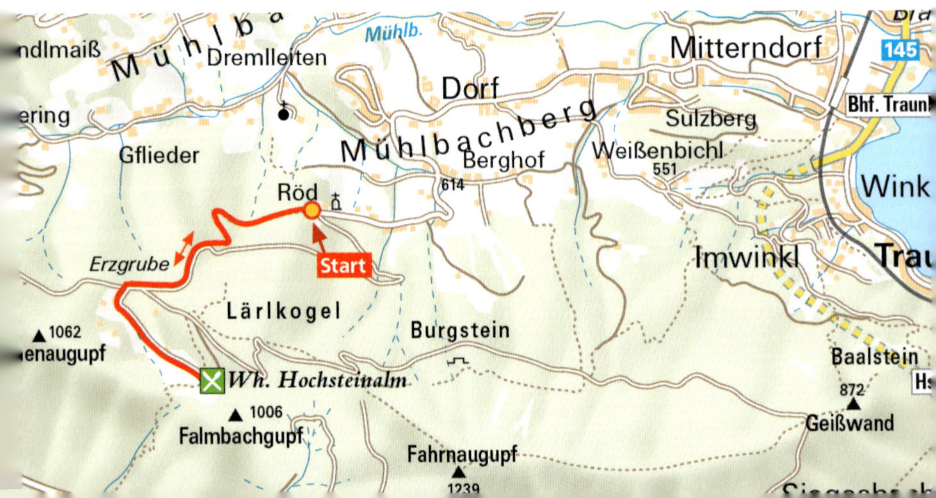

Vom Sternbild inspiriert

Eine wahre Entdeckungsreise auf dem Sinneswunderweg führt auf den Siriuskogl hoch über Bad Ischl.

„Einzigartig wie Du“: Mit diesem Motto begrüßt Koglwirt Christoph Held seine Gäste im Ausflugsgasthaus am Siriuskogl, 130 hm oberhalb von Bad Ischl im Salzkammergut. Der Blick auf die Speisekarte bestätigt die Besonderheit dieses Ortes: Blunz'n-Ravioli bilden den Auftakt einer bunten Reise durch vielfältige Geschmackswelten. Gedämpft im Bambuskorb, gewälzt in Zimt-Butterbrösel, auf geschmortem Apfel-Weißkraut mit Wasabi-Gelee und Senfkaviar, leiten sie den Genuss als Vorspeise ein. Als Hauptspeise folgen Rote-Rüben-Gnocchi mit frittiertem Kürbis, Alfalfa-Sprossen, Krenschaum und karamellisierten Kürbiskernen. Ein einzigartiger Genuss, der von einem „Flosecco“ aus der Steiermark begleitet wird, einem feinperligen Schaumwein aus der Uhudlertraube. „Ich schicke bekannte einheimische Speisen

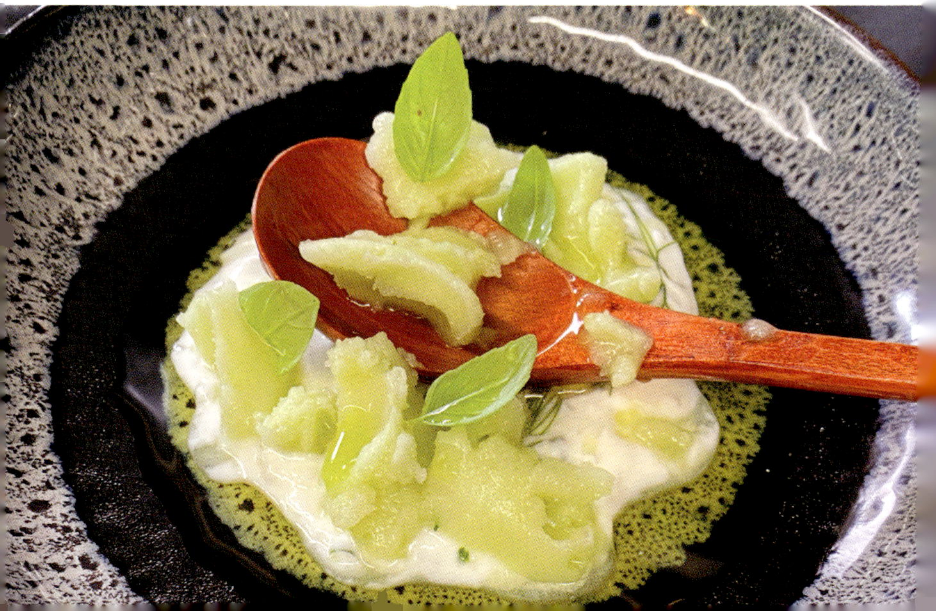

auf die Reise und hole sie dann wieder ins Salzkammergut zurück. Sie werden sozusagen neu interpretiert“, so beschreibt der begeisterte Koch, der schon als kleiner Bad Ischler Bub davon träumte, einmal als Wirt auf dem Siriuskogl zu arbeiten, seine gastronomische Philosophie. Dies zeigt sich auch im darauffolgenden Zwischengang: ein geräucherter Bio-Ziegenjoghurt mit hausgemachtem Staudensellerie-Eis. Ein zarter Gaumenschmeichler, der auf die Nachspeise einstimmt, die Rosmarin-Pannacotta mit Steinpilz-Cremeeis und marinierten Zwetschken und Biskotten. Seit 15 Jahren betreibt Krauli, wie der Wirt aufgrund seiner Schwimmerfolge in seiner Jugend genannt wird, das Gasthaus am Siriuskogl. Dieser hat sich von einer Jausenstation mit drei

Aussichtsturm mit Ausflugsgasthaus am Siriuskogl

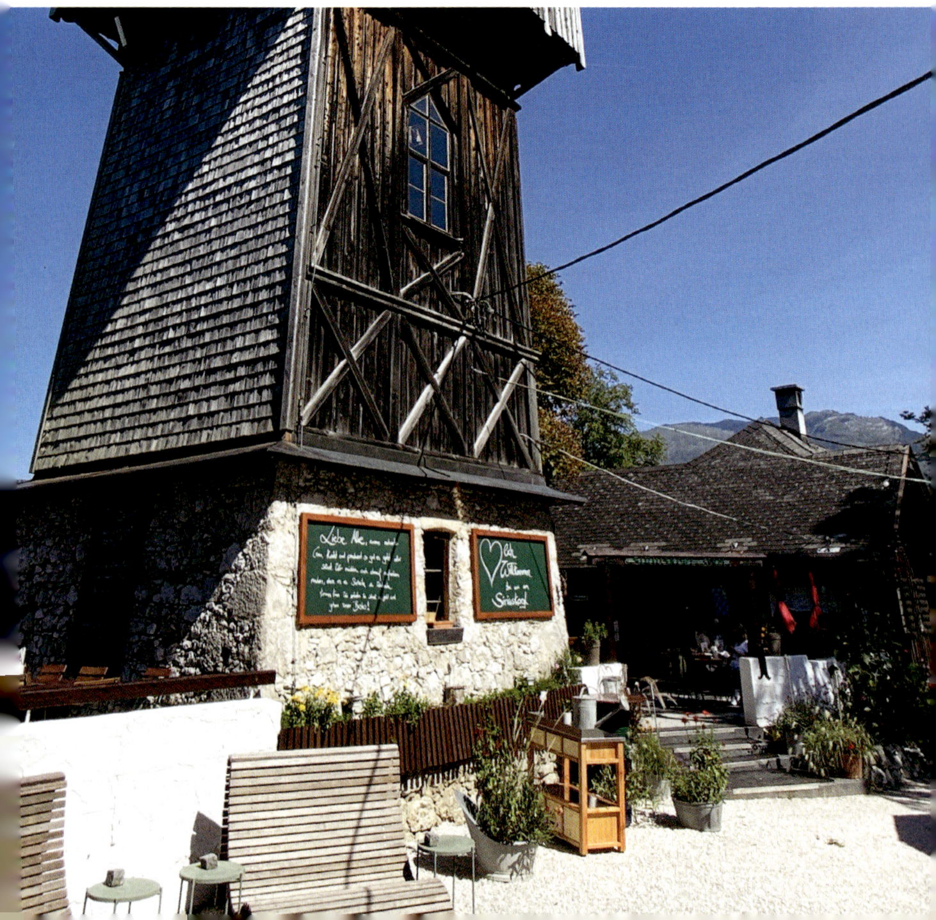

Mitarbeitern bis zum Falstaff-prämierten Lokal mit 20 Beschäftigten entwickelt. „Wir verwenden soviele regionale und saisonale Zutaten wie möglich. Wir rösten unseren eigenen Kaffee. 40 Hühner decken den Eierbedarf ab, und 30 verschiedene Kräuter stehen bereit, frisch gepflückt zu werden." Vom sonnigen Gastgarten aus genießen wir die Aussicht auf den Kurort und die angrenzenden Berge, sie reicht vom 1745 m hohen Leonsberg bis zum Jainzen, einem der Hausberge der Stadt. Nach der Besteigung des historischen Aussichtsturms bietet sich noch mehr Panorama, das bis zum Dachstein reicht. Der hölzerne Turm wurde 1885 als „Kaiser Franz Joseph Warte" errichtet. Der Inselberg hatte einst den volkstümlichen Namen „Hundstein", der dann mit Aufkommen des Tourismus den vornehmeren Namen erhielt.

Die Sinne schärfen

Ein inspirierender Weg, der Sinneswunderweg, hat uns vom Stadtzentrum von Bad Ischl über die Traun auf den Siriuskogl geführt. Verschiedene Stationen wie Duftstelen, Hörtrichter und eine Rotationsscheibe laden ein, alle Sinne zu schärfen. Wir erfahren, dass unsere Augen 150 Farbtöne aus dem Spektrum des sichtbaren Lichtes unterscheiden und bis zu eine halbe Million Farbempfindungen kombinieren können. Oder, dass wir Menschen mit Hilfe unserer Riech-Schleimhaut, die eine Fläche von etwa fünf Quadratzentimeter hat, sage und schreibe 10000 Gerüche unterscheiden können. Auf dem Weg ist der markante Einsiedlerstein als bizarres eiszeitliches Relikt ein interessanter Blickfang. So vergehen die 30 Minuten auf dem steilen Aufstieg wie im Flug.

🕒 **1 Stunde** (einfacher Weg) → **3,5 km** ↗ **90 hm**
Ausgangspunkt: Bahnhof Bad Ischl
Einkehr: Siriuskogl, Sulzbach 70, 4820 Bad Ischl,
Tel. +43 660 73 46 302, siriuskogl.at
Öffis: von Linz Hbf. REX 4416 Richtung Obertraun, Hst. Bad Ischl;
von Salzburg Regionalbus 150

29 Bad Ischl
Saibling in der Panorama-Gondel

Im Zentrum der Kaiserstadt laden fünf Seilbahngondeln zum Essen ein – dabei darf man aber am Boden bleiben.

Im ersten österreichischen Outdoor-Kabinenrestaurant zu speisen, bereitet ein spezielles Vergnügen. Seit November 2021 sind die innovativen Gastro-Gondeln in den Wintermonaten im Gastgarten beim k.u.k. Hofwirt im Ortszentrum am Franz-Schröpfer-Platz in Betrieb. Als Tischrunde mit sechs Personen finden wir ausreichend Platz in einer für zehn Personen konstruierten Gondel, um einige der Gerichte der eigens dafür kreierten „Gondelkarte" zu genießen. Wir starten mit einer Spezialität aus dem Salzkammergut, nämlich dem Ausseer Saibling. Ein Potpourri, von warmen Filets bis zum kalt geräucherten und gebeizten Saibling findet sich neben Sashimi, also rohem Fisch. Dazu gibt es Wasabi, Rettich, Ingwer, Karotten, Sojasauce sowie hausgemachte Focaccia, also italienisches Fladenbrot aus Hefeteig, auf der einladend gestalteten Platte. Das kernig-feste, sehr feine Fleisch besitzt ein wunderbares Aroma und stammt aus der Fischerei Ausseerland. Wirt Marcus Hofbauer, „Max" genannt, ist sehr bemüht um die regionale Herkunft der verarbeiteten Zutaten. Er betont, dass die Saiblinge aus frischem und sauberem Quellwasser stammen. Dort werden sie nach höchsten Bio-Qualitätskriterien bei Zucht und Fütterung verarbeitet. Es folgt eine Wiener Backhendl-Platte. Dazu gibt es lauwarmen Erdäpfel- und Vogerlsalat sowie roten Zwiebeln.
Reinhard Aschauer ist der ehemalige Geschäftsführer der Seilbahn-Firma Carvatech, welche die Gondeln hergestellt hat und genießt mit uns das anregende Ambiente im Seilbahnrestaurant. „Normalerweise ist in einer Gondel keine Energie an Bord. Ziel

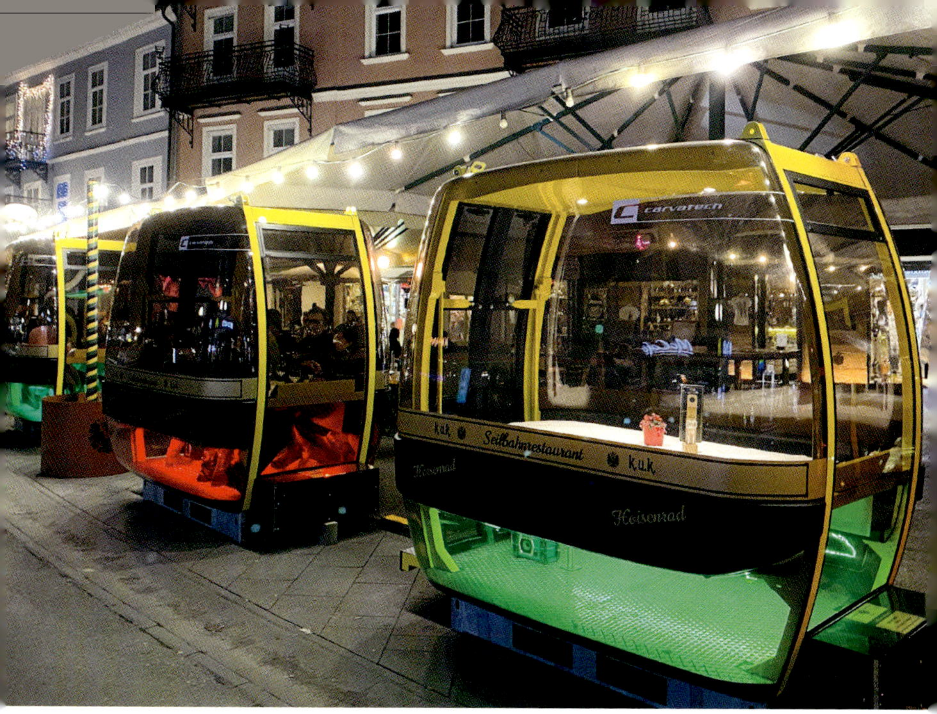

war es, im Freien einen beheizten Raum mit einer geeigneten Beleuchtung zu schaffen, in dem man gut essen kann und trotzdem mit der Umgebung verbunden ist. Auch bei winterlichen Temperaturen ist es drinnen angenehm warm. Wichtig ist, dass immer ausreichend Frischluft zugeführt wird“, so Aschauer. In einer äußerst gelungenen Zusammenarbeit mit dem Wirt wurde die Idee des Gondelrestaurants rasch umgesetzt und fünf Gondeln vor dem Restaurant platziert. Allesamt sind sie in klassischem Kaisergelb gestaltet. Jede von ihnen trägt den Namen der die Stadt umgebenden Berge, wie Hohe Schrott, Jainzen oder Leonsberg. In seinem winterlichen Gastgarten erzählt uns Hofbauer Interessantes aus der Geschichte des Gasthofs: Er hatte im Jahr 1988 das vom Vorbesitzer gegründete k.u.k. Hofbeisl übernommen und die Tradition gezielt wiederbelebt. „Zwischen 1849 und 1914 wurde die Monarchie jeden Sommer von Bad Ischl aus regiert. Sie umfasste ein Staatsgebiet, das doppelt so groß wie das heutige Deutschland war. Neben anderen hatten

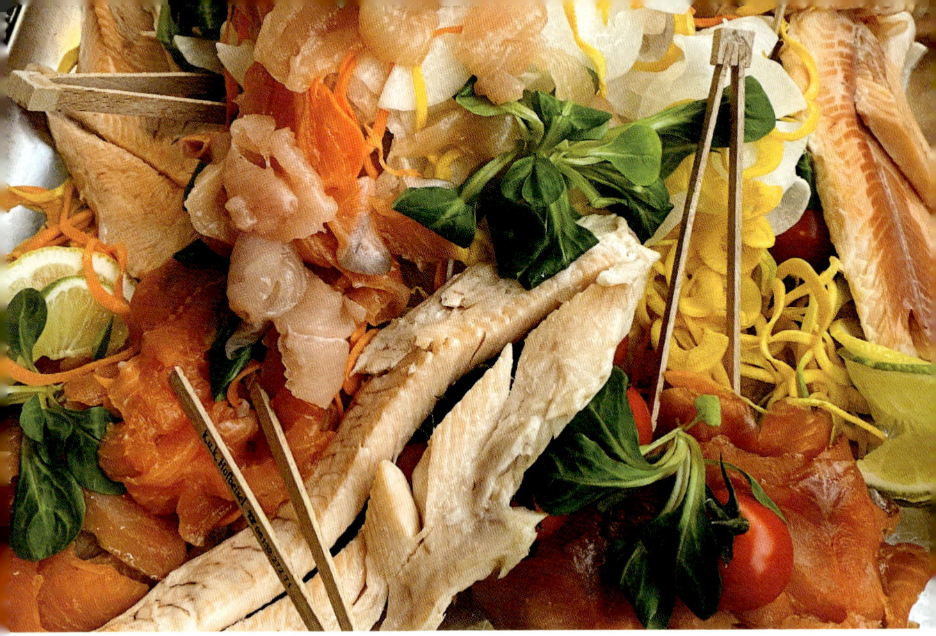

Alfred Nobel, Johann Strauss und Franz Lehàr hier Villen, mehr als 50 gekrönte Häupter waren zu Besuch und zum Kaisergeburtstag am 18. August waren über 100 Erzherzöge anwesend", erzählt Hofbauer. Der Erfolg gab ihm recht und er konnte neben dem stylisch gestalteten Hofbeisl noch das benachbarte Lokal k.u.k. Hofwirt erwerben. Dieses hat er nach bayerischem Vorbild – eine Reverenz gegenüber der aus Bayern stammenden Kaiserin Elisabeth – gestaltet. Heute kann er sich über ein gastronomisches Gesamtkunstwerk freuen, das er mit seiner Frau und 42 Mitarbeitern betreibt. Ein Ort der Begegnung im Zentrum von Bad Ischl.

Gehzeit: nach Belieben durch die Stadt, direkt zum Lokal eine Viertelstunde
Ausgangspunkt: Bahnhof Bad Ischl
Einkehr: k.u.k. Hofbeisl & k.u.k. Hofwirt, Wirerstr. 2, 4820 Bad Ischl,
Tel. +43 664 152 86 84, kukhofwirt.com
Öffis: von Linz Hbf. nach Attnang-Puchheim, dann Bahn 3410 bis Bad Ischl,
oder mit REX 3412 von Attnang-Puchheim bis Bad Ischl;
von Salzburg Regionalbus 150

Das Zwölferhorn zum Anbeißen

Von der Voit'l Hütte aus lässt sich trefflich das Hochplateau des Zwölferhorns bei St. Gilgen erwandern.

„Träume dein Leben oder lebe deinen Traum!" Für Zweiteres haben sich Gernot Voitlhofer und seine Frau Simone entschieden. Sie haben ihre bisherigen Berufswege verlassen und bewirtschaften seit 2019 die Voit'l Hütte nahe dem Zwölferhorn-Gipfel bei St. Gilgen am Wolfgangsee. Als Gäste werden wir Teil dieses Traums auf 1 480 Meter Seehöhe. Neben der grandiosen Aussicht auf den gegenüberliegenden Schafberg und den blauschimmernden Wolfgangsee erwarten uns auf der Sonnenterrasse bodenständige Gerichte. Ein inhaltsreicher Suppentopf, in dem sich neben Nudeln gelbe und orange Karotten nebst köstlichen Rindfleischstückchen vom Tafelspitz tummeln, stimmt auf die Hauptspeise ein: Speckknödel mit Kraut. Köchin Simone verrät das Rezept: „Der Semmelknödelteig wird dabei mit gerösteten Speckwürfeln vermischt. Diese geben auch dem Kraut seinen würzigen Geschmack." Eine geschmackvolle Kombination mit einer spürbar kräftigenden Wirkung, der eine weitere beliebte Spezialität des Hauses folgt, die Pofesen. „Dabei werden jeweils zwei Milchbrotscheiben mit Powidlmarmelade gefüllt und in der Pfanne herausgebacken, anschließend in Zimt und Zucker gewendet", so Wirt Gernot. Knusprig und gleichzeitig zart finden sie sich auf unseren Tellern ein und runden das Mahl ab. Sie sind eine der beliebtesten Speisen bei den zahlreichen Besucherinnen und Besuchern aus dem Salzkammergut, aber auch aus der ganzen Welt. Auf der Höhe mischen sich Deutsche, Araber, Asiaten und Osteuropäer. Bisweilen ist auch ein pensionierter Landeshauptmann zu Gast, was den

Wirt freut. Gernot selbst hat sich nach einundzwanzig Jahren als Schanktechniker und eineinhalb Millionen auf Österreichs Straßen zurückgelegten Kilometern zu einem markanten beruflichen Wechsel entschlossen. Als begeisterter Bergsteiger genießt er nun jeden Tag in luftiger Höhe und freut sich, seinen Traum mit anderen zu teilen. Dass dabei gerade bei Schönwetter bisweilen mehr Arbeitsstunden als bei seinen früheren Tätigkeiten anfallen, nimmt er gerne in Kauf. Der geschickte Handwerker hält nun seine eigene Schank für Bier und Säfte in Schuss.

Wandern auf dem Hochplateau

Vor dem Besuch in der Voit'l Hütte hat uns die Seilbahn von St. Gilgen auf das Zwölferhorn gebracht. Mehrere Möglichkeiten bieten sich an, das Hochplateau zu erkunden. Die „Zwölfer Runde" auf dem vier Kilometer langen Pillstein-Panormarundweg lädt mit 12 Stationen ein, Naturphänomene am Berg näher zu erkunden. So erfahren wir, dass das Zwölferhorn seinen Namen von den Sennerinnen der Illinger Alm bekommen hat, weil die Sonne genau um elf Uhr über der Spitze dieses „Stundenbergs" steht und die zwölfte Stunde einleitet. Wissenswert ist auch, dass der Monat Mai seinen Namen von Maia, der römischen Göttin der Erde und Fruchtbarkeit hat, und dass die

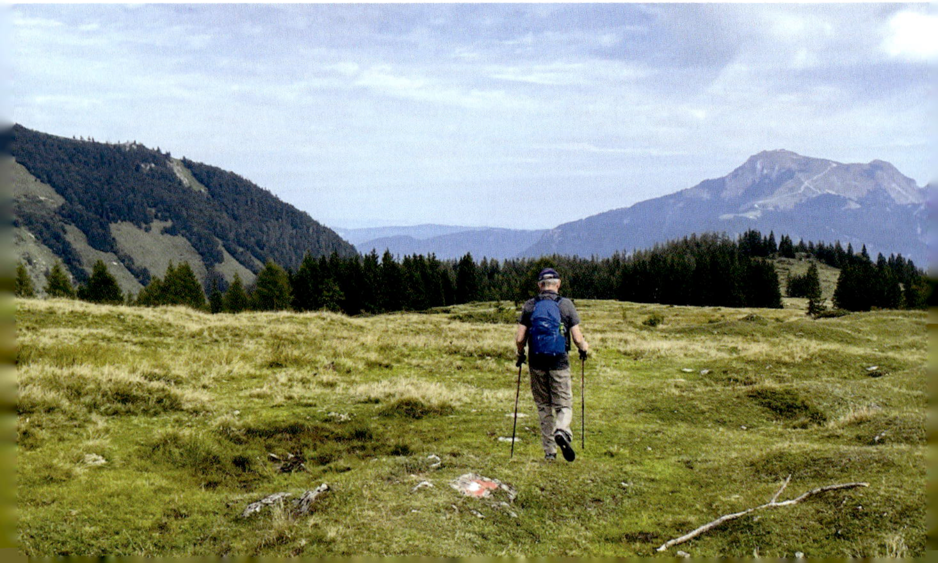

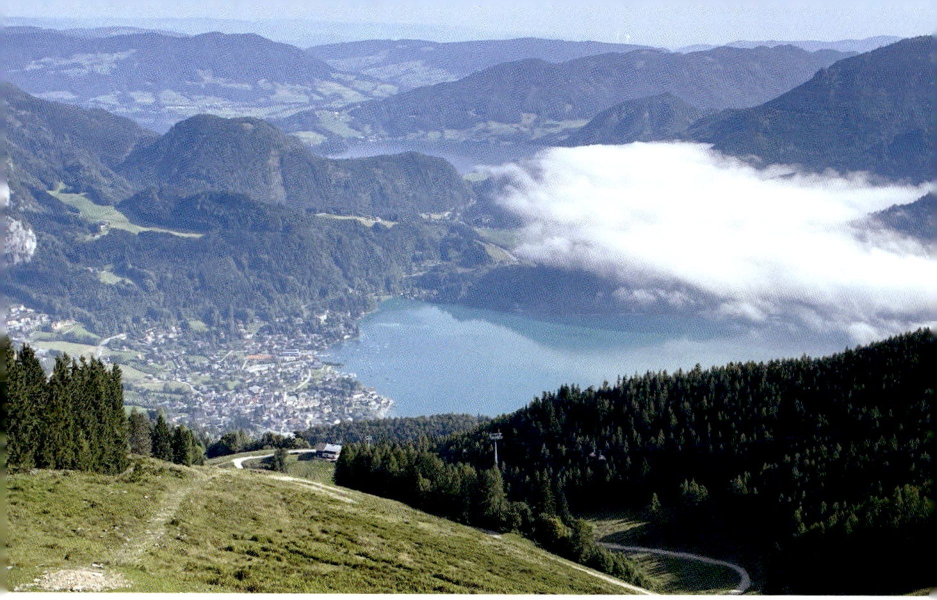

germanische Liebesgöttin Freya die Namensgeberin für den Freitag ist. Eine Station mit einem darauf angebrachten Windsack informiert uns, dass eine kräftige Brise bei einer Windstärke von 20 Knoten weht, was 37 Kilometern in der Stunde entspricht. Die kinderwagentaugliche Runde ist in zwei Stunden gut zu bewältigen und bringt auch für Erwachsene interessante Erkenntnisse über Naturphänomene. Wir wählen eine zusätzliche Wegerweiterung, nämlich die Illinger Alm Runde. Diese führt uns über den Gipfel des Illinger Bergs auf 1 475 m und durch weitläufige Almebenen wieder zurück auf das Zwölferhorn (1 522 m). Rastbänke laden ein, die Landschaft mit den friedlich weidenden Rindern und den prachtvoll blühenden Blumen wie den blau strahlenden Schwalbenwurz-Enzian zu betrachten und zu genießen.

Illinger Alm Runde: 🕒 **3 Stunden ↔ 5,9 km ↗ 300 hm**
Ausgangspunkt: Zwölferhorn, Voit'l Hütte, Laim 31, 5340 St. Gilgen, Tel. +43 664 4150850, voitl-huette.at
Öffis: ab Linz Hbf. nach Salzburg Hbf, dann Bus 150 bis St. Gilgen, Seilbahn auf das Zwölferhorn

31 St. Gilgen
Geheiligter Fischgenuss

Eine Wanderung auf den Falkenstein führt zu sogenannten Gschmå-Platzln und zu einem Kultort hoch über dem Wolfgangsee.

Außerordentlich schöne Orte wollen speziell benannt werden. Die Touristiker des Salzkammerguts haben dafür das Dialektwort „Gschmå-Platzl“ erfunden: Es bezeichnet einen idyllischen und erholsamen Ruheplatz, der zum Verweilen und Genießen einlädt. Auf den Gasthof Fürberg in St. Gilgen am Wolfgangsee trifft das perfekt zu: Seine Lage an einer paradiesischen Waldbucht am Fuß des Schafbergs unmittelbar beim azurblauen See ist einmalig. Mit Blick auf das malerische Panorama des gegenüberliegenden Zwölferhorns im Gastgarten unter schattenspendenden Bäumen zu sitzen und die Falstaff-prämierte Küche zu genießen, ist ein spezielles Vergnügen.

Küchen- und Seniorchefin Karin Ebner empfiehlt zum Einstieg die berühmte Wolfgangsee-Fischsuppe – köstlich der leicht cremige Geschmack mit einem Hauch von Safran. Die zweite Vorspeise ist ein kreatives Zusammenspiel von marinierter Seeforelle mit Birnenmus, Birnennockerl, roten Rüben, Walnuss-Crunchy und Dijonsenf-Eis. Darauf folgt ein würzig-fruchtiges Gemüse-Gazpacho. Hier trifft der geräucherte Wolfgangseefisch in einer geschmacklichen Harmonie auf Olivenöl, Ciabatta-Knoblauch-Croutons und Gartenkräuter. Eine wahrlich gelungene Bestätigung für das Motto des Hauses: „Essen ist Kultur und Kochen Kunst.“

Juniorchefin Birgit Ebner ist in der 20-sten Generation auf dem erstmals 1350 urkundlich erwähnten Anwesen tätig und erzählt uns etwas über die Geschichte: „Unser Gasthof besteht seit über 300 Jahren. Damals wurde eine „Pier- und Branntweinschank“

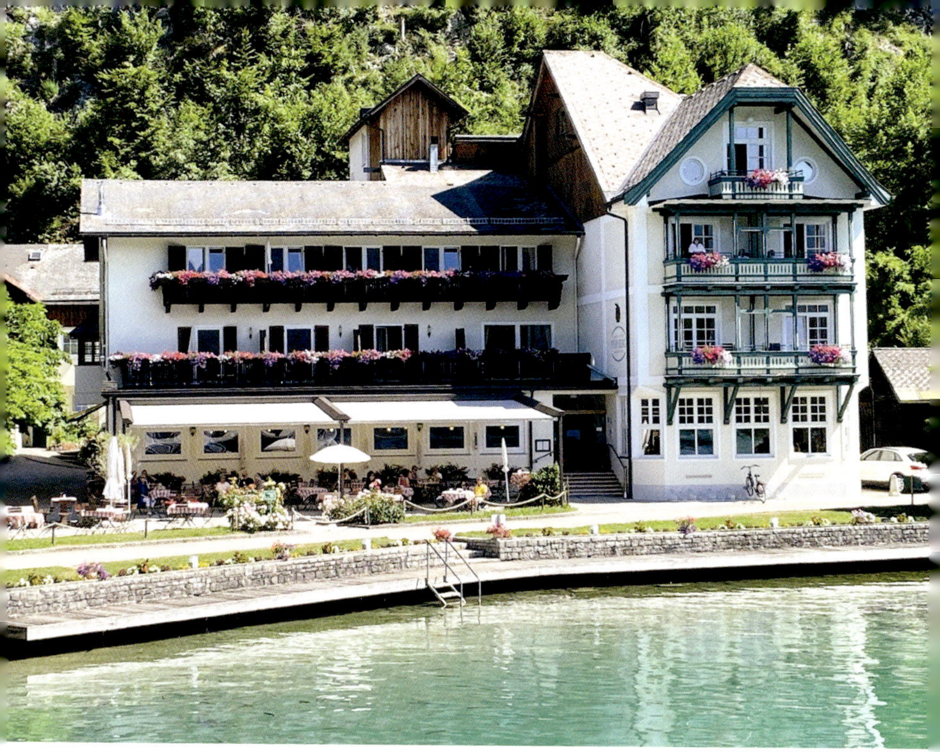

betrieben. Bier aus dem nahen St. Wolfgang einzuführen war nämlich streng verboten. Heute ist unser Ziel eine natürliche, ausgewogene und gesunde Küche auf hohem Niveau. Dafür nehmen wir die besten Bio-Zutaten und bereiten sie schonend, schmackhaft und abwechslungsreich zu. Die Kräuter stammen aus unserem Kräutergarten." Zentraler Bestandteil der Küche sind die Produkte der eigenen Seefischerei, die bereits seit 440 Jahren zum Familienbesitz gehört. Seniorchef Bernhard Ebner ist Fischermeister und legt am Abend die Netze im Wolfgangsee aus. Seine Fischgründe erstrecken sich auf 450 ha, was einem Drittel des elf Quadratkilometer großen Gewässers entspricht. Aus einer Tiefe von 10 bis 25 m fängt er vor allem Reinanken. Diese werden nach einem über Jahrhunderte unverändertem Verfahren mit Buchenholz geräuchert und moderat gewürzt, um den natürlichen Geschmack zu bewahren. Nachhaltige Qualität ist das Ziel. In geringerer Anzahl finden sich in den Netzen auch Hechte, Seeforellen und Seesaiblinge. Von letzteren bekommen wir ein gegrilltes Filet als Hauptgericht serviert. Dazu gibt es gedünsteten Pak Choi, Wermut-Velouté-Sauce und gedämpften Sesam-Basmatireis. Zu diesem delikaten Mahl genießen wir einen vollmundigen Riesling „Montem" vom Weingut Dockner aus Göttweig. Dessen angenehme Säure erzeugt ein Bouquet, das an Pfirsich und Steinobst erinnert. Ein gelungenes Zusammenspiel. Schließlich kommen wir zum i-Tüpfelchen des Festessens, dem Dessert aus Zirbe und Heidelbeere. Zur Zirben-Crème brûlée gesellen sich Heidelbeerragout, Walnuss-Crumble, Mürbteig-Walnussstangerl mit Buchweizenmehl und Schafmilch-Heidelbeer-Rosmarineis mit frischen Früchten. Ein faszinierender Gaumenschmeichler.

Falkensteinweg

Weitere Gschmå-Platzln treffen wir auf dem Falkensteinweg, dem historischen Wallfahrtsweg, der von St. Gilgen vorbei am Europakloster Gut Aich zum Gasthof Fürberg führt und weiter mit der Markierung 28 auf den 250 m höher gelegenen Falkenstein. Allerdings erreichen wir diesen über den gut markierten

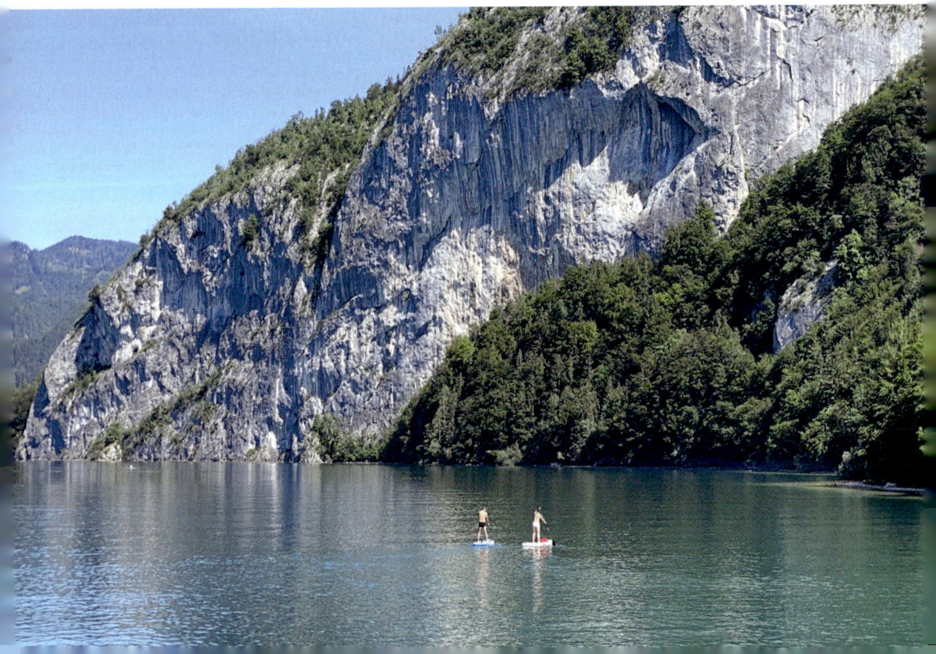

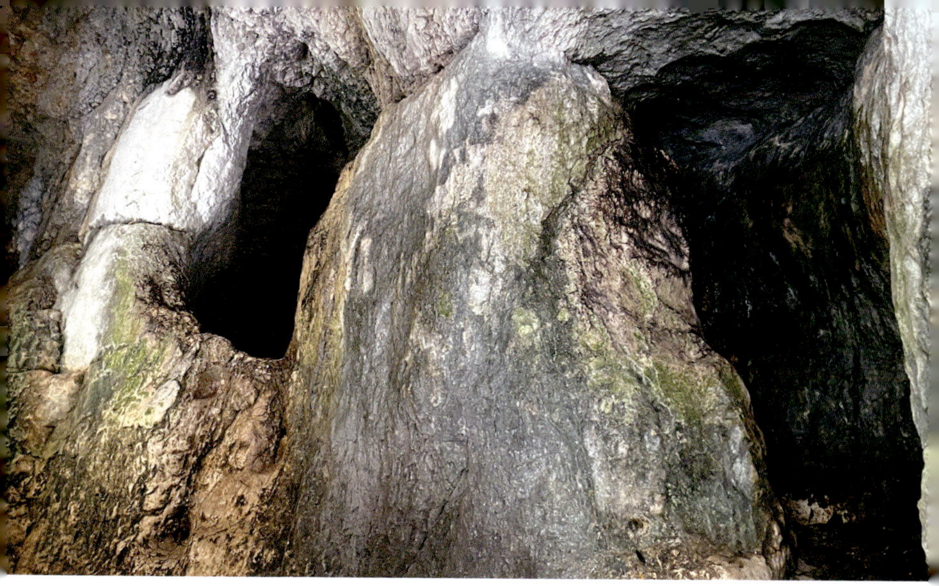

Durchkriechstein in der Falkensteinkirche

Umweg über den Aberseeblick. Der Weg führt auf uralten Saumpfaden hinauf und weiter hoch über dem Wolfgangsee. Beim Scheffel-Blick tut sich ein überwältigendes Panorama auf, mit Blick über St. Gilgen mit den Gipfeln von Zwölferhorn, Bleckwand, Rinnkogel und Sparber. Hier geraten auch weitgereiste Wanderer ins Schwärmen. Eine Landschaft wie im Bilderbuch mit blauem Himmel und klarer Luft. Immer wieder laden Gschmå-Platzl zur Rast ein. Eines davon beim Scheffel-Blick, der nach dem deutschen Dichter Joseph Victor von Scheffel (1826–1886) benannt ist, der die Schönheit dieser Gegend in seinem lyrischen Werk verewigt hat. Vom Aberseeblick genießen wir aus knapp 800 m Höhe die Aussicht auf den südlichen Teil des Wolfgangsees. Hier folgen wir wieder dem Wegweiser am Falkensteinsattel und erreichen die an den hl. Wolfgang erinnernden Kultstätten: die heilende Wolfgangquelle, deren Wasser köstlich frisch schmeckt, und die Falkensteinkirche. Sie ist dicht an eine steile Felswand und eine unmittelbar dahinter liegende Höhle gebaut. Bereits im Jahr 1350 soll sie erstmals urkundlich erwähnt worden sein. In der Höhle befindet sich auch der legendenumrankte Durchkriechstein. Wer sich hier durchzwängt, streift Sünden und Krankheiten ab, so der Volksglaube. Hier lohnt es sich, innezuhalten, vielleicht eine Kerze zu entzünden und dem Gesang der Vögel zu lauschen. Schließlich treffen wir auf dem weiteren Weg nach St. Wolfgang auf die Hacklkapelle. Die Legende berichtet, dass Wolfgang von hier ein Beil hinuntergeschleudert hat, um eine erste Kirche im Heidenland zu errichten. Bald danach erreichen wir nach der zweistündigen Wanderung die Ortschaft Ried, wo wir ein Schiff der Wolfgangsee-Schifffahrt zurück nach Fürberg besteigen. Bei der Fahrt passieren wir die furchterregende, senkrechte Falkensteinwand und das sagenumwobene Hochzeits- und Ochsenkreuz und erreichen nach 17 Minuten genussvoller Fahrt an der Anlegestelle Fürberg wieder unseren Ausgangspunkt.

🕒 **2 Stunden ↔ 6 km ↗ 240 hm**

Ausgangspunkt: Gasthof Fürberg, Fürbergstraße 30, 5340 St. Gilgen/Wolfgangsee, Tel: +43 6227 2385 0, fuerberg.com

Öffis: von Linz Hbf. WB 980 nach Salzburg, dann Bus 140 bis Mondsee Leitnerbräukeller, dann Bus 156 Richtung St. Gilgen Bhf, ab Hst. St. Gilgen Aich 16 Minuten Fußweg zum Gasthof Fürberg; von Salzburg Bus 150, Hst. St. Gilgen, dann 40 Minuten Fußweg nach Fürberg

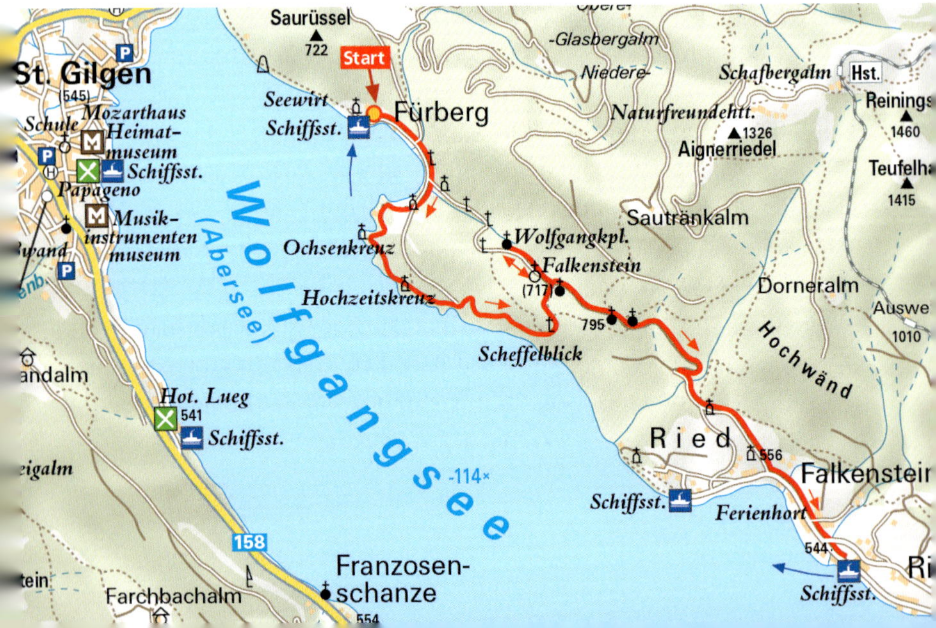

Reinanken & Wasserkraft

Der idyllische Viktor-Kaplan-2-Seen-Themenweg informiert über Leben und Wirken des Erfinders der Wasserturbine.

Kurz vor seinem Abfluss in die Seeache und anschließend in den Attersee präsentiert der Mondsee noch einmal seine ganze farbliche Pracht: In einem kräftigen Grün spiegelt er die steil aufragende Felswand, über der sich die Eisenauer Alm ausbreitet und der Schafberg auftürmt. Ein idealer Platz für den Gasthof See in der gleichnamigen Ortschaft, die zur Gemeinde Unterach gehört. Die fangfrische Reinanke aus dem Mondsee bringt mit ihrem hellen Schuppenkleid und dem kräftigen Geschmack die Naturkraft des Gewässers auf unseren Teller. Wirt Michael Meindl hat sie nach altem Rezept in einer Mehl-Brösel-Mischung und mit einem speziellen Fischgewürz im Ganzen auf dem Grill gebraten. Goldgelb und knusprig, erfreut sie mit Kräuterbutter und Petersilienerdäpfeln unseren Gaumen. Harmonisch ergänzt wird sie mit einem Glas frisch-fruchtigen Gelben Muskatellers vom Weingut Edlinger in Furth b. Göttweig. Die Fischsuppe nach Art des Hauses leitet unser Mahl köstlich ein. Auch dabei wurde alte Küchentradition eingesetzt: Basis sind Weißfische aus dem Mondsee, die zusammen mit Gemüse faschiert, mit Zwiebeln angeröstet, dann mit dem Fischfond aufgekocht, mit Weißwein abgelöscht und zum Schluss tomatisiert, also mit Tomatenmark angereichert wurden. Ein leichter Genuss auf Gourmet-Niveau.
Wie zutreffend ist doch der in der Speisekarte angeführte Spruch: „Es ist besser zu genießen als zu bereuen, dass man nicht genossen hat.“ So schließen wir mit gutem Gewissen das Essen mit einem Milchrahmstrudel mit Vanillesauce ab. Ebenfalls eine

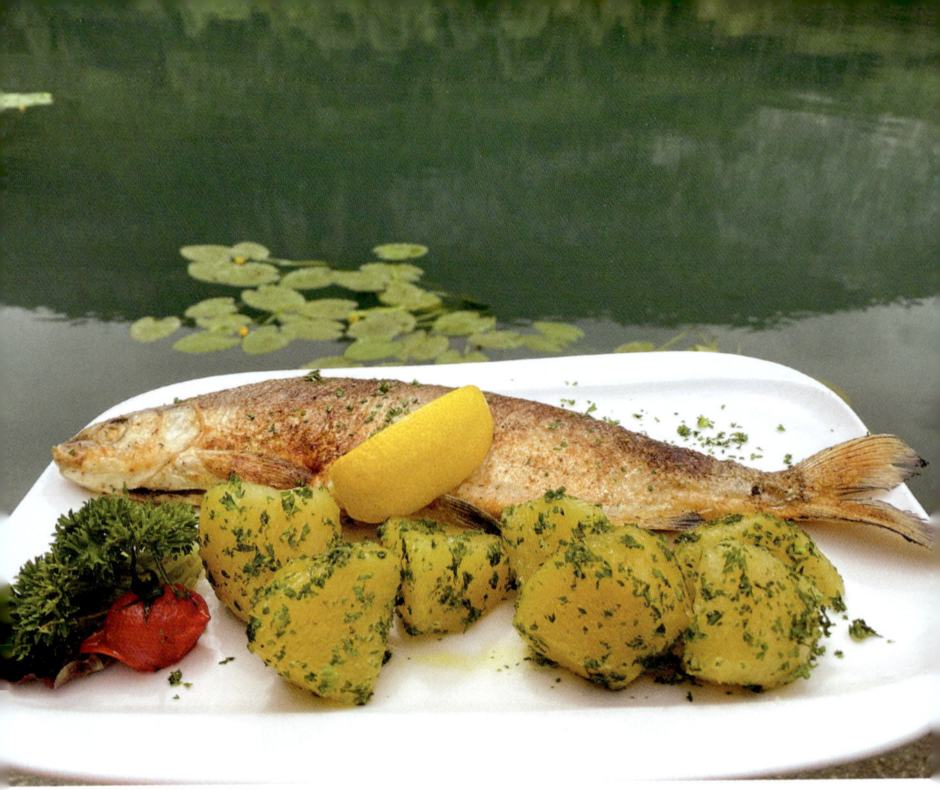

traditionelle Speise des Hauses, die flaumig-zart schmeckt. Michael Meindl ist Landwirt mit gastronomischer Ausbildung. Als gebürtiger Mondseer ist er bestens mit der Region vertraut. Gemeinsam mit seiner Familie hat er die Mondsee-Schifffahrt mitaufgebaut und in Mondsee ein Restaurant geleitet. Jetzt führt er mit seinem Partner Peter Lechner gemeinsam den Gasthof nach dem Motto „Geschmack ist alles“.
Die wunderschöne Seekulisse erfreut Einheimische wie Urlauber gleichermaßen. Sogar der Schweizer Dichter Gottfried Keller (1819–1890) hat sich hier bei seinem Aufenthalt im Jahr 1873 seine Inspirationen geholt. Alle Gäste, vom Arbeiter bis zum Staranwalt oder Bundespräsidenten, schätzen die lockere und gemütliche Atmosphäre. Unter den mächtigen Kastanien- und Lindenbäumen soll sich die Sommerhitze um ganze 10 °C verringern. Davon sind jedenfalls die gutgelaunten Herren

überzeugt, die sich am Stammtisch im Gastgarten eingefunden haben. Einige von ihnen verbringen seit Jahrzehnten ihre Sommerfrische hier und schätzen besonders die familiäre Atmosphäre des Hauses. Zahlreiche Radfahrer, die den Salzkammergut Radweg R2 befahren, haben sich ebenfalls eingefunden.

Kaplan-Themenweg

Wir nutzen unser E-Bike für das Kennenlernen des Viktor Kaplan-Themenweges, der in unmittelbarer Nähe des Gasthofs vorbeiführt. Gerade in Zeiten, in denen grüne Energie aus Wasserkraft immer bedeutsamer wird, ist es interessant, sich auf die Spuren des berühmten Bewohners von Unterach zu begeben, der mit seiner Turbine die Energiegewinnung aus Wasserkraft revolutioniert hat. Auf zwölf Schautafeln wird der Mensch und Erfinder Viktor Kaplan (1876–1934) gewürdigt und die Entwicklung der Nutzung der Wasserkraft dargestellt. Wir folgen dem idyllischen Wanderweg entlang der Seeache bis zur zentralen Informationsstation beim Kaplan-Denkmal im Freizeitgelände von Unterach. Dann geht es steil bergauf nach Norden zum ehemaligen Wohnsitz Kaplans, dem Landsitz Rochuspoint mit mehreren Gebäuden und einem Teich. Dieser Ort war das Paradies des Forschers und ein Hort der Gastfreundschaft. Gleich in der Nähe befindet sich auch das Mausoleum, in dem Kaplan begraben ist. Über den Wasserfallweg erreichen wir rasch wieder den Ausgangspunkt beim Gasthof See.

Strecke (mit Besichtigung): 🕒 **2,5 Stunden** (Gehzeit) ↔ **8,5 km** ↗ **120 hm**
🕒 **1,5 Stunden** (Fahrzeit E-Bike)

Ausgangspunkt: Gasthof See, See am Mondsee 1, 4866 Unterach am Attersee, Tel. +43 7665 20569, gasthof-see.at

Öffis: von Linz Hbf. mit Zug bis Vöcklabruck, dann Bus 561 bis Unterach, dann Bus 596 bis See

33 Unterach
Ausflug in die Eiszeit

Eine Rundwanderung führt zu den Gelbbauchunken im Naturparadies Egelsee am Attersee.

Mehr als 200 hm hoch über dem Attersee schaut die Welt ganz anders aus. Im Panoramagasthof Druckerhof hoch über dem Ort Unterach mit Blick auf den türkis schimmernden See zu speisen, hat eine besondere Qualität. Atemberaubende Ausblicke begleiten unseren Besuch. Die gesamte Kraft der Region scheint sich in den Gerichten widerzuspiegeln. Das beginnt schon bei der ersten Vorspeise, einer kaltgeräucherten Lachsforelle mit Erdäpfelrösti, Sauerrahmdip & Rucola, und setzt sich bei der zweiten fort, einem bunten Vogerlsalat mit Frischkäse vom Roithbauern mit Speck & Dörrzwetschken, alles in Bioqualität. Gänzlich aus dem hofeigenen Gatter kommt auch das Fleisch für das zarte Hirschragout. Dazu gibt es Blaukraut, Semmelknödel und Preiselbeeren. 40 Stück Rotwild können auf sieben Hektar großen Weidewiesen den ganzen Sommer lang grasen und werden im Winter mit eigenem Heu verköstigt, wie Wirt Michael Windhager berichtet. Dazu gustieren wir einen leicht beerigen Pinot Noir Reserve 2013 von Bründlmayer aus Langenlois. Ein äußerst harmonisches Zusammenspiel, das sich in ähnlicher Weise beim gebratenen Forellenfilet mit Eierschwammerl-Risotto und Limettenschaum zeigt. Die Fische wurden von einem befreundeten Bio-Züchter geliefert. Hierzu passt ein Sauvignon blanc vom Weingut Gross aus Ratsch a.d. Weinstraße. Süße Abrundung des Festmahls bildet eine hausgemachte Topfenpalatschinke mit Preiselbeeren.
Der ehemalige Bauernhof ist bereits seit 1581 in Familienbesitz. Mehrere Jahrhunderte gab es keine Straßenanbindung ins Tal. Erst 1955 wurde die Zufahrtsstraße erbaut und der bäuerliche

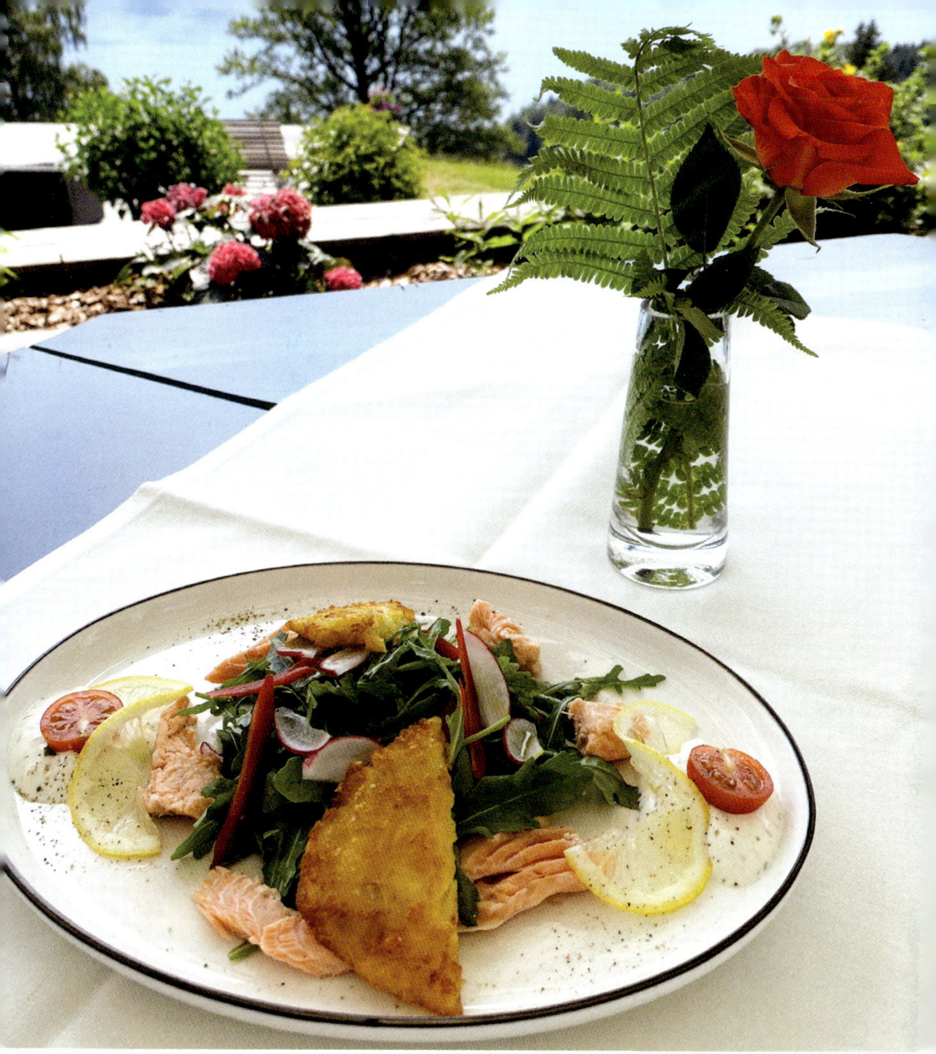

Betrieb durch eine Gastwirtschaft erweitert, zu der heute auch Zimmer und Ferienwohnungen zählen. Michael ist gelernter Koch, Kellner und Konditor und leitet mittlerweile in 14-ter Generation den Familienbetrieb. 15 Mitarbeiterinnen und Mitarbeiter unterstützen ihn dabei, viele von ihnen bereits seit mehreren Jahren. Keine Selbstverständlichkeit im Gastgewerbe. Familien mit Kleinkindern können den hofeigenen Streichelzoo mit Hasen, Ziegen und Eseln besuchen.

Auf zum Egelsee

Wir begeben uns frisch gestärkt auf eine Rundwanderung durch die beeindruckende Natur in der näheren Umgebung. Der Egelsee ist unser Ziel. Seinen Namen hat er von den hier vorkommenden Leberegeln. Früher wurden diese Tiere zum Schröpfen eingesetzt. Der kleine Niedermoorsee verdankt seine Entstehung der letzten Eiszeit und ist eine wahre Naturkostbarkeit. Der pensionierte Förster Gerhard Schlichtner erzählt uns: „Im Frühling finden intensive Laichzüge von Gelbbauchunken und Erdkröten statt. Eine einzigartige Vegetation mit zwölf Orchideenarten und einigen insektenfressenden Pflanzen zeigen die biologische Vielfalt." Vor einigen Jahren wurde das Gewässer von Tauchern untersucht. Die im sieben Meter tiefen Wasser enthaltenen Karpfen, Schleien und Hechte regulieren selbstständig ihren Bestand. Es herrscht Fisch- und Badeverbot. Die friedliche Atmosphäre erlaubt es dennoch, vom Holzsteg die Beine im Wasser baumeln zu lassen. Der Naturschutzexperte kennt noch eine weitere Besonderheit: „Das Wasser fließt nicht als Bach ab, sondern verschwindet in Form einer Bachschwinde 100 m in die Tiefe und tritt erst 500 m östlich in einem Schluchtwald wieder zutage."

🕒 1 Stunde ↔ 4 km ↗ 100 hm

Ausgangspunkt: Druckerhof, Druckerstraße 15, 4866 Unterach am Attersee, Tel. +43 7665 8295, druckerhof.com

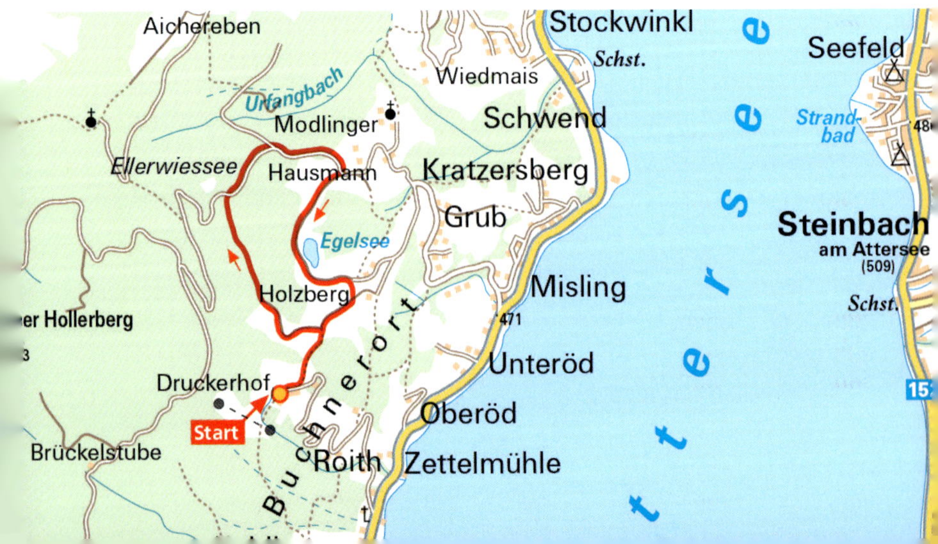

Weyregg
Wirtshauskultur in der Holzknechtstube

Eine Wanderung führt auf die idyllische Gupfalm oder in die Strandbar Katamaran, eine Radtour durch den Naturpark Attersee-Traunsee.

Wo früher die Holzknechte ihren Lohn in Bier umgesetzt haben, befindet sich heute ein elegantes Wirtshaus. Dort sollen sich die Gäste wie zu Hause fühlen, so der Wunsch des Inhabers der Bachtaverne in Weyregg am Attersee, Mario Kalleitner. Er hat mit viel Liebe zum Detail ein wahres Schmuckstück geschaffen: Der neu verlegte, 200 Jahre alte Holzboden aus Ulme und bequeme Sessel, bezogen mit Salzburger Loden, schaffen eine Wohlfühl-Atmosphäre. Auf Tischen, die mit Handwerkszeichen der Bäcker, Fleischer und Schmiede kunstvoll bemalt sind, bekommt man die frisch zubereiteten Speisen serviert.
Das Rehragout vom Salzburger Maibock mit Apfelrotkraut, Serviettenknödeln, Kroketten, Marsalabirnen und Preiselbeeren passt perfekt auf den Jägertisch. Dazu mundet ein Achtel

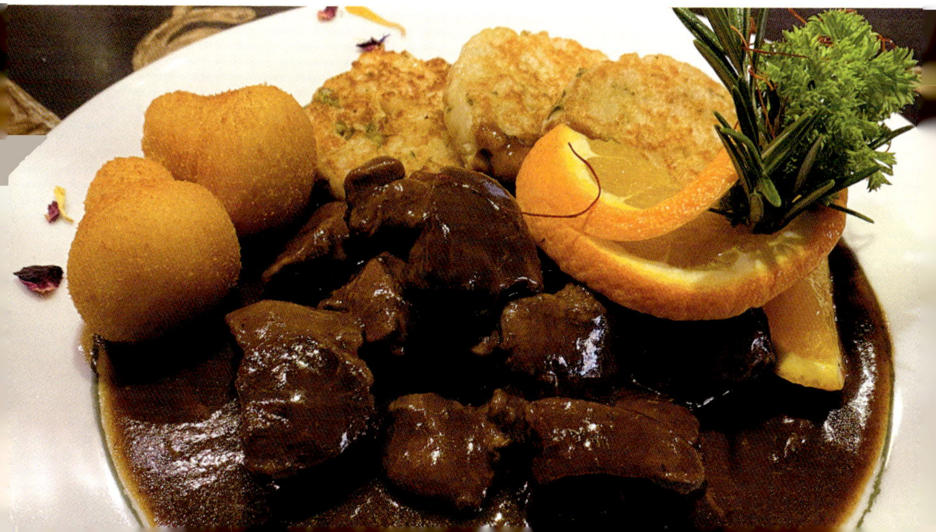

des speziell für die Bachtaverne abgefüllten Cuvée Wildfang von Paul Achs 2019. Das zweite Hauptgericht, ein Saibling, mit Kräutern gefüllt und mit Petersilerdäpfeln und zerlassener Butter serviert, schmeckt herrlich zart. Dazu passt der Chardonnay Wildfang von Paul Achs vortrefflich. Wenn sich der Attersee im Sommer stärker erwärmt, steht auch die aus den Tiefen des Sees nach oben steigende Reinanke auf dem Speiseplan, ein beliebter Edelfisch mit weißem, festem und wohlschmeckendem Fleisch. Wir schließen mit einem Erdbeer-Rhabarber-Tiramisu.
Die rüstige Weyreggerin Angela, über 80 Jahre alt, ist hier Stammgast und genießt jeden Sonntag ihr Mittagessen. Heute ist es ein Wiener Schnitzel vom Strohschwein mit Petersilerdäpfeln und buntem Salat. Was ihr in der Bachtaverne besonders gefällt? Die Antwort ist kurz und prägnant: „Weil es hier schön ist, gut schmeckt und schnell geht.“ Genau diese Zufriedenheit wünscht sich Mario Kalleitner. Er versteht sich mit seinem Team als Boutique-Wirtshaus, klein und familiär geführt, das die Tradition neu interpretiert. Schließlich gibt es die Bachtaverne bereits seit dem Jahr 1815. Dieses „Schön-Essengehen“ schätzen mittlerweile neben ortsansässigen Gästen auch solche von weiter her. Zur Martinigansl-Zeit finden sich sogar Feinschmecker aus Prag ein, die in der hauseigenen Pension nächtigen.

Drei Wegvarianten

Anschließend bieten sich drei sehr unterschiedliche Ausflugsziele an: Bei sommerlicher Hitze recht nahe die Strandbar Katamaran. Sie liegt unmittelbar neben dem Weyregger Strandbad und wird ebenfalls von Mario Kalleitner betrieben. Hier kann man bei einem Aperol-Spritz am „kleinsten Meeresstrand der Welt“ Platz nehmen. Eine originelle Idee des Wirtes, die ebenfalls viele Gäste anzieht. Die zweite Variante ist eine Wanderung auf die naturbelassene Gupfalm. Dem Weyregger Bach taleinwärts folgend, wird nach eineinhalb Gehstunden die nicht bewirtschaftete Alm erreicht.

Sportliche Radler werden die dritte Variante wählen, eine Überquerung des Naturparks Traunsee-Attersee entlang des Krahbergs (1 090 m). Wir gleiten taleinwärts den Weyregger Bach entlang und folgen dann dem Weidensbach, um schließlich zum Praterstern zu gelangen. Mehrere Forststraßen und Wanderwege treffen hier zusammen. Der Name wurde wohl seinem Wiener Pendant nachempfunden, der ebenfalls ein Knotenpunkt von sieben Straßen ist. Ab jetzt geht es bergab und über das Gasthaus Kienklause auf der alten Landesstraße durch das wildromantische Kienbachtal hinab, bis wir in Seefeld den Attersee erreichen. Entlang der Uferstraße erreichen wir nach insgesamt 30 km und drei Fahrstunden wieder unseren Ausgangspunkt, die Bachtaverne.

Gupfalm: 🕒 **1,5 Stunden, 4,4 km, 390 hm**
Radtour: 🕒 **3 Stunden ↔ 30 km ↗ 550 hm**
Ausgangspunkt: Bachtaverne, Bach 24, 4852 Weyregg am Attersee,
Tel. +43 7664 20 753, bachtaverne.at

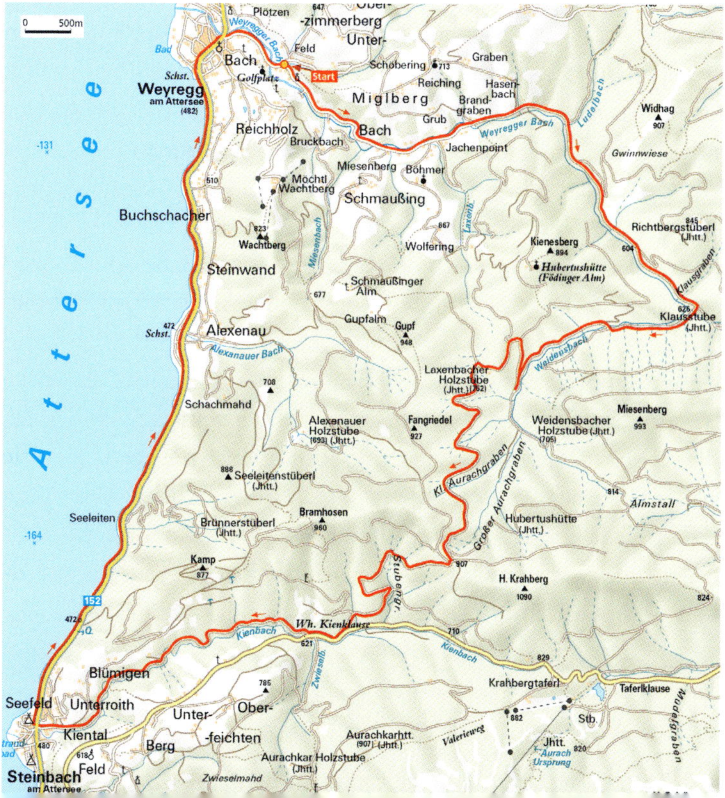

35

Zell am Irrsee
Speisen in der Klostertaverne

Der Irrsee bietet sanften Tourismus sowie kulinarische und künstlerische Highlights.

Wenn ein Fleischer und eine Köchin Geschwister sind und beide Meister ihres Fachs, kann man sich auf besondere kulinarische Genüsse einstellen. Der Familienbetrieb Langwallner am Kirchenplatz in Zell am Moos bietet diese glückliche Fügung. Bereits in der siebten Generation betreiben Andrea und Leonhard Langwallner das über 400 Jahre alte Traditionsgasthaus und erfreuen ihre Gäste mit österreichischer Wirtshausküche, angereichert mit kreativen und modernen Einlagen. Letztere bringt Tochter Barbara Langwallner mit ihrem Freund Maurice Kriegs ein, die beide vorher in München bei Starkoch Alfons Schuhbeck gearbeitet und diesem eine Haube beschert haben. Bei unserem Besuch können wir das ausgiebig genießen. Langwallners Beef Tatar mit Kräuter-Creme, Gartengemüse und Brotcroutons stimmt mit zartem Aroma unseren Gaumen auf das Essen ein.
Als Zwischengang gibt es gebackenen Kalbskopf mit Erdäpfelsalat. Eine köstlich zarte Spezialität des Hauses, bei der Fleischhauer Leonhard jun. in mehrtägiger Vorarbeit den Kalbskopf in Pökelmarinade ziehen lässt, diesen dann kocht, mit Pfeffer, Kren, Senf, Essig und Salz würzt und kühl stellt. Von Köchin Barbara wurde er vor dem Servieren knusprig gebacken. Eine weitere Spezialität des Hauses sind mit Frischkäse gefüllte Tascherl, dazu Maishendl, Zucchini und Eierschwammerl. Perfekt al dente zubereitet, werden sie begleitet von einem pfeffrig-frischem Glas Grüner Veltliner 2020 vom Weingut Müller-Grossmann aus dem Kremstal. Ein harmonischer Genuss, dem als Dessert wieder eine kreative Schöpfung der jungen Spitzenköche

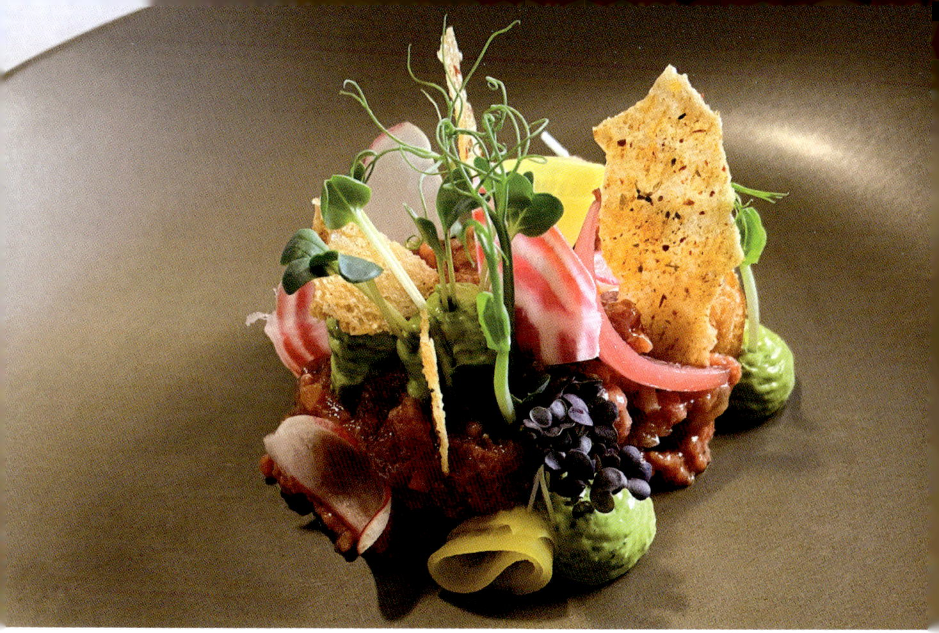

folgt, nämlich der Marillenkuss: Joghurt-Espuma in einer inspirierenden Gemeinschaft mit eingelegten Marillen, Marilleneis und karamellisierten Mandeln.

Dann ist es Zeit, mit Leonhard Langwallner sen. über die interessante Geschichte des Hauses zu reden. „Es wurde im Jahr 1616 als Klostertaverne des Benediktinerklosters Mondsee errichtet, woran die original erhaltenen Holzdecken erinnern.“ Die schattenspendenden Linden und Kastanienbäume im Gastgarten weisen ebenfalls ein beträchtliches Alter auf und laden ein, die beliebten Wirtshausklassiker zu genießen. Rund um die Uhr bietet die „Metzgerei to go“ Wirtshausküche für daheim an. Das Angebot in den 400 ml-Gläsern reicht von Andreas Rindsroulade mit Wurzelgemüse, Leonhards Chili con Carne bis hin zu Barbaras Kichererbsen-Curry.

Radtour rund um den See

Eine E-Bike-Rundtour um den Irrsee zeigt uns auch versteckte kulturelle Highlights wie das ehemalige Wohnhaus des Künstlers Hans Mayrhofer-Irrsee (1914–1998). Die urtümliche Architektur

des Gebäudes lädt zu einer Besichtigung ein. Die Tochter des Bildhauers, Monika Mayrhofer, ist Keramikerin und führt uns durch den künstlerisch gestalteten Garten. Ausgewählte Skulpturen, Bronzen und Reliefs bilden eine Symbiose mit liebevoll gepflegten Gartenpflanzen. Ein Kunsterlebnis auf Weltklasseniveau. Im angrenzenden Heimathaus hat der Sammler und Bewahrer bäuerlichen Kulturgutes längst vergessene Relikte wie Rauchkuchl, Schnapsbrennerei, Hausmühle und Badestube aus dem Mondseeland gesammelt und für die Nachwelt erhalten.
Bei der weiteren Fahrt treffen wir auf den Salzkammergut Radweg R2, dem wir in nördlicher Richtung bis Irrsdorf folgen. Die dortige Kirche ist ein Gesamtkunstwerk. An ihrer Stelle soll sich ein keltisches Fruchtbarkeitsheiligtum befunden haben. Wir sind besonders angetan von den berühmten gotischen Türflügeln in der Vorhalle, Paradies genannt. Sie stellen die schwangere hl. Maria und die ebenfalls schwangere hl. Elisabeth dar. Bei beiden Frauen ist die Leibesfrucht wie in einer Ultraschallaufnahme zu sehen. Verständlich, dass seit jeher Frauen hierher pilgerten, um Kindersegen oder eine gute Schwangerschaft zu erbitten. Der monumentale Hochaltar ist eines der Hauptwerke des Barockbildhauers Meinrad Guggenbichler und neben der Mondsichelmadonna ein

Blick auf den Irrsee und den Ort Zell am Moos

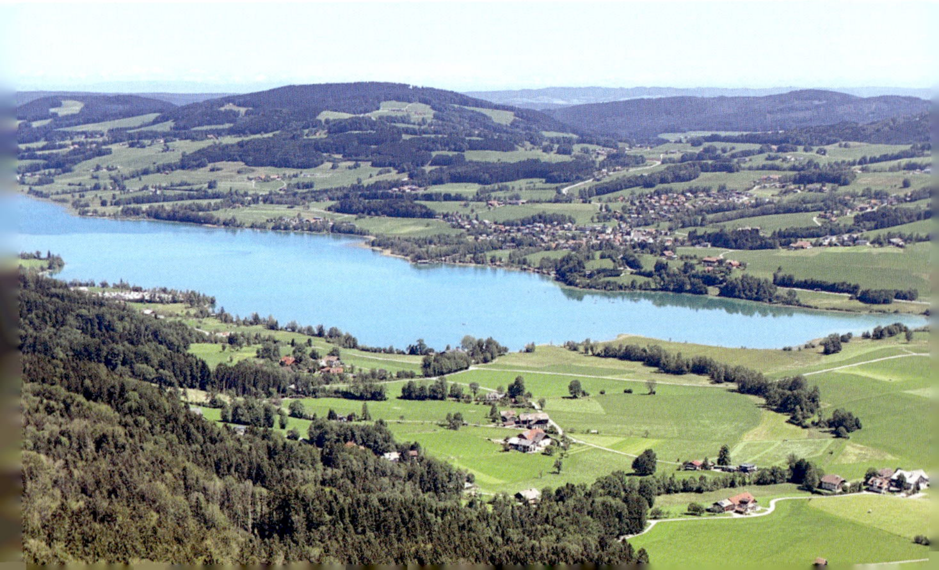

seit 500 Jahren bewundertes Kunstwerk. Hier machen wir wieder kehrt und radeln auf dem Radweg R2 auf die westliche Seite des Irrsees. Dort führt uns ein weiterer Abstecher auf dem nahen Höhenrücken zwischen dem Irrsberg und dem Kolomansberg zu einem kulturellen Kleinod, der Kirche in Sommerholz. Sie ist dem hl. Georg von Kappadokien gewidmet. Dieser römische Soldat wurde unter der Herrschaft Kaiser Diokletians um 305 enthauptet, weil er nicht von seinem christlichen Glauben abließ. Er gilt als einer der meistverehrten Heiligen und ist einer der Vierzehn Nothelfer sowie Patron der Reiter, der Pfadfinder, der Soldaten und der Bauern. Ihm zu Ehren wird alle zwei Jahre, und zwar in den ungeraden Jahren, in Sommerholz der Georgiritt veranstaltet, ein großes Fest mit vielen Pferden. Die wunderbare Aussicht, 200 hm über dem Irrsee, die spätgotische Architektur und ihre hochwertige Ausstattung sind ein würdiger Ort für eine ausgiebige Rast. Danach beenden wir nach vier Stunden die 30 km lange Rundfahrt in Zell am Moos.

🕒 **4 Stunden** (E-Bike)
↔ **30 km** ↗ **360 hm**
Ausgangspunkt:
Wirt z'Zell Gasthof Langwallner, Kirchenplatz 2,
4893 Zell am Moos,
Tel. +43 6234 8207,
gasthof-langwallner.at
Öffis: von Linz Hbf. Zug Richtung Salzburg, Hst. Neumarkt/Wallersee, dann Bus 595 Richtung Mondsee, Hst. Zell am Moos

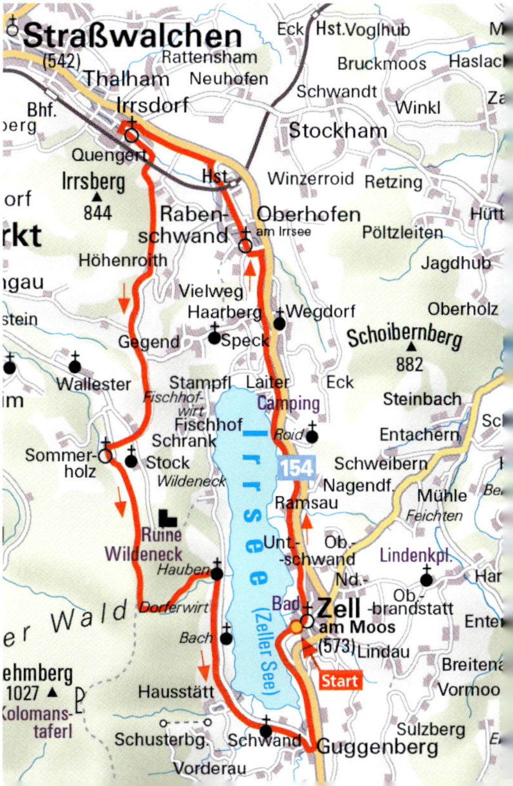

36 Mattsee
Fangfrisch vom Mattsee

Vom Gasthof Alpenblick wandern wir zu der mystischen Naturlandschaft am Buchberg mit einer urzeitlichen Keltensiedlung.

Wenn der Wirt seine Leidenschaft fürs Kochen mit der Begeisterung für Musik verbindet, so kann man sich als Gast auf einen interessanten Besuch einstellen. Dazu kommt noch ein weiteres Highlight, das Georg Hofbauer auf seinem Gasthof Alpenblick anzubieten hat: Es ist die Lage hoch oben am Buchberg zwischen Mattsee und Wallersee. Der fantastische Ausblick von der Terrasse reicht über Gaisberg bis zum Dachstein und vom Hohen Göll bis zum Untersberg. Von Reisen in Länder mit hoher Esskultur wie Kroatien und Italien nimmt Hofbauer regelmäßig neue Anregungen in die Heimat mit. So können wir beim Alpenblick-Grillteller eine spezielle, aus Kroatien stammende Grilltechnik kennenlernen: Rinderfilet, Schweinskarree und Hühnerbrust schmecken butterzart mit feinen Röstaromen und sind mit einer knusprigen Hülle umgeben. Dazu gibt es frisches Grillgemüse und Pommes frites.
Ein Trumer Märzenbier vom Fass bereitet den Magen auf eine weitere Spezialität des Gasthofs vor, den gebratenen Saibling. Die Fische werden von einem befreundeten Fischer vom Mattsee geliefert. So können wir dieses Bioprodukt mit Erdäpfeln und Mandelblätterkruste genießen. „Es gibt ihn nur, solange der Vorrat reicht. Ein besonderes Highlight für die Gäste ist es, wenn ich einen großen Fisch wie Zander, Karpfen oder Reinanke zubereite und vor einer Gruppe filetiere“, erzählt der Wirt. Die Bioqualität findet sich ebenso bei den anderen Produkten wie dem Fleisch, das vom nahen Metzger bezogen wird sowie bei Käse oder Milch, die von Biobetrieben aus der Region stammen.

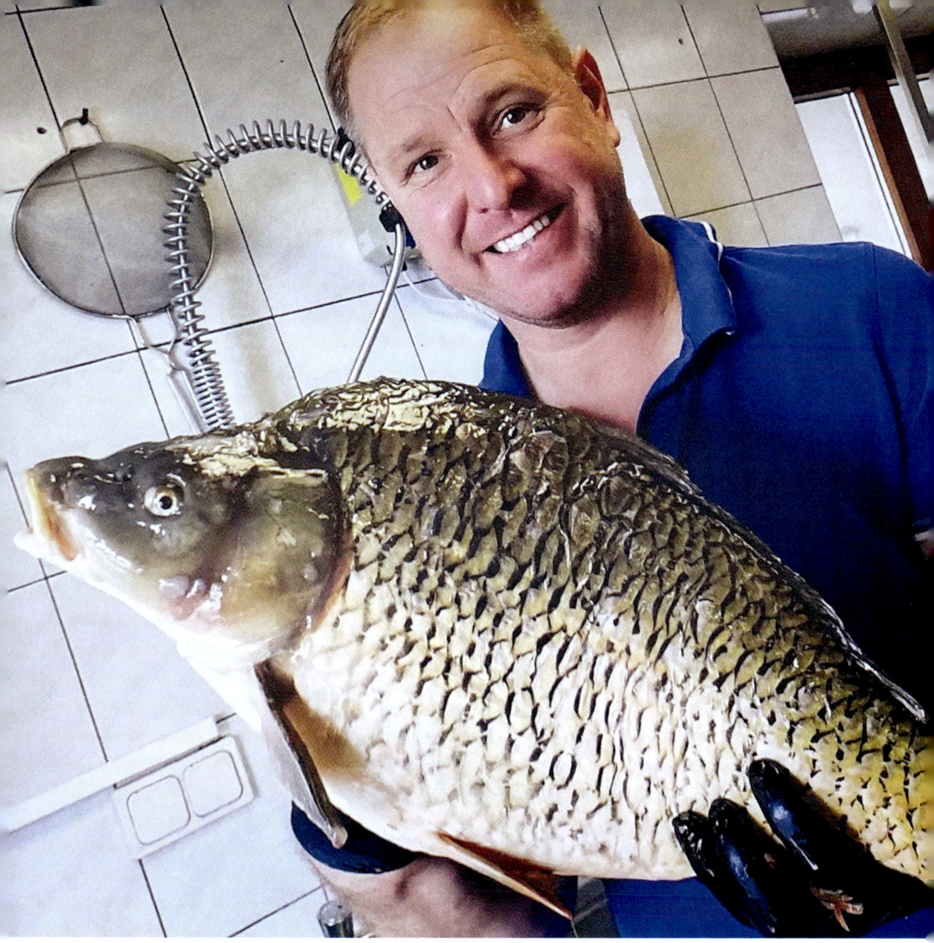

Eine Gruppe von hungrigen Männern hat sich Buchberger Kasnocken aus Bio-Mehl gewünscht, die Georg in einer imposanten Pfanne serviert. Wir runden unser Essen mit einem Milchrahmstrudel mit Vanillesauce ab, den Kellnerin Katharina Werndl zubereitet hat. Sie ist schon viele Jahre im Alpenblick tätig und hatte vorher eine eigene Konditorei. Der gezogene Strudelteig mit Biotopfen ist eine hervorragende Neuinterpretation der typisch österreichischen Mehlspeise. Wenn dann der Wirt noch aus seiner Instrumentensammlung eine Ziehharmonika hervorholt und alpenländische Melodien zum Besten gibt, steigert sich die Stimmung ins Grenzenlose.

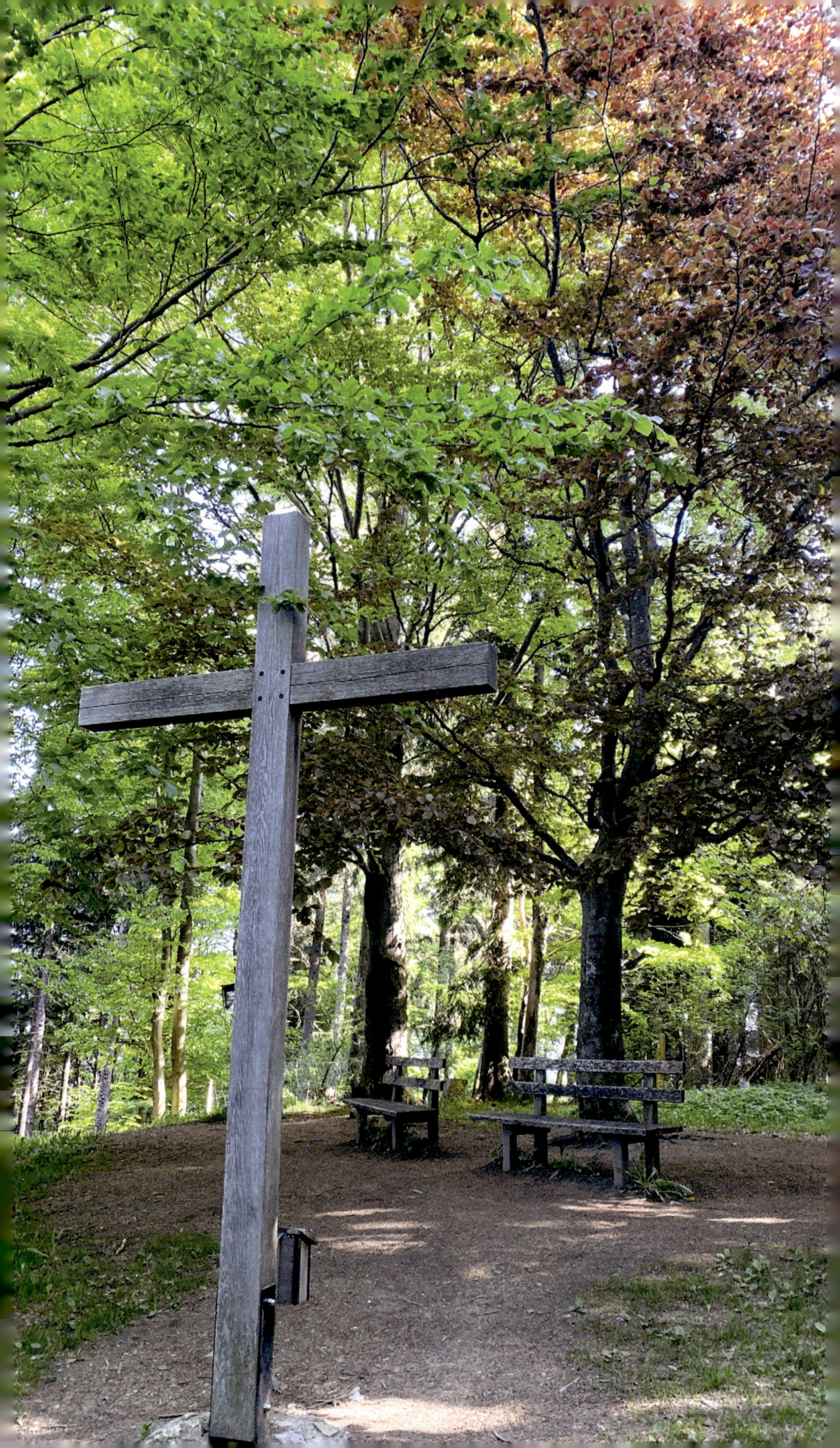

Mystische Wanderung

Vom Ort Mattsee kommend haben wir den Wanderparkplatz nach der Ortschaft Vogelhütte als Ausgangspunkt gewählt, um den Buchberg mit seiner mystischen Aura zu erkunden. Mehrere Wanderwege M3 durchziehen den Naturpark mit seinem naturnahen Waldmeister-Buchen-Tannen-Mischwald. Der einstündige Gipfel-Rundweg führt zu einer Aussichtsterrasse auf 801 m, von der man sowohl das sanft hügelige Alpenvorland als auch die Zentralalpen erblickt. Eine vier mal vier Meter große Stelle im Gipfelbereich wird als besonderer Energieplatz ausgewiesen. Eine Schautafel informiert, dass Physiker hier eine rechtsdrehende Strahlung von 18 000 Bovis-Einheiten gemessen haben, ein nach dem französischen Physiker Alfred Bovis benannter Wert einer bioenergetischen Abstrahlung. Es lohnt sich, hier länger zu verweilen und Energie zu tanken. Ebenfalls erfahren wir, dass sich im Gipfelbereich bereits in der späten Bronzezeit um 1 300 v. Chr. eine hallstattzeitliche Höhensiedlung befunden hat. Näheres über die Besiedlungsgeschichte erkunden wir auf einem der sechs Themenwege, dem Kraftweg. Von diesem wechseln wir auf den Bauernweg, der Leben und Arbeit der Bauern beschreibt bis zum Waldweg, der über die Funktionen des Waldes informiert. Hier entdecken wir eine Buche, sie sich gerade anschickt, eine benachbarte Tanne zu umarmen, indem sie mit ihrer Rinde deren Stamm einhüllt.

1,5 Stunden ↔ 4 km ↗ 140 hm

Ausgangspunkt: Wanderparkplatz bei der Ortschaft Vogelhütte oberhalb von Mattsee, Wanderwege M3

Einkehr: Gasthof Alpenblick, Wallmannsberg 2, 5163 Mattsee, Tel. +43 6217 5389, alpenblick.com

Kraftplatz am Buchberg

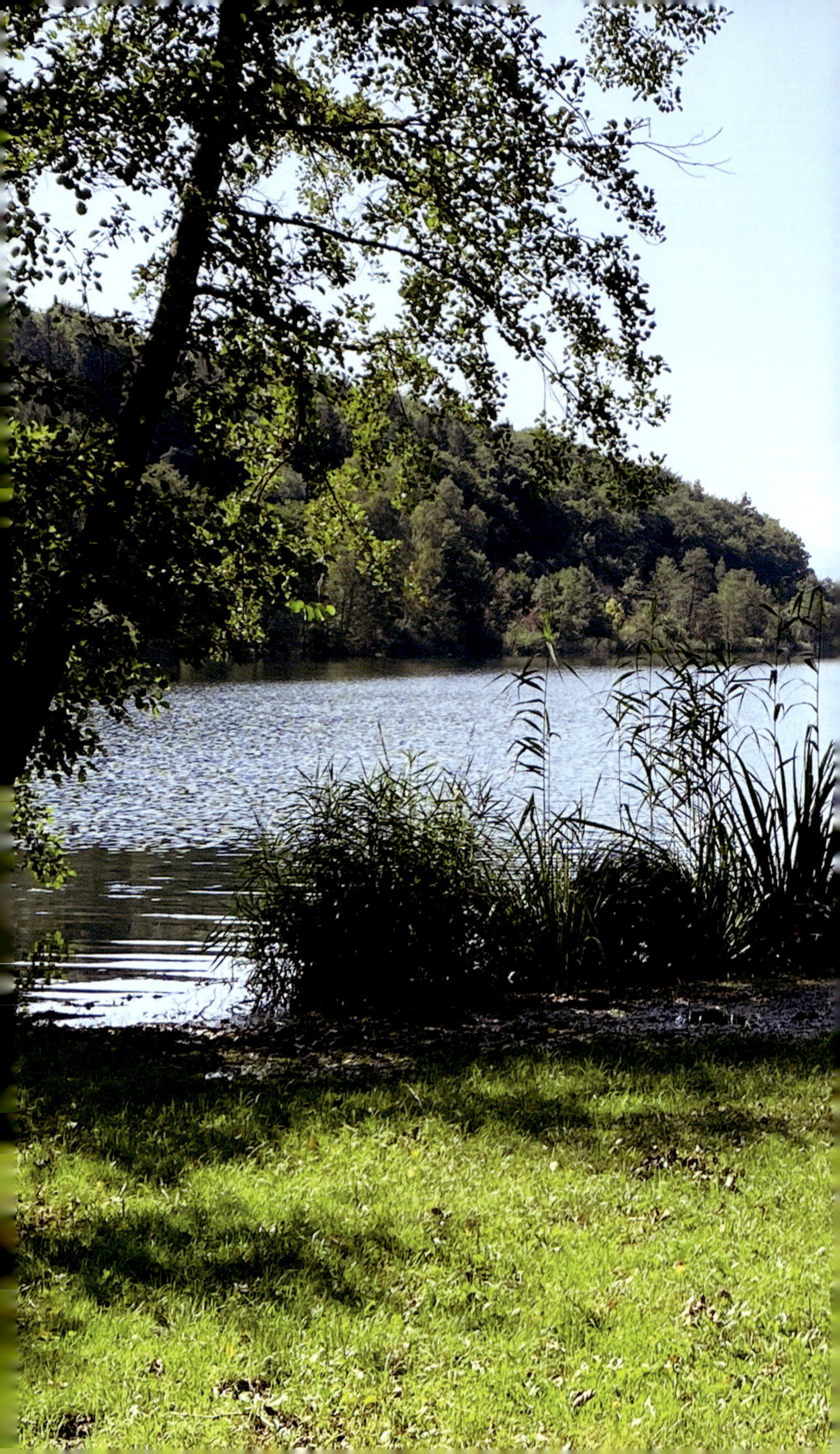

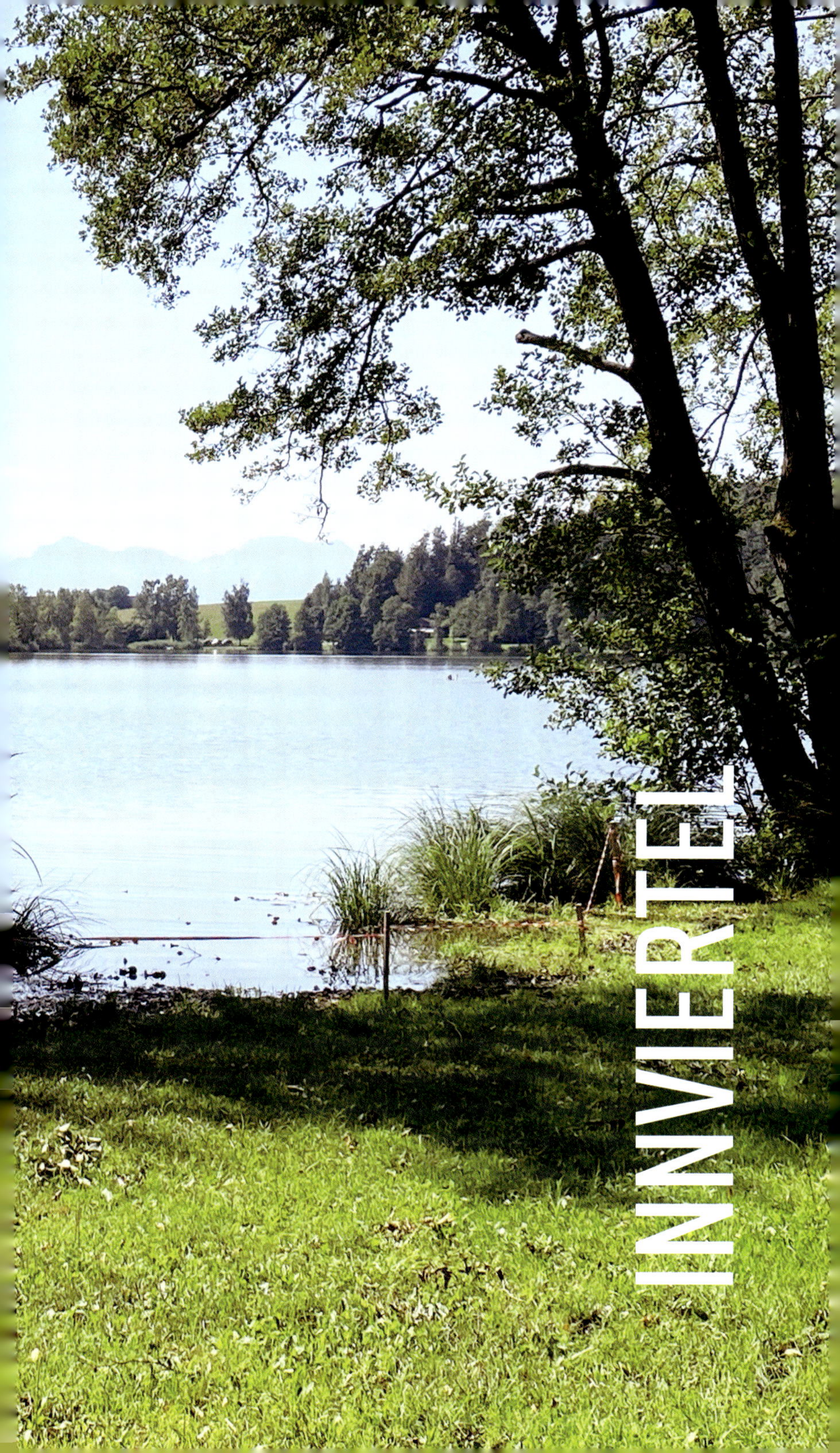
INNVIERTEL

37 Franking
Spinatknödel & Bauerngolf

Eine Radtour durch das Innviertler Seengebiet führt zu idyllisch gelegenen Moorseen mit Badeplätzen.

Im Gastgarten beim Kirchenwirt Mayr in Franking lässt sich gut neue Energie tanken. Nach einer genussvollen Radtour durch die wellig-bucklige Moränenlandschaft des ehemaligen Salzach-Gletschers an der Grenze zwischen Salzburg und Oberösterreich schmecken die Speisen im 300 Jahre alten Gasthof besonders gut. Mit einer würzigen Kaspressknödelsuppe stimmt uns Chefin Maria Mayr auf die Spezialität des Hauses ein: Es sind hausgemachte Spinatknödel mit zerlassener Butter, geriebenem Käse und Salatteller. Ein fluffig-flaumiges Vergnügen. Die Nachspeise bietet uns einen weiteren lukullischen Genuss, nämlich einen Heidelbeer-Topfenkuchen mit Vanilleeis und Schlagobers. Seit über 30 Jahren führt Erwin Mayr mit seiner Frau Maria den Gastbetrieb, zu dem früher auch eine Landwirtschaft und eine Metzgerei gehörten. Eine beeindruckende Erinnerung an frühere Zeiten ist der vor 50 Jahren von Erwins Vater sorgfältig renovierte Kuhstall, heute eine äußerst stimmungsvolle Gaststube. „Der Bautyp ist ein böhmisches Gewölbe, das im Jahr 1890 erbaut wurde und einen luftig-weiten Raum für die Kühe schuf", erzählt der Wirt, bevor er sich einer neuen Gruppe von Gästen zuwendet, die sich einem besonderen Angebot des Hauses widmen: dem Wanderbauerngolf. 17 Stationen führen auf fünf bzw. 14 km durch Wälder, Wiesen und die bezaubernde Moorlandschaft. Aus alten Landwirtschaftsgeräten wie Mostpresse oder Pferdepflug wurden Bauerngolf-Bahnen, ähnlich Minigolfbahnen, errichtet, die in einem sportlichen Wettkampf zu meistern sind. 5 000 Gäste stellen sich jedes Jahr dieser Herausforderung.

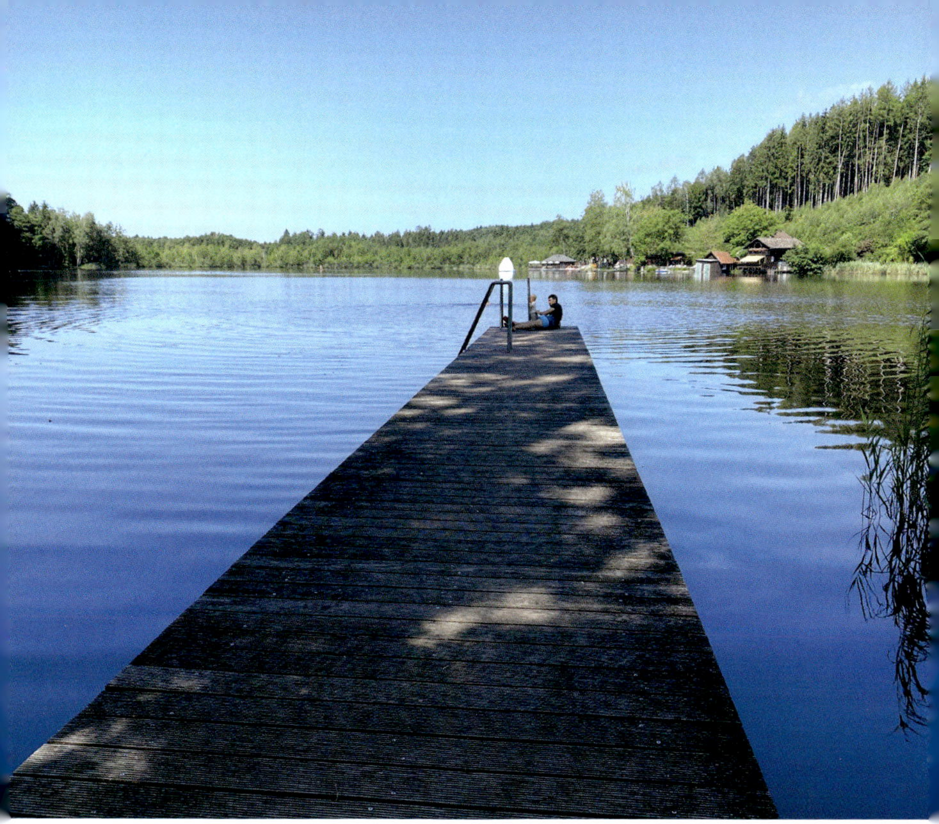

Holzöstersee, ein beliebter Badesee

Drei Seen auf einen Streich

Wir erkunden stattdessen die naturbelassene Landschaft und die drei Seen rund um Franking, die ein Musterbeispiel für sanften Tourismus sind: Dem Moor-Seentour-Radweg R 202 folgend, erreichen wir rasch den Holzöstersee. Der beliebte Badesee hat aufgrund seiner geringen Wassertiefe und des braungefärbten Moorwassers auch noch spät im Jahr eine angenehme Temperatur. Seit den 1950er-Jahren hat sich hier der Badetourismus entwickelt, selbst die italienische Schauspieldiva Sophia Loren war hier schon zu Gast. Eine sehr entspannte Atmosphäre unterscheidet diese Gewässer von den stark frequentierten Salzkammergut-Seen. Vorsorglicher Schutz gegen Gelsen erleichtert allerdings das Badevergnügen. Der weitere Weg führt uns durch eine bäuerliche Kulturlandschaft mit Kleinwäldern, Feldern und Streuobstwiesen zum Höllerersee. Das 20 ha große Gewässer ist ebenfalls ein Naturidyll und wird auch gerne von Gästen aus Bayern aufgesucht. Wir setzen die Rundfahrt durch Ortschaften mit klingenden Namen wie Eisengöring fort und passieren einsame Kapellen, die zu einer Besinnungspause einladen. Schließlich erreichen wir den Ibmersee. Er ist Teil des größten Moorkomplexes Österreichs und beherbergt zahlreiche vom Aussterben bedrohte Tier- und Pflanzenarten. Die größte Brachvögel-Population Oberösterreichs ist hier beheimatet. Ein Naturjuwel, in dem wir die Stille der Natur, die klare Luft und das reine Wasser genießen können.

🕒 **1,5 Stunden** (E-Bike) ↔ **23 km** ↗ **180 hm**
Ausgangspunkt: Kirchenwirt Franking, Franking 4, 5131 Franking, Tel. +43 6277 8108, kirchenwirt-franking.com
Öffis: von Linz Hbf. Zug bis Braunau, dann Bus 882 bis Franking

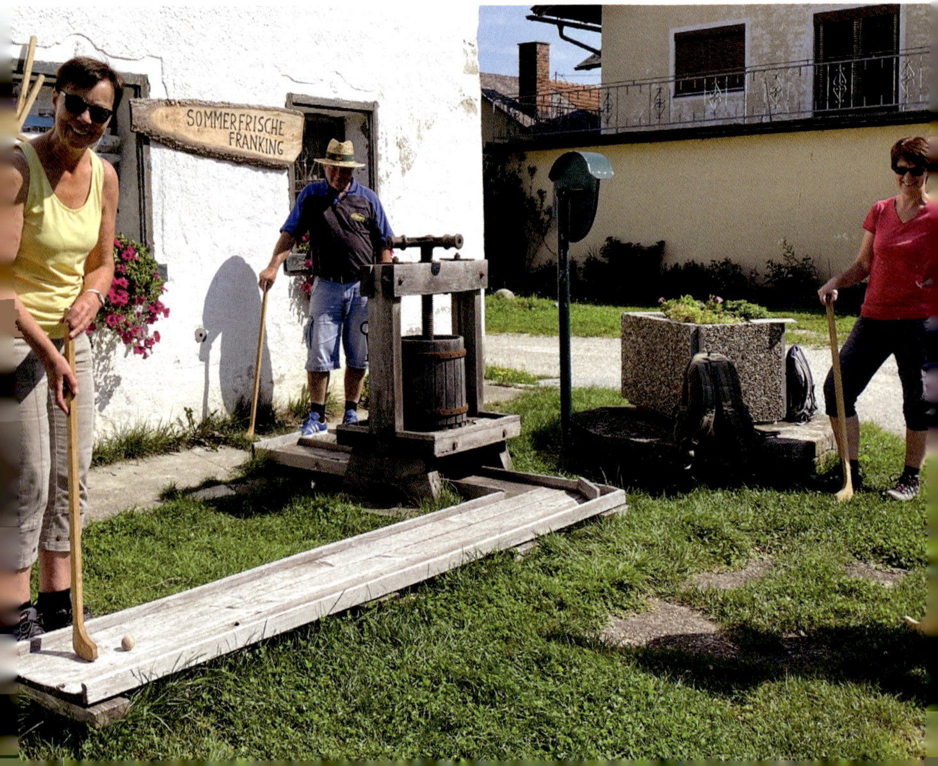

Feldkirchen 38

Smoker trifft auf Kunstmäzen

Der Vier-Kirchen-Weg führt von Feldkirchen bei Mattighofen zum Wallfahrtsort Maria vom Guten Rat in Gstaig und zu mediterraner Slow-Food-Küche.

Fast fünf Meter lang ist der größte Smoker Österreichs: Der Wirt des Gasthofs Maria vom Guten Rat, Mario Mairhofer, erklärt die Verwendung des eigens für dieses Gasthaus konstruierten Holzofens: „Das Smoken ist eine Technik, bei der vor allem Fleischstücke im Ganzen gegart und mit Rauch aromatisiert werden. Es können damit aber auch Süßspeisen zubereitet werden. Bei einem Smoker befindet sich die Hitzequelle nicht direkt unterhalb des Grillguts, sondern in einer Kammer daneben, von der aus die Luftzufuhr mittels Regulierklappen geregelt werden kann. Die Innentemperatur steigt daher nur auf maximal 80 bis 120 °C in dem Bereich, wo sich die marinierten Fleischstücke befinden."

Beim Smoken gelte, so Mairhofer, das Sprichwort „gut Ding braucht Weile". Die indirekte Hitze wird mit Holzspänen von Buche oder Kirsche erzeugt. Der Smoke-Vorgang kann sich, abhängig von der Größe des Fleischstücks, bei Niedrigtemperatur über mehrere Stunden hinziehen. Nur so werden alle Aromen bis in die kleinste Faser aufgenommen und das Fleisch bleibt dank der schonenden Hitze schön saftig und weich.

Unser Menü beginnt mit einer gemischten Vorspeisenplatte, deren Zutaten – hausgemachter Speck, Würstel, Senfgurken, eingelegtes Gemüse sowie gebeizte Lachsforelle mit Honig-Dill-Senf-Sauce – allesamt aus der näheren Umgebung stammen. Dazu gibt es Malvasier-Wein aus Istrien, den uns die Kellnerin charmant serviert. Als erster Hauptgang folgt gesmokter

Wolfsbarsch mit Kräuterseitling und gemischtem Salat. Dass Kochen ein Kunsthandwerk ist, merken wir auch beim zweiten Hauptgang: Dieser besteht aus geschmorter Lammkeule, Spareribs, geräucherter Pute sowie Frühlingserdäpfeln mit Grillgemüse und Coleslaw, das ist Krautsalat mit süßer Mayonnaise. Ein großartiges Vergnügen für unseren Gaumen, das begleitet wird mit ausreichend Rotwein aus der Rioja-Region. Die Nachspeise besteht aus Apfeltörtchen mit Bio-Vanilleeis, gegrillten Ananas und hausgemachten kandierten Nüssen mit Himbeerglasur und Schokogitter. Sie wird von einem hauseigenen Getränk begleitet, nämlich Zirbenschnaps. Ein Geist, der

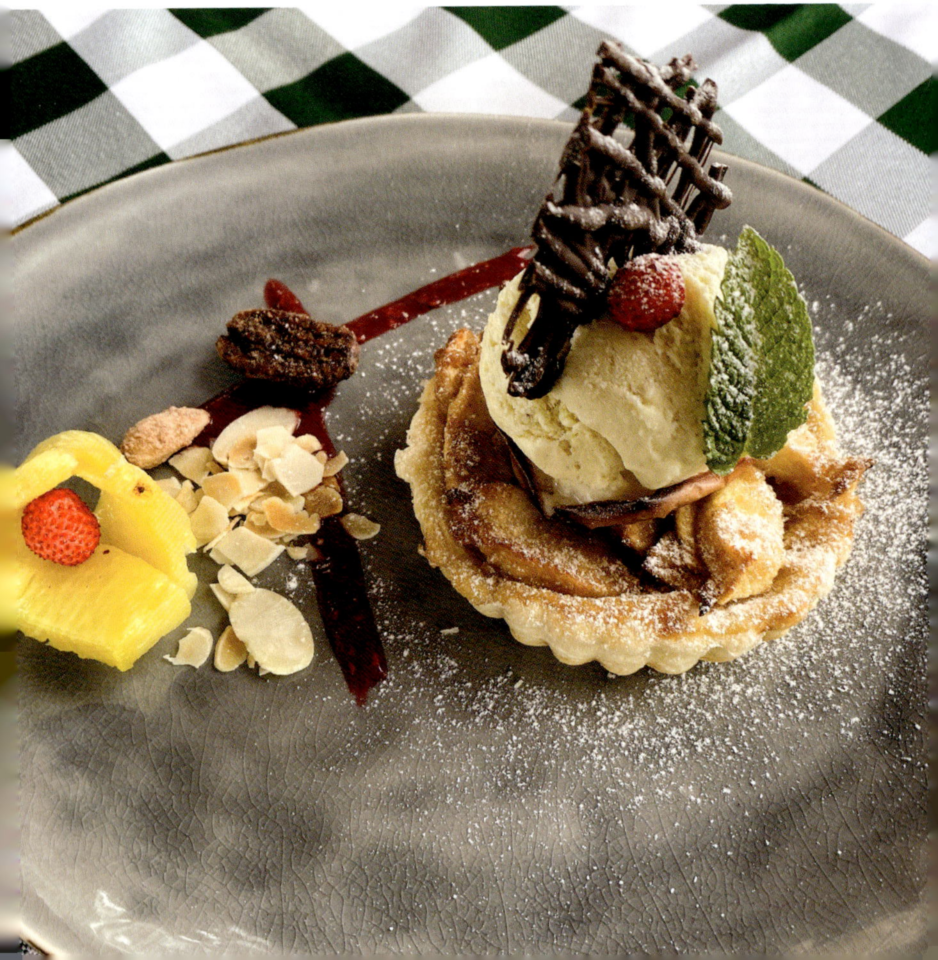

anregt, die Kunstwerke zu besichtigen, die sich im ganzen Haus befinden, in dem man sich wie in einer Galerie fühlen kann. Unsere Besichtigung beginnt im Gastgarten mit der vom lokalen Bildhauer Christian Hitsch gefertigten Stein-Skulptur, welche mit den drei Urformen konvex, konkav und gerade sowie dem Goldenen Schnitt die universelle Kunst darzustellen versucht. Dann geht es durch die aufwendig renovierten Räumlichkeiten des Hauses, in dem alle zwei Monate wechselnde Kunstausstellungen stattfinden. Hans-Michel Piëch, Eigentümer des Gasthofs, hat als Mäzen die stilvolle Restaurierung des historischen Gebäudes veranlasst. Ein gelungenes Zusammentreffen von Gourmet- mit zeitgenössischer Kunst. Im Festsaal im ersten Stock gibt es sogar ein eigenes Hauskino.

Vier Kirchen, 20 Kilometer

Der Vier-Kirchen-Weg führt auf knapp 20 Kilometern durch eine wunderschöne Natur und zu wertvollen kunstgeschichtlichen Zeugen. Er ist als Wanderweg konzipiert, kann aber auch von rücksichtvollen Radlern befahren werden. Wir beginnen mit der Besichtigung der Wallfahrtskirche Maria Gstaig, über deren Gnadenbild „Unserer Lieben Frau vom Guten Rate" eine schillernde Legende berichtet. Das Original des Bildes soll aus Albanien stammen, wo es in einer Kirche an die Wand gemalt war. Als aus der Kirche nach der Eroberung durch die Türken eine Moschee werden sollte, soll das Bild ohne menschliche Hilfe von der Wand weit weg über das Meer nach Rom geflogen sein. Das Gstaiger Bild soll mit dem Original berührt worden sein und dann in Gstaig viele Wunder gewirkt haben. So entstand ein vielbesuchter Wallfahrtsort, an dem auch heute der Marienwanderweg von Altötting nach St. Marienkirchen und der Rupertiweg vom Böhmerwald zum Nassfeld vorbeiführt. Ein Ort voller Energie und Geschichte und ein würdiger Startpunkt der Runde, die wir mit dem E-Bike zurücklegen. Wir passieren das sogenannte Trappkreuz, das daran erinnert, dass

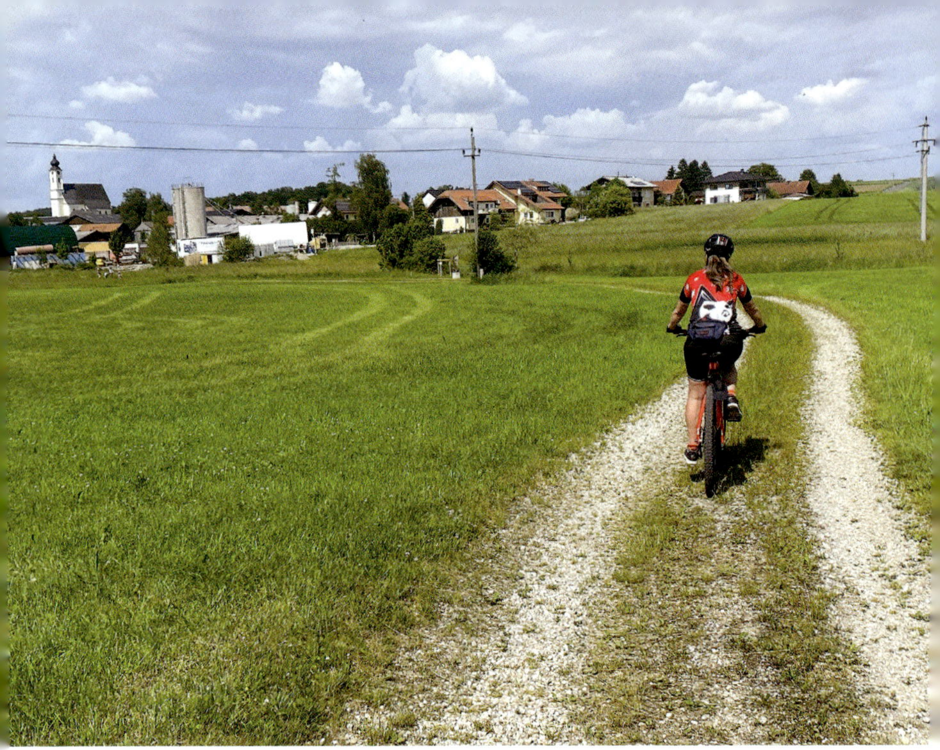

der musikalische Leiter des berühmten Trapp-Familienchors, der Priester Franz Wasner, aus Feldkirchen stammte. Bekanntlich floh die Familie im Jahr 1939 in die USA und soll 1950 bei einer Konzerttournee hier Station gemacht haben, um in der Kirche in Gstaig zu singen. Der weitere Weg führt uns nach Vormoos und zu den Kirchen in Altheim, Aschau und Feldkirchen. Vor jedem dieser spirituellen Orte findet sich eine Skulptur des Bildhauers Peter Semperboni, der in Feldkirchen ansässig ist. Seine Werke nehmen Bezug auf die Schutzpatrone der jeweiligen Kirche. Meditative Plätze regen zum Innehalten, Betrachten und Stauen ein.

🕒 **3 Stunden** (E-Bike) ↔ **44 km** ↗ **560 hm**
Ausgangspunkt und Einkehr: Landgasthaus Maria vom Guten Rat, Gstaig 1, 5143 Feldkirchen bei Mattighofen, Tel. +43 7748 501 731, Gstaig.at
www.4-kirchenweg.at

Unterwegs im Paradies

Vier Ochsen als Delikatesse, eines der bedeutendsten Feuchtgebiete Europas und eine romantische Burgschänke laden ein.

Wenn ein Kärntner und ein Niederösterreicher in einem 420 Jahre alten Stadthaus im Zentrum von Braunau einen Gasthof mit zwei Restaurants betreiben, so kann man sich als Besucher auf einen interessanten Aufenthalt einstellen. An einem Hochsommertag wählen wir den Gastgarten der „Nudelkuchl" anstatt des Restaurants „Tafelspitz", das sich im ersten Stockwerk befindet. Mit Blick auf den gotischen Stadtkern von Braunau freuen wir uns auf die Spezialität des Hauses, gekochtes Rindfleisch mit Semmelkren, Gemüse-Julienne und Kartoffelgröstl. Ein wunderbar zarter Speisegenuss. Wirt Reinhard Katz: „Wir verarbeiten nur nachhaltig hergestelltes Fleisch von einem Biobauern in

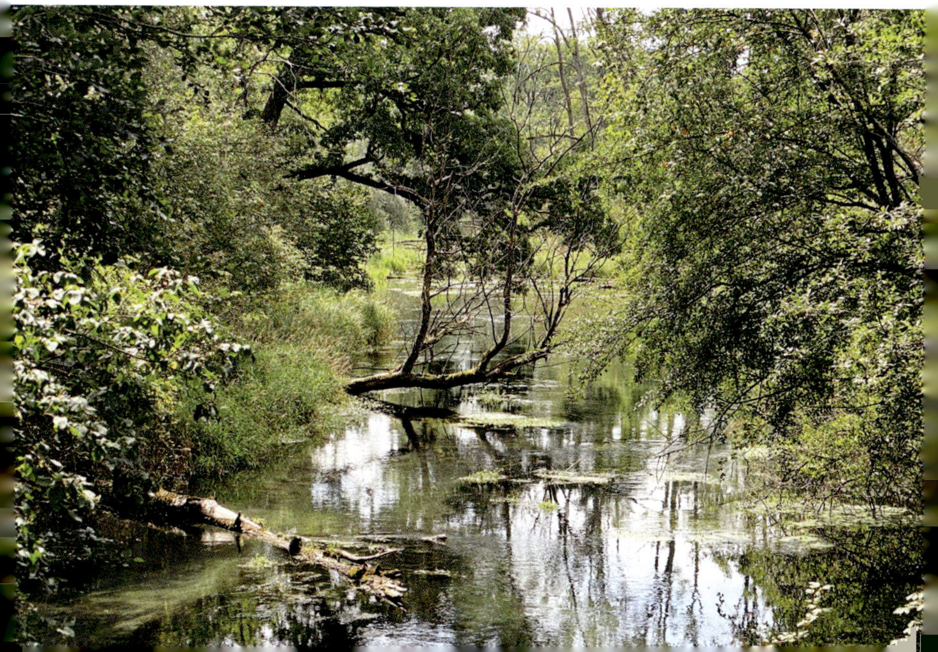

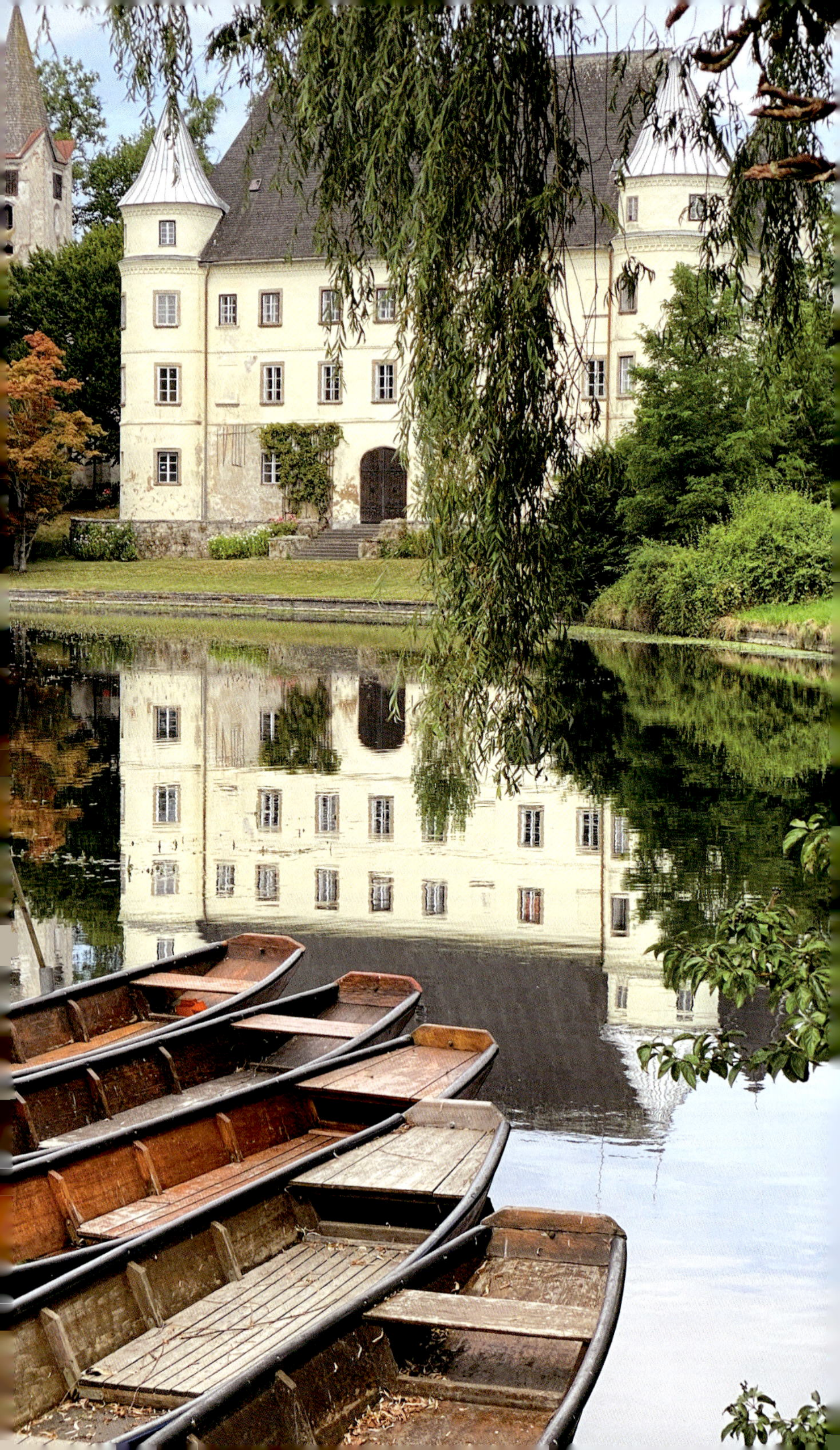

der Region. Pro Jahr benötigen wir vier Ochsen, von denen wir das gesamte Tier vom Schlepp bis zum Maul verwerten.“ Andere Gäste wählen ein veganes gelbes Gemüsecurry, ebenfalls in Bioqualität. „In unseren Betrieben gibt es nachhaltige österreichische Küche. Wir legen Wert auf Umweltschutz, Tierwohl und Klimaneutralität“, so Reinhard Katz. Gemeinsam mit seinem Kompagnon Jochen Reumüller betreibt er seit 20 Jahren beide Lokale. Ein uraltes Sgraffito auf der Fassade des Hauses zeigt, dass hier einst eine Metzgerei untergebracht war. Wie passend.

Radeln im Naturschutzgebiet

Bereits am Vormittag haben wir uns mit dem Rad auf den Innweg R3 begeben und das Naturschutzgebiet Europareservat Unterer Inn erkundet. Dessen Entstehung begann mit der Errichtung des Kraftwerks Ering-Frauenstein während des Zweiten Weltkriegs. Im Lauf der Jahre wuchsen neue Inseln, so wie sie im ursprünglichen Wildfluss zu finden waren. Der lateinische Name *Aenus*, was „der Schäumende“ bedeutet, erinnert an die ursprüngliche Wildheit des Flusses. Offene Schlickinseln verlandeten und die Natur gab unberührten wilden Auwäldern neuen Platz. In der Folge entwickelte sich im heutigen Naturschutzgebiet eine einzigartige Fauna und Flora. In Teilen des Auwaldes spielt die Bewirtschaftung eine untergeordnete Rolle. Tote Bäume werden nicht entfernt, sondern bleiben im Wald. Denn Totholz spielt eine bedeutende Rolle für die biologische Vielfalt und erfüllt wichtige Funktionen im Kreislauf der Natur. Von rund 13 000 im Wald lebenden Pflanzen-, Pilz- und Tierarten sind 4 500 an Totholz gebunden. Die Vielfalt der Naturlandschaft ist auch ein besonderes Paradies für die Vogelwelt. Bei den monatlich durchgeführten Zählungen werden deutlich mehr als 15 000 Vögel erfasst. Darunter befinden sich der Große Brachvogel, Stelzenläufer, Silberreiher und Seidenreiher, Seeadler und Eisvogel. Ein Vergnügen, durch eines der bedeutenden Feuchtgebiete Mitteleuropas zu radeln.

Interessant auch zwei historisch bedeutsame Bauten, die am Radweg liegen: Idyllisch neben der Bucht der alten Mattig-Mündung auf einem zum Inn vorspringenden Felssporn gelegen, befindet sich das Schloss Hagenau. Das in seinen Ursprüngen über 900 Jahre alte Renaissanceschloss liegt verträumt inmitten der Wasserlandschaft und ist eine Rastpause wert. Dies gilt auch für die Burg Frauenstein: Als Überbleibsel des ehemals prachtvollen Schlosses erinnert die heutige Burgschänke an die Familie Paumgarten, die ab dem 15. Jahrhundert durch Bergbau und Handel zu Wohlstand und Ansehen gelangte. In der mittelalterlichen Burganlage inmitten der Innauen lohnt auch die Besichtigung des Kanzlerzimmers und des Kellergewölbes mit den Grabsteinen einiger Vertreter des bedeutenden Adelsgeschlechts. Von hier wechselt der Radweg über das Kraftwerk Ering auf die bayerische Seite des Inns und wir erreichen nach insgesamt 25 Kilometern wieder den Ausgangspunkt in Braunau.

🕒 **1,5 Stunden** (E-Bike, ohne Besichtigung) ↔ **25 km**
Ausgangspunkt: Restaurant Nudelkuchl + Tafelspitz, Stadtplatz 15, 5280 Braunau am Inn, Tel. +43 772 28360513, tafelspitz-braunau.at
Öffis: Linz Hbf mit RJ 544 Richtung Salzburg, Hst. Neumarkt/Wallersee, dann Zug REX 21 nach Braunau Bhf, dann 1,2 km zum Stadtplatz

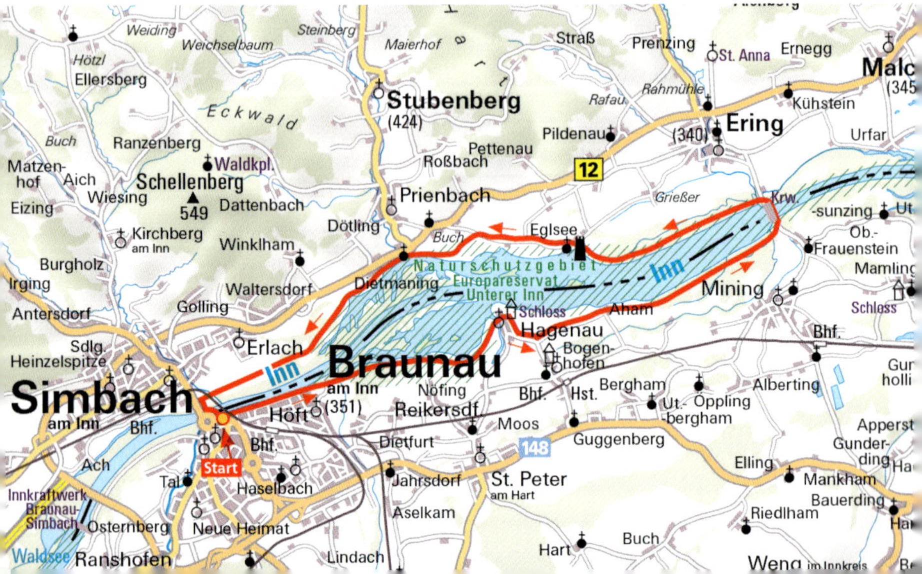

Professionell & familiär

Ländliche Kost, modern verpackt, findet man in Kirchheim im Innviertel, dazu einen Römerradweg und eine Kaiserlinde in der Nähe.

„Geschmackvoll, leidenschaftlich, herzlich und gemütlich." Mit dieser Formel könnte man die Philosophie des Gasthofs „Wirt z´Kraxenberg" im Innviertler Ort Kirchheim beschreiben. „Was die Gäste bei uns am meisten schätzen, ist die Vielfalt unserer Küche. Wir spannen einen Bogen vom Dorfwirtshaus mit Stammtisch und Frühschoppen bis zum feinen Gourmetrestaurant. Der eine Gast sitzt bei seiner Essigwurst und der andere beim Fünfgang-Menü mit Weinbegleitung", so beschreibt Wirtin Sibylle Schlöglmann die Besonderheit ihres Betriebs, den sie mit ihrem Mann Florian in fünfter Generation führt. Wir wählen aus der regelmäßig wechselnden Speisekarte eine gefüllte Maishendlbrust mit Ricotta-Gnocchi, Selleriecreme, sautiertem Spargel und Trüffelschaum. An die zehn Zutaten finden wir auf unserem Teller. Koch Sebastian führt neben der Hendlfülle, bestehend aus Champignons, Eierschwammerln und Kräuterseitlingen noch Rosmarin und Thymian an und betont: „Das Fleisch ist durch die Maisfütterung kompakter. Soweit möglich, beziehen wir unsere Zutaten aus den Nachbargemeinden." Köstlich dazu ein India Pale Ale. Das spezielle Rieder Bier schmeckt hopfenbitter und fruchtig mit einer Note von Zitrusfrüchten. Andere Gäste haben geschmorte Schweinsbackerl gewählt, mit Nussbutterpüree, knusprigen Grammeln, eingelegtem Rettich und Ofenzwiebeln und verzehren sie mit sichtlichem Genuss. Florian Schlöglmann über seinen Gasthof, der zur Vereinigung der oberösterreichischen Kultiwirte gehört: „Unsere Gäste kommen aus Salzburg bis Linz und aus dem benachbarten Bayern.

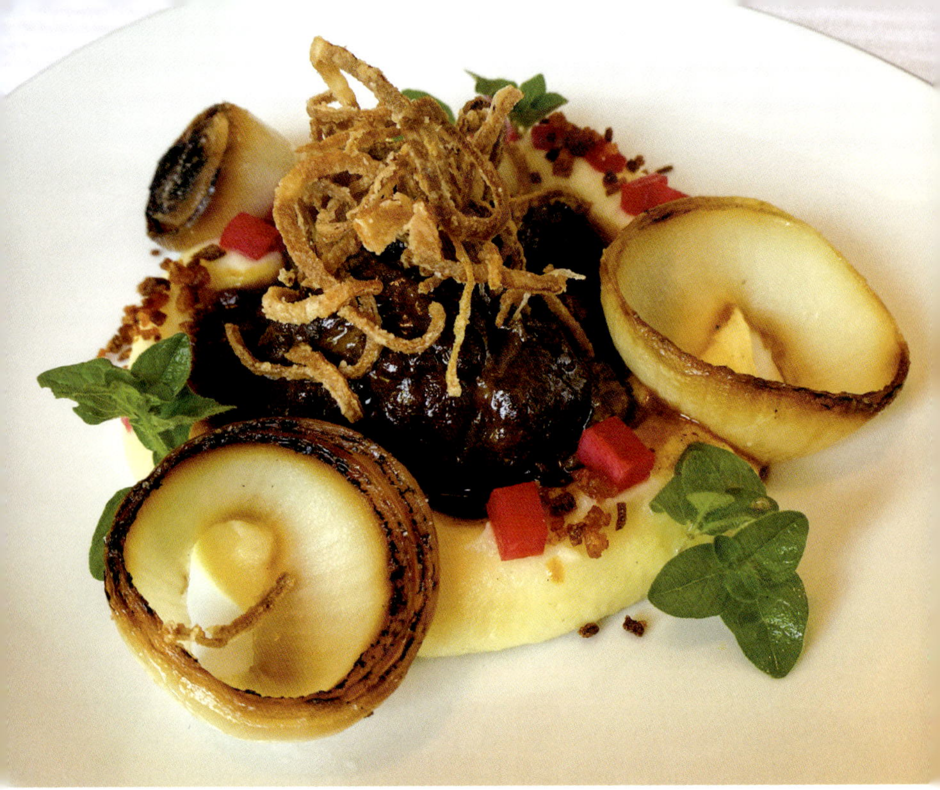

Die Qualität unserer Küche, die seit elf Jahren eine Gault Millau-Haube besitzt sowie weitere Prämierungen von Falstaff etc., hat sich herumgesprochen. Besonders beliebt ist das „Dinner for two": Bei diesem fünfgängigen Menü gibt es immer besondere Spezialitäten. In der Vorweihnachtszeit ist das sehr beliebt, ebenso wie die vegetarische Variante. Einige Radfahrer kommen regelmäßig und speisen dann fein." So schließen wir mit einem Erdbeer-Rhabarber-Mousse mit Holunder-Espuma ab. Florian klärt über die spezielle Zubereitungsart auf: „Im Inneren befindet sich ein Kern aus Erdbeeren und Rhabarber, außen eine Erdbeer-Rhabarber-Mousse, die dann mit weißer Schokolade angespritzt wird. Der Boden besteht aus einem Mürbteig. Dazu gibt es marinierte Beeren, Schokoladekugerln, kandierte Mandeln und selbstgemachtes Erdbeereis."

Auf dem Römerradweg bis Kirchheim

Eine Radtour auf dem Römerradweg führt uns von Kraxenberg entlang eines Baumlehrpfades in Richtung Kirchheim. Eine Informationstafel an einer prachtvollen Linde empfiehlt ein interessantes Mittel für klare Augen: Im Sommer vor dem Schlafengehen soll man die frischen Blätter des Baumes auf die Augen und das ganze Gesicht legen. Dann gleiten wir entlang der Waldzeller Ache. Gemächlich schlängelt sich das Gewässer durch eine fast ebene Landschaft. Der Weg führt entlang fruchtbarer Felder mit üppig stehendem Getreide, Sonnenblumen und Mais weiter. Im Ort Polling passieren wir die stattliche Kaiserlinde, die anlässlich des 50-jährigen Regierungsjubiläums von Kaiser Franz Joseph im Jahr 1898 gepflanzt wurde. Gleich daneben befindet sich das nach ihr benannte Gasthaus. Dann lädt die aus Tuffstein erbaute, unverputzte Pfarrkirche zu einem Besuch ein. Die Zahl 1485 über dem Hauptportal der Kirche weist auf das Datum der Errichtung hin. Eine kunsthistorische Seltenheit gibt es auf einem Fresko am südöstlichen Chor zu entdecken: Es zeigt Christus am Kreuz zwischen zwei Betern. Die Augen des einen richten sich auf die fünf Wunden Christi, die Augen des anderen aber zu Frauen, Weinfässern und anderen irdischen Dingen. Ein anschauliches Beispiel für eine andächtige und eine zerstreute Anbetung. Die weitere Route führt zu einem erhöht liegenden Aussichtspunkt auf dem Weg in Richtung Gurten. Hier können wir bis zum Traunstein, Dachstein, Schafberg und nach Braunau blicken, bevor wir wieder den Ausgangspunkt erreichen.

🕒 **1 Fahrstunde** (E-Bike, ohne Besichtigungen) ↔ **18 km** ↗ **170 hm**

Ausgangspunkt: Wirt z'Kraxenberg, Kraxenberg 13, 4932 Kirchheim,
Tel. +43 7755 6494, wirtzkraxenberg.at

Öffis: von Linz Hbf. REX 5984 Richtung Simbach, umsteigen in Ried,
Bus 862 Richtung St. Johann am Walde, Hst. Kraxenberg

41 Ort im Innkreis
Mit Mut und Leidenschaft

Ganzjährige Gaumenfreuden locken im Restaurant kammer5, situiert auf dem Veranstaltungsgelände des weltgrößten Blasmusikfestivals.

Schon das Ambiente des Leitner Guts ist vielversprechend: Der restaurierte, 700 Jahre alte Bauernhof im Herzen des Innviertels wird umspielt von einem kleinen Fluss namens Antiesen und umgeben von einer großen Wiesen- und Waldfläche. Im ehemaligen Kuhstall zaubert ein junges Team im Restaurant „kammer5" in einer Show-Küche haubenverdächtige Leckerbissen. Chefkoch Wolfgang Wohlschlager hat in namhaften Gastro-Betrieben in der Schweiz, Deutschland und Österreich langjährige Erfahrungen gesammelt und bringt sein profundes Gastro-Know-how ein. Die kreative Zusammenarbeit mit einem jungen Team hat ihn erst kürzlich wieder in seine Innviertler Heimat zurückkehren lassen. „Unser ‚Haupt-Gaumen-Merk' liegt auf der ganzheitlichen Verkochung der Rohstoffe. Wir bieten österreichische Küche auf französischer Basis. Das heißt, wir entwickeln den besten Geschmack, die Essenz aus den Produkten." Wir starten das Vier-Gang-Menü mit Kürbis in verschiedenen Texturen: eingelegte, gegrillte Kürbis-Würfel, darunter ein roher, langer Kürbis von Neapel, dazu selbstgemachter Ricotta, gereift und mit Thymian und Zitrone gewürzt. Dazu kommen noch eine Sauerrahm-Mousse mit Kürbis-Kombucha, Kürbiseis, Sauerrahm-Espuma und Kürbis-Kombucha mit Kernöl. Ein faszinierendes geschmackliches Potpourri. Dann folgt eine Topinambur-Suppe mit selbstgemachten Tortellini. Diese sind mit geselchtem Wildschwein gefüllt, das von einem befreundeten Jäger geliefert wurde. Darüber finden sich Topinambur-Chips und obendrauf noch

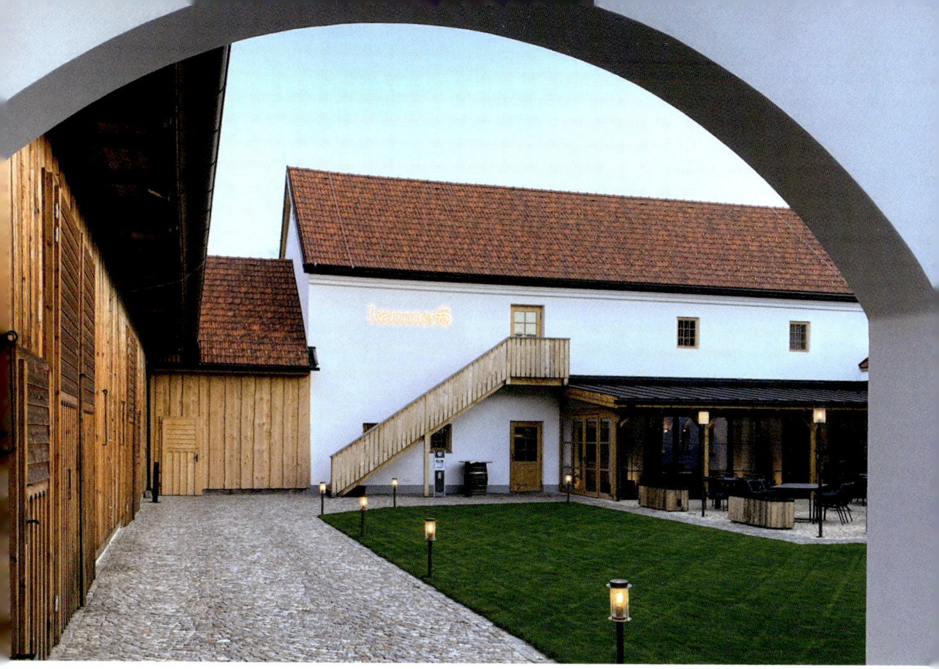

Liebstöckel-Öl. Ein zarter Gaumenschmeichler. Wir können das Motto des Chefkochs gut nachvollziehen: „Gaumen hoch und keine Angst vor dem Jüngsten Gericht.“ So setzen wir die Sinnenreise mit einer Lachsforelle fort, die aus einem Gewässer aus dem nahen Ried im Innkreis stammt. Sie wurde bei 68 °C unter der Wärmelampe schonend in Olivenöl konfiert, also geschmort. Dazu gibt es Kohlrabi-Würfel, mit grüner Paste aus Junglauch eingefärbt, obendrauf gepoppter schwarzer Wildreis und Lauchcreme mit Junglauch-Ringen, umgeben von einem Spezialsud aus Kombu-Alge und Bonito-Fisch.

Wenn Genuss als eine positive Sinnesempfindung definiert wird, die mit körperlichem und geistigem Wohlbehagen verbunden ist, so können wir das nun in vollen Zügen ausleben. Dies besonders auch bei der nächsten Speise, einer Waldviertler Barbarie-Ente. Wir bekommen sie zum einen als mit Thymian und Rosmarin konfierte Enten-Keule serviert. Der Chefkoch schildert den aufwändigen Kochvorgang: „Die Keulen wurden zuerst erhitzt, von den Knochen gelöst und mit Enten-Jus gepresst. Dann abgekühlt, Rechtecke herausgeschnitten und diese dann wieder angebraten." Zum anderen gibt es ein Stück gebratene Entenbrust mit Schwarzwurzeln, einem Brioche-Knödel sowie Sellerie und Schnittlauch. Im dazu gereichten Jus wurden in einem vier Tage dauernden Prozess Champignons, rote Zwiebeln und Portwein verarbeitet. Als Weinbegleitung serviert uns Sommelier Mario Riener einen Pinot Noir Select 2018 vom Weingut Wieninger aus Wien. Der im Holzfass ausgebaute Rote, dessen Reben als Diva unter den Weinen gelten, unterstützt mit seinem Aroma von Beeren und Wald perfekt den Geschmack der Ente. Der gebürtige Innviertler Adrian Schlager ist Sous Chef und Ideengeber. Er hat ebenfalls lehrreiche Wanderjahre hinter sich, zum Beispiel in der Schweiz bei Andreas Caminada, der zu den besten zehn Köchen der Welt zählt. Sein Motto überzeugt: „Kochen bedeutet Leben und ich lebe gern." Wir fragen ihn, wie die Ideen für die Menüs entstehen: „Kochen ist für mich eine Reise in die Vergangenheit, die Gegenwart und die Zukunft. Ein tolles Grundprodukt, gepaart mit einer guten Idee, ist für mich das perfekte Gericht." So entstehen in einem kreativen Prozess neue Menüs, die dann alle vier Wochen wechseln. Michael Enkner ist der dritte im Bund und agiert auch als versierter Chefkellner. Gäste können zwischen dem Vier-Gang- und dem 6-Gang-Menü wählen. Für beide Menüs gibt es Weinbegleitung.

Thomas Dastel ist einer der Gesellschafter von „kammer5" und führt uns durch die weiteren Räumlichkeiten des Leitner Guts. Der Stadel wurde kürzlich renoviert und besticht durch seine jahrhundertealten Holzbalken. Bis zu 220 Gäste können sich hier an einem speziellen Buffet bei Tisch erfreuen, dem Wagenradl-Essen. Auf runden Tischen befinden sich Wagenräder, die drehbar sind. Auf speziell dafür kreierten Porzellanschüsseln zwischen den Speichen der Wagenräder befinden sich die Speisen, von denen sich der Gast so lange sein Lieblingsessen nimmt, bis er garantiert genug hat. Das Angebot reicht von Bratl-, Hendl-, Knödel-, Schnitzel- bis zum Wilderer-Radl. Schließlich betreten wir ein weiteres Gebäude des Ensembles, den imposanten Woodstock Stadel. Er bietet 850 Personen Platz und wurde an der Stelle einer Tanzl- und Gstanzlstube im Jahr 2020 neu errichtet. Dies in Abstimmung mit dem Eigentümer der Liegenschaft, dem in Deutschland ansässigen Grafen Arco-Zinneberg.

Woodstock-Festival

Nachdem wir durch ein großes Tor eingetreten sind, können wir uns an urigen Balken und feinen Details erfreuen. Eine Eventlocation, die regelmäßig von großen Unternehmen für Firmenfeiern genutzt wird. Auf ein noch viel größeres Festgelände treffen wir anschließend, nämlich die Freifläche, auf der jährlich das Festival „Woodstock der Blasmusik" stattfindet. Wir wandern entlang des Antiesen-Flusses in nördlicher Richtung und können so die gewaltigen Ausmaße des Festivalgeländes erkunden. Simon Ertl ist der Mastermind hinter diesem Event. Der leidenschaftliche Musiker hat das größte Blasmusikfestival der Welt sowie die Linzer Veranstaltungsreihe „Klassik am Dom" gegründet. Wir wandern entlang des Antiesen-Flusses in nördlicher Richtung und können so die gewaltigen Ausmaße des Festivalgeländes erkunden. Aufgrund der Erfahrungen seit dem Jahr 2012 weiß Ertl, dass sich beim nächsten Woodstock der Blasmusik auf der 38 ha großen Fläche 120 Bands einfinden werden. 1 250 Musikanten werden für 80 000 Gäste an vier Tagen aufspielen, die nach dem Motto „Love, Peace & Blasmusik" das Leben genießen. Eine gewaltige organisatorische Herausforderung, die in Zusammenarbeit des Festivalteams mit den örtlichen Vereinen bestens funktioniert.

Gehzeit: nach Belieben auf dem Festivalgelände
Ausgangspunkt: Restaurant kammer5, Kammer 5, 4974 Ort im Innkreis, Tel. +43 77 51 80 650, kammer5.at
Öffis: von Linz Hbf. REX 1776 bis Schärding, dann R3470 bis Antiesenhofen, dann Bus 840 nach Ort im Innkreis.

42 **Wernstein**

Mutters Küche mit Schlossblick

Der Alfred-Kubin-Wanderweg führt zur „Arche" des Künstlers nach Zwickledt bei Wernstein.

Bekanntlich schmecken diejenigen Speisen am besten, welche die eigene Mutter zubereitet hat. Für den Eigentümer des Landhotels Mariensäule in Wernstein, Jan Pucher, war dies ein Surschnitzerl mit Rahmsauce, Semmelknödeln und Erdäpfel. Seit er mit Unterstützung seiner Familie im Juli 2021 das Landhotel mit Gastwirtschaft erworben hat, findet sich diese Speise als „Mariensäuleschnitzerl" auf der Speisekarte. Eine ungewöhnliche, äußerst wohlschmeckende Hauptspeise, die wir bei unserem Besuch genießen können. Für Pucher ist frische, gesunde und regionale Küche wichtig. Das merken wir bereits bei der Rindsuppe mit Leberknödel, mit der wir das Mahl begonnen haben. Die Zutaten stammen allesamt von örtlichen Bauern.

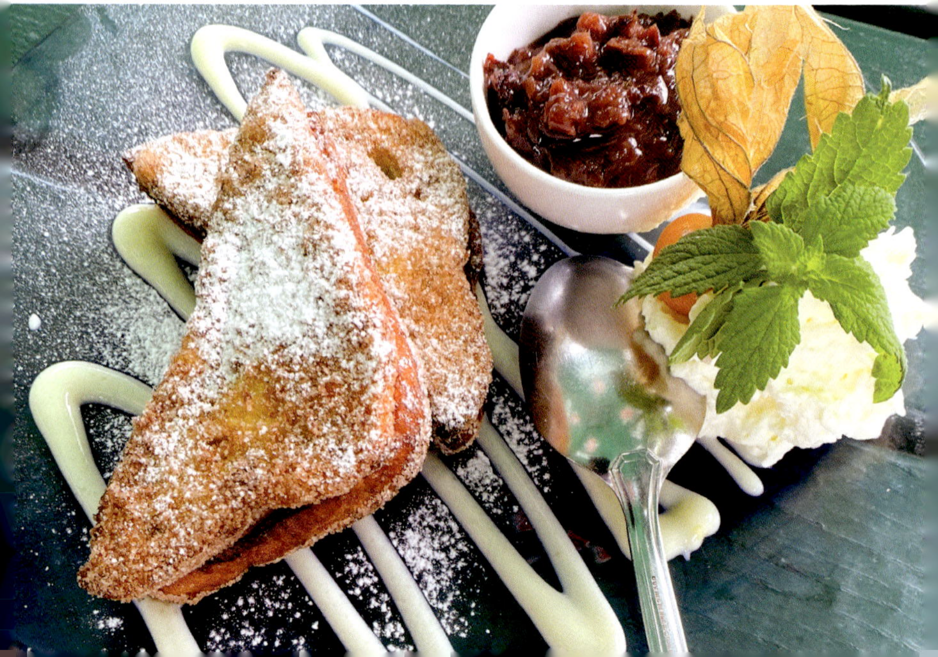

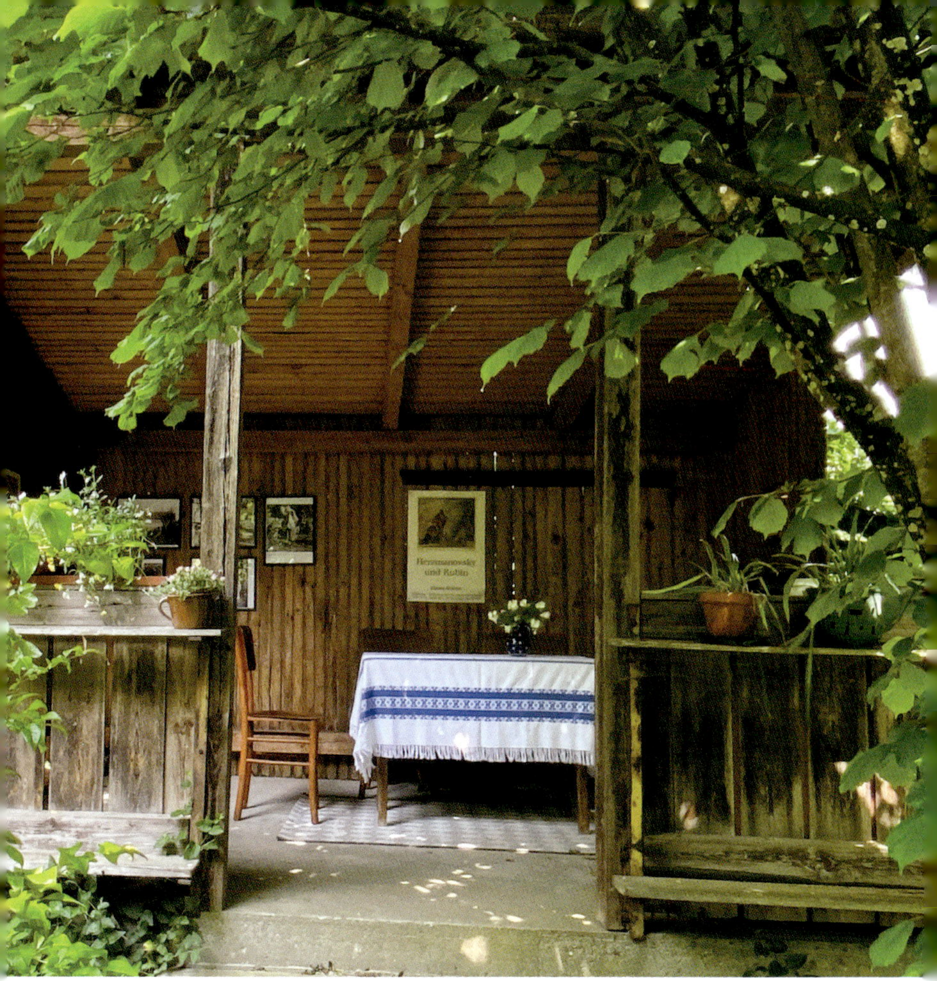

Alfred Kubins Gartenlaube war Treffpunkt bedeutender Künstler

Bei der Nachspeise wird wieder die nostalgische Erinnerung an die mütterliche Küche erkennbar: Es sind hausgemachte Pofesen in Zimtzucker mit Zwetschkenröster und Vanillesauce.
Der Gastgeber stammt aus dem nahen St. Florian am Inn, hat eigentlich Wirtschaft studiert und wird von Bruder Tim als Küchenchef und vier weiteren Köchen unterstützt. Fünf Köche in einem Landgasthof: Diese kraftvolle gastronomische Dynamik erfreut die Region und vor allem die Gemeinde Wernstein. Bürgermeister Alois Stadler ist häufig hier zu Gast und empfiehlt

das im Ort hergestellte Wenzl-Bier. „Der Name Wenzl leitet sich vom Hausnamen des Anwesens ab, in dem das obergärige Hopfengetränk erzeugt wird." Ein mild-süffiges Trinkvergnügen. Er weist auch auf die besonderen Aussichtspunkte hin, die wir vom unmittelbar an den Inn und den Inn-Radweg angrenzenden Gastgarten aus erblicken.

Ausflug über die Hängebrücke

Es sind dies die hoch auf einem Granitfelsen thronende Burg Wernstein und daneben eine 17 m hohe Mariensäule. Diese wurde anlässlich der erfolgreichen Abwehr der Schweden im Dreißigjährigen Krieg in Wien aufgestellt und schließlich von Kaiser Leopold I. dem Besitzer der Herrschaft Neuburg am Inn, dem Grafen von Sinzendorf, zum Geschenk gemacht. Der Blick der Statue richtet sich auch heute noch auf das im 11. Jahrhundert erbaute Schloss hoch über dem anderen Innufer. Eine kühne, 145 m lange Hängebrücke lässt Fußgänger und Radfahrer seit dem Jahr 2006 die jahrhundertelange Verbundenheit

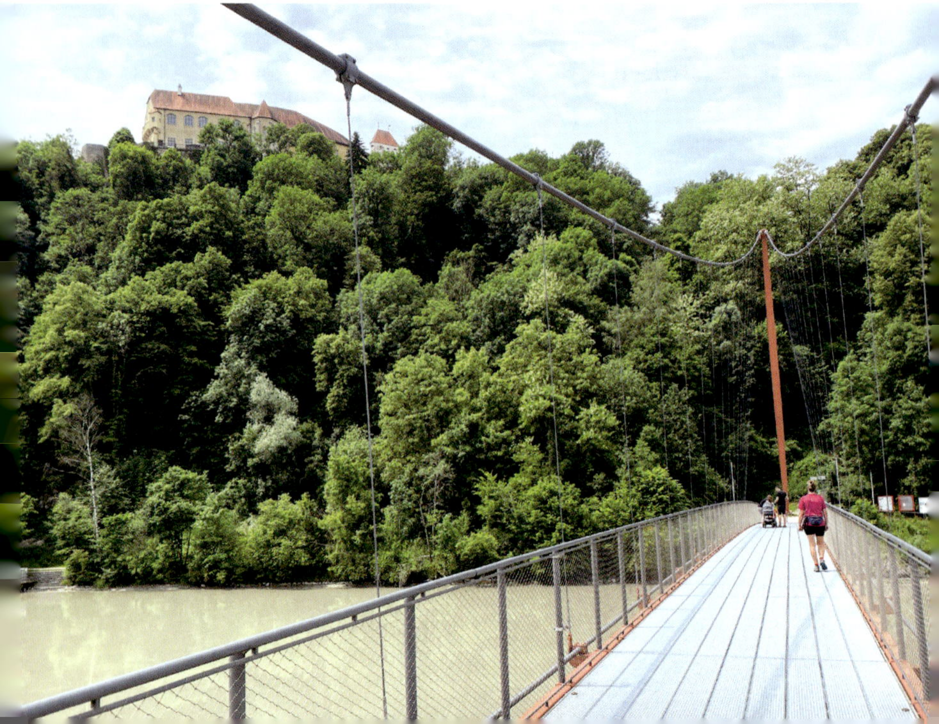

zum bayerischen Nachbarort Neuburg erleben. Auch wir begeben uns auf die andere Flussseite und besichtigen nach einem zwanzigminütigen Aufstieg auf steilen Stufen das imposante Renaissanceschloss. Es zählt nach künstlerischer Qualität und Erhaltungszustand zu den bedeutendsten Schlossbauten der ersten Hälfte des 16. Jahrhunderts in Deutschland. Die Kolossalstatue des doppelgesichtigen Christus steht am Beginn eines Rundgangs durch die bedeutende Anlage. Tief unten liegen der Inn und das Landhotel Mariensäule.

Wieder zurück im Inntal, begeben wir uns auf die Spuren des weltberühmten Künstlers und Wernsteiner Gemeindebürgers Alfred Kubin (1877–1959). Der nach ihm benannte Wanderweg führt uns auf idyllischen Pfaden in einer knappen Gehstunde nach Zwickledt. Auf dem dortigen Landsitz hat der Schriftsteller und Grafiker von 1906 bis zu seinem Tod rund 24 000 Federzeichnungen geschaffen. Die Kunstexpertin Anette Smolka-Woldan führt uns durch das dem Land Oberösterreich gehörende, schlossähnliche Gebäude, das von einem kleinen Park mit altem Baumbestand und einem Teich umgeben ist. Wir können die original erhaltene Bibliothek, die Bauernstube und das Arbeitszimmer besichtigen. Viele der dort gezeichneten, dämonisch-märchenhaften Kreaturen, düstere Visionen über den Gegensatz von Leben und Tod bis hin zu Halluzinationen des Grauens, wurden in den beiden Weltkriegen Realität. In der Gartenlaube, die sich unter einer 500 Jahre alten Eiche befindet, haben sich bedeutende Künstler und Denker wie Paul Klee, Ernst Jünger oder Wassily Kandinsky mit Kubin über Gott und die Welt ausgetauscht.

🕒 **1 Stunde ↔ 3 km ↗ 120 hm**

Ausgangspunkt für Alfred-Kubin-Rundweg: Landhotel Mariensäule, Innstraße 17, 4783 Wernstein am Inn, Tel. +43 7713 66080, mariensaeule.at

Öffis: von Linz Hbf. mit REX 6906 bis Wernstein

43 Freinberg

Bauernschnitzel mit Weitblick

Der „Wirth z' Hareth" bekocht die Wanderer, die den Blick auf die Stadt Passau genießen oder in die Naturidylle des Kösslbachtales aufbrechen wollen.

Schon die Bärlauchsuppe scheint farblich auf die Umgebung einzustimmen: Das zarte Grün passt perfekt zum Ambiente des Gastgartens beim „Wirth z' Hareth" in der Gemeinde Freinberg, wo sich eine prächtige Aussicht auf das sanft hügelige Umland bietet. Die Garnierung mit Croutons, Petersilie, Sahnehäubchen und Chilifäden bringt weitere Farbnuancen ins Spiel. Bei der Hauptspeise, einem Harether Bauernschnitzel, tauchen wir noch tiefer in die Innviertler Wirtshauskultur ein. Es ist eine gebratene Schweinskareerose, gefüllt mit Speck, Zwiebeln, Champignons und gehobeltem Emmentaler und stammt ebenso wie die Röstzwiebeln und die Sauwald-Erdäpfel aus der Region. Ein kraftvolles Ensemble, das uns der Betreiber des Landgasthauses, Hubert Wirth, kredenzt. Sogar sein Familienname scheint Programm zu sein. Er ist einer von rund 70 sogenannten Kulti-Wirten in Oberösterreich, die das typische Wirtshaus am Leben erhalten und die heimische Wirtshauskultur mit Regionalität, Ehrlichkeit und Leidenschaft weiter pflegen wollen. Sein Großvater hat im Jahr 1886 das Gasthaus gekauft und zusammen mit einer Landwirtschaft und einer Greißlerei betrieben. Während des Krieges hat er viele Bedürftige mit seinen selbst erzeugten Lebensmitteln unterstützt. Deren Kinder und Enkel sind auch heute noch treue Kunden des Hauses. Gäste von München bis Wien genießen neben den Einheimischen die saisonal abgestimmte Küche. Bisweilen findet sich auch ein deutscher Minister ein.

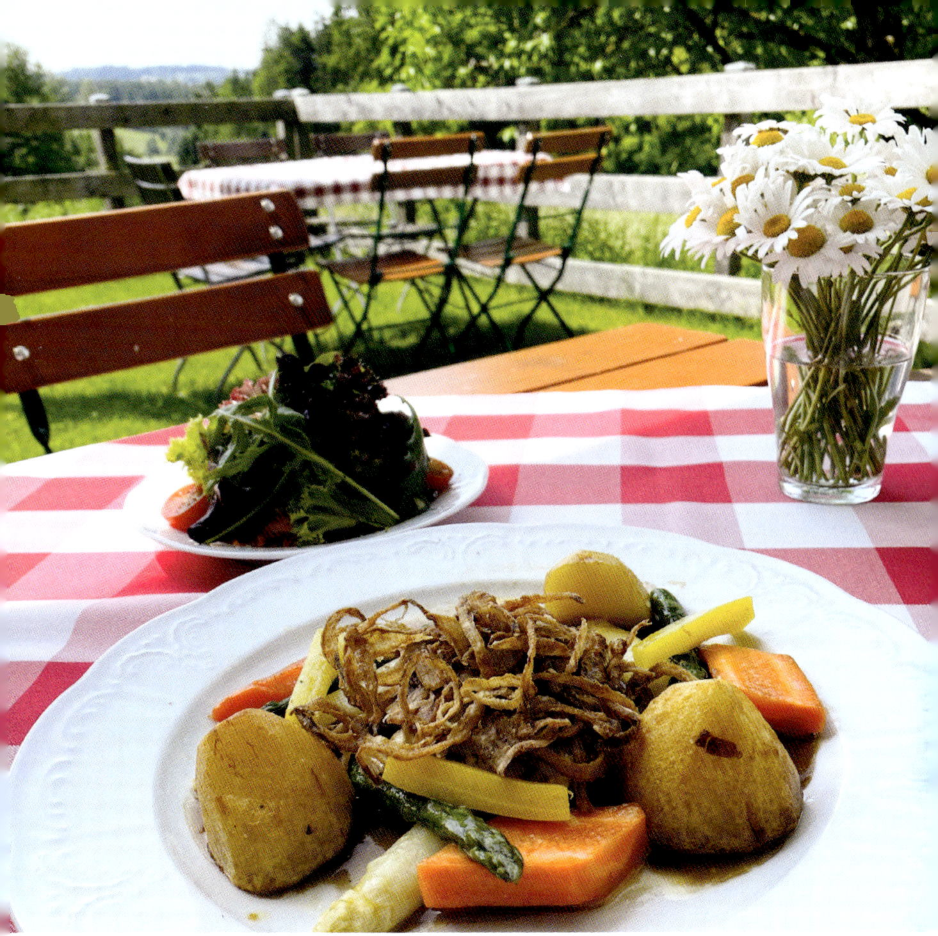

Vor seiner mittlerweile fast 30 Jahre langen Tätigkeit als Wirt sammelte Hubert Erfahrung in mehreren Hotels. So konnte er einst im Marriott Wien Michael Jackson mit einem Burger verwöhnen oder im Palais Schwarzenberg Herbert von Karajan mit einem Spargelgericht. Hubert jun. bereitet sich in der vierten Generation gerade auf den Einsatz bei internationalen Gastrobetrieben vor, um später mit neuen und innovativen Speisekreationen das väterliche Unternehmen weiterzuführen. Von den insgesamt sechs Biersorten im eigenen Sortiment empfiehlt er uns ein süffiges Wenzl-Bier aus dem nahen Wernstein. Von Gault & Millau wurde es zum besten österreichischen Bier des

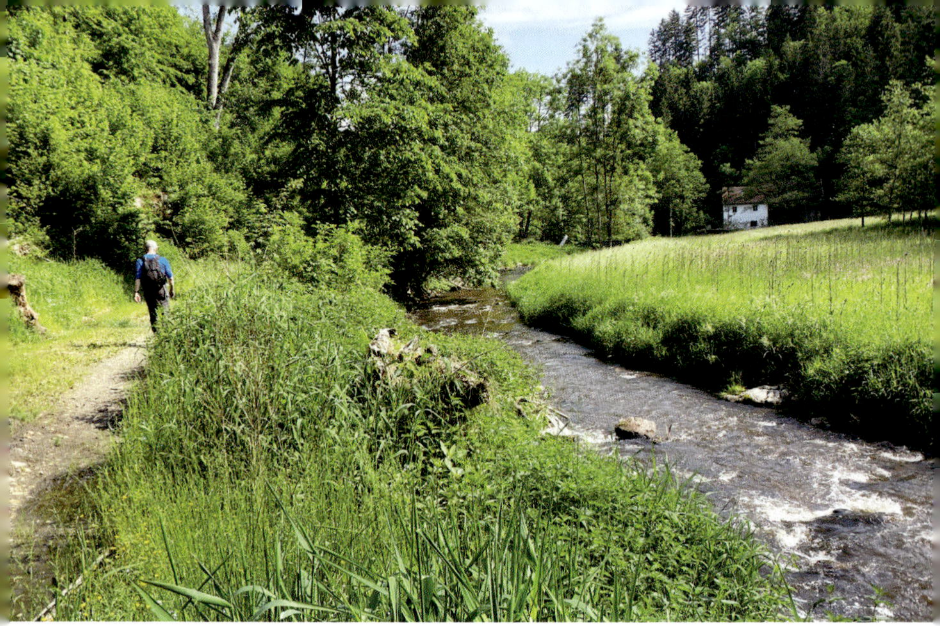

Jahres 2021 gewählt. Ein spritziges Getränk mit einer dezent-grasigen Hopfennote. Dem stimmigen Aroma folgt als Nachspeise eine weitere Spezialität des Hauses, nämlich Salzburger Nockerl. Zu Recht wurde dieses süße Soufflé einst in der Operette „Saison in Salzburg" mit den Attributen „süß wie die Liebe und zart wie ein Kuss" bedacht. Nach diesem stilvollen Speiseabschluss erkunden wir die reizvolle Innviertler Hügellandschaft.

Durch das Kösslbachtal

Ein abenteuerlicher und ein gemütlicher Wanderweg bieten sich an. Ersterer führt uns direkt vom Gasthaus in östlicher Richtung ins Tal des Großen Kösslbachs, der nach seinem Ursprung im Sauwald nach 15 km bei Esternberg in die Donau mündet. Wir begleiten ihn auf zwei Kilometer Länge, um uns dann der verwunschenen Burgruine Königstein zu nähern. Diese liegt gut versteckt auf einem Hügel nahe einem Bach. Nicht weit von der Stadt Passau erbaut, sollte sie Schutz gegen die Hussiten bilden. Als allerdings Raubritter von dort die Gegend unsicher machten, wurde sie auf Befehl von Kaiser Sigismund zerstört. Sie ist eine

der wenigen Wehrbauten, bei der sowohl der Baubeginn bekannt ist – es ist der Dreikönigstag 1410, welcher der Burg auch ihren Namen gab. 26 Jahre später wurde sie zerstört. Reste des Burgfrieds können wir im urwaldartigen Gelände entdecken, bevor wir die zweistündige Rundwanderung in Hareth beenden.
Der gemütliche Wanderweg führt ebenfalls vom Gasthaus ausgehend in westlicher Richtung auf den Passaublick-Severinsweg, der teilweise auf dem Donausteig verläuft. Dieser neun Kilometer lange Rundweg führt über Haibach und Freinberg wieder zum Ausgangspunkt zurück. Immer wieder bieten sich hier Ausblicke auf die nahe Stadt Passau, ins Donautal und ins bayerische Hügelland. Ein Wandergenuss auf Wiesen- und befestigten Wegen.

Kösslbachtal: 2 Stunden ↔ 9 km ↗ 220 hm;
Severinsweg-Passaublick: 3 Stunden ↔ 9,5 km ↗ 240 hm
Ausgangspunkt für die beiden Wanderwege: Wirth z' Hareth, Hareth 15, 4785 Freinberg, Tel. +43 7713 8115 0, wirth.freinberg.at

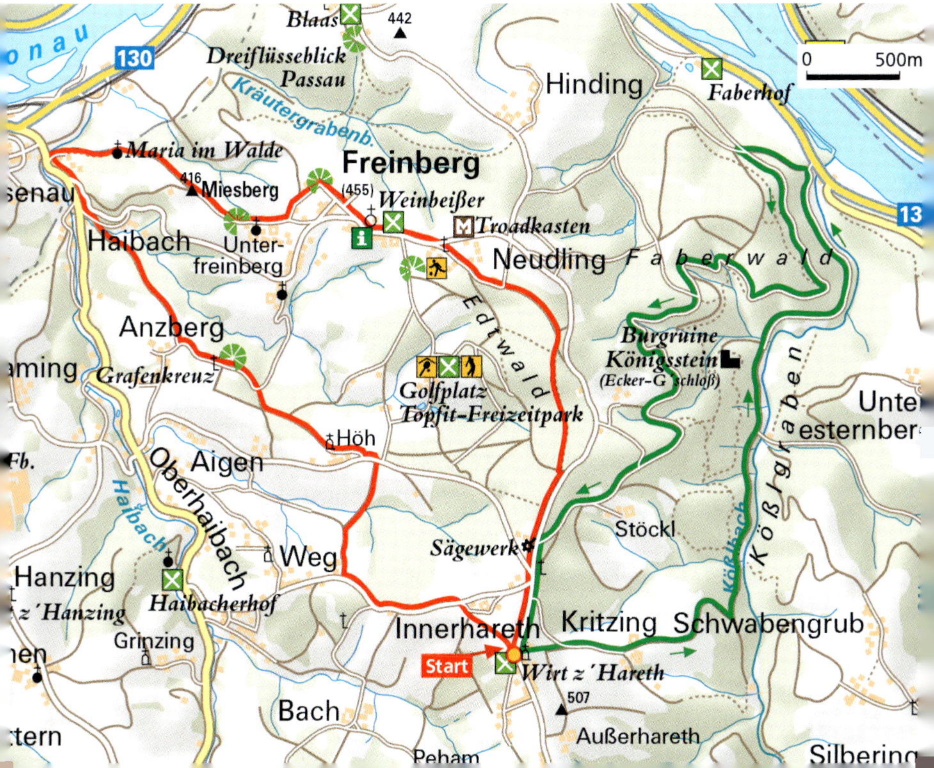

44 Waldkirchen
Donaufisch mit Flussblick

Auf dem Donauleiten-Panoramaweg geht es zum Rundumblick übers Mühlviertel.

Knusprig braun erwarten die gebratenen Donaufische im Gasthof an der blauen Donau den hungrigen Gast. Peter Schlager ist der Wirt des direkt am Fluss gelegenen Traditionsgasthauses im Ort Waldkirchen am Wesen (Bezirk Schärding). Auf der Terrasse sitzend ist die Donau zum Greifen nahe. Letztere liefert die Fische, die der Wirt eigenhändig gefangen hat und jetzt uns Gästen serviert. Es sind Brachsen und Blaunasen: typische Weißfische, ein lokales Geschmackserlebnis. Die Knoblauchsauce bringt zusätzliche Würze zum zarten Fisch. Dazu gibt es gebratene Erdäpfel und Tomaten. Fein in Streifen geschnittene Karotten reichern das Fischgericht farblich und geschmacklich an. Polenta, von Peters Ehefrau Magdalena aus ihrer früheren Heimat Rumänien mitgebracht, und eine Mischung aus grünem Salat, fein gehachelten Gurken, Paprika- und Tomatenstücken ergänzen das delikate Gericht. Ein Vergnügen, sich Stück für Stück durch das bunte Speisenensemble durchzukosten. Magdalena Schlager ist leidenschaftliche Köchin und tüftelt unentwegt an neuen Kreationen und Geschmacksvarianten. Bei der Nachspeise können wir das mit Genuss feststellen: Es gibt Topfenknödel mit karamellisierten und anschließend mit Rum flambierten Bananen und Mango und etwas Schlagobers. Unser Gaumen ist begeistert. Hermann Gföllner, ein rüstiger Achtziger und seit Jahrzehnten Stammgast, erinnert sich, dass er das erste Mal 1952 hier eingekehrt ist. Damals wurde das Gasthaus noch von Peters Mutter geführt. Sie hatte es auch schon von ihrem Vater übernommen. Was zieht ihn schon so lange Zeit

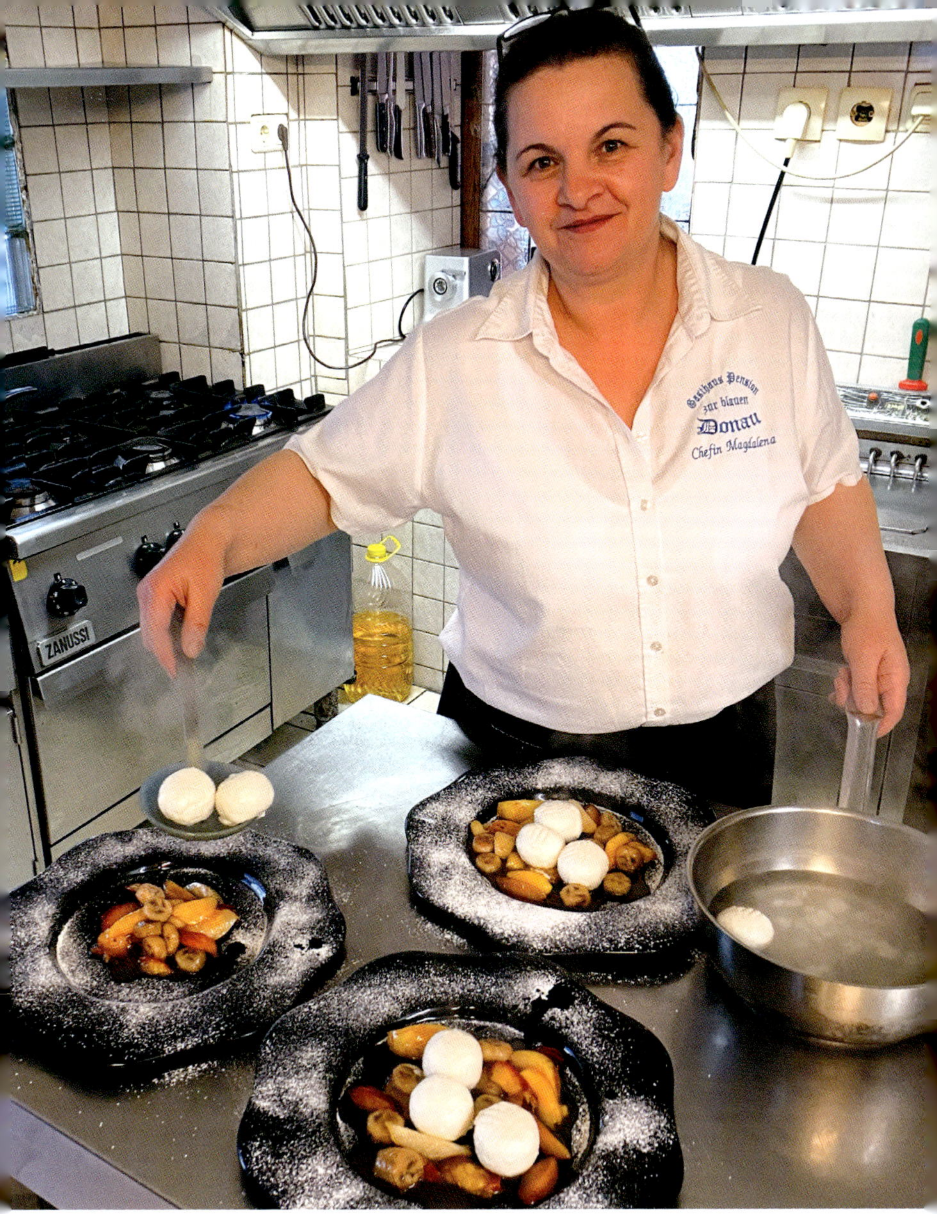

hierher? Es ist, wie Gföllner betont, der freundliche Wirt, die unverfälschte Hausmannskost mit Schwerpunkt auf Fisch sowie der Ausblick auf die Donau und die nahe Schlögener Donauschlinge. Kulinarik mit Naturgenuss.

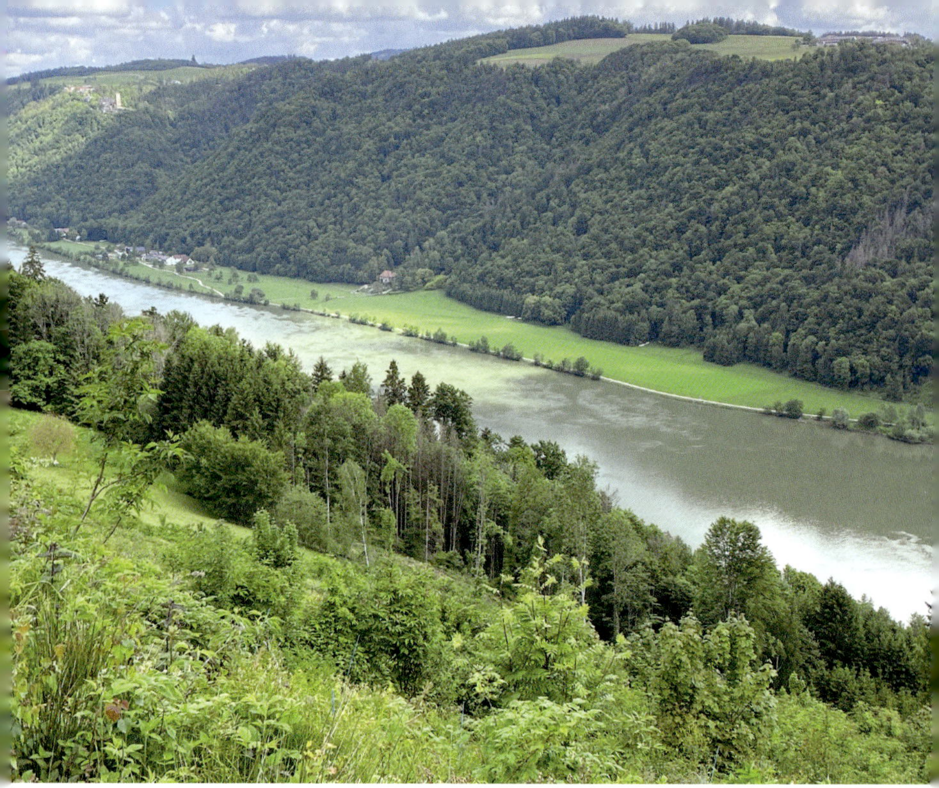

Blick ins Donautal

Donauleitenweg

Um auch die nähere Umgebung kennenzulernen, begeben wir uns auf den Donauleitenweg, der exakt hinter dem Gasthaus startet. Auf sanften Mäandern steigen wir immer höher und genießen den Blick auf den Fluss und die auf dem gegenüberliegenden Hügel liegende Burgruine Haichenbach. Beim Bauernhof Baumgartner führt der Wanderweg mitten durch die hundert Jahre alte Scheune. Ein mannshoher Haufen Schafwolle weckt unser Interesse: Eigentümerin Gitti Sigl erklärt uns, dass diese Wolle, mit einem Gewicht von 50 kg, von einem guten Dutzend Schafen stammt, die bereits im April geschoren wurden. Bis zum Sommer sind die Tiere auf der Weide bereits wieder mit einem neuen Fell ausreichend gegen lästige Insekten geschützt. Die Wolle wird in der Manufaktur Haslach zu

Filzpantoffeln, Taschen oder Teppichen verarbeitet. Unser Weg setzt sich auf dem Donausteig fort und bietet beim Aussichtpunkt Paschinger Hügel einen prachtvollen Rundumblick vom Mühlviertel bis ins südliche Hügelland. Hier kürzen wir die weitere Runde ab, die uns über Schlögen wieder zum Ausgangspunkt bringen würde, und wählen den direkten Weg, wo wir mit etwas pfadfinderischem Geschick in Kürze die zweistündige Runde beenden.

2 Stunden (ohne Abkürzung) ↔ **7 km** ↗ **260 hm**

Ausgangspunkt: Gasthaus Schlager „Zur blauen Donau", Vorwaldstr. 2, 4085 Wesenufer, Tel. +43 07718 7241 oder +43 664 3432748, gasthaus-schlager.at

Öffis: von Linz Hbf Bus 670 Richtung Passau, Haltestelle Schlögen, dann 1,6 km Fußweg bis zum Gasthof Schlager

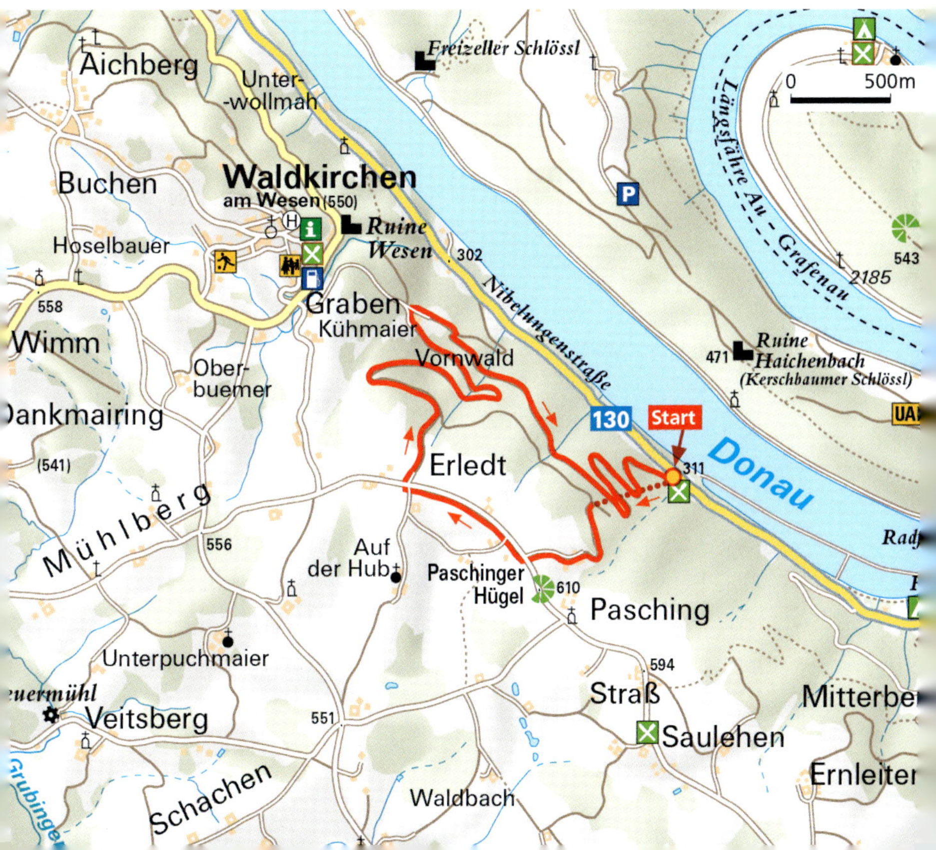

45 Kopfing
Waldgefühl in luftiger Höhe

Nach dem Wipferlschnaps im Waldgasthof Oachkatzl geht es auf den Baumkronenweg.

Man meint, jeden Moment könnte ein Hirsch vor dem Fenster vorbeipassieren, so ruhig liegt der Waldgasthof Oachkatzl mitten im Sauwald, weit entfernt von der nächsten Straße, in der Gemeinde Kopfing. Die Speisekarte empfiehlt gegrillten Hirschrücken als besondere Spezialität. Risotto, Pesto aus Tannenwipfeln und Preiselbeeren mit eingelegter Williamsbirne aus dem eigenen Garten begleiten das Wildbret.

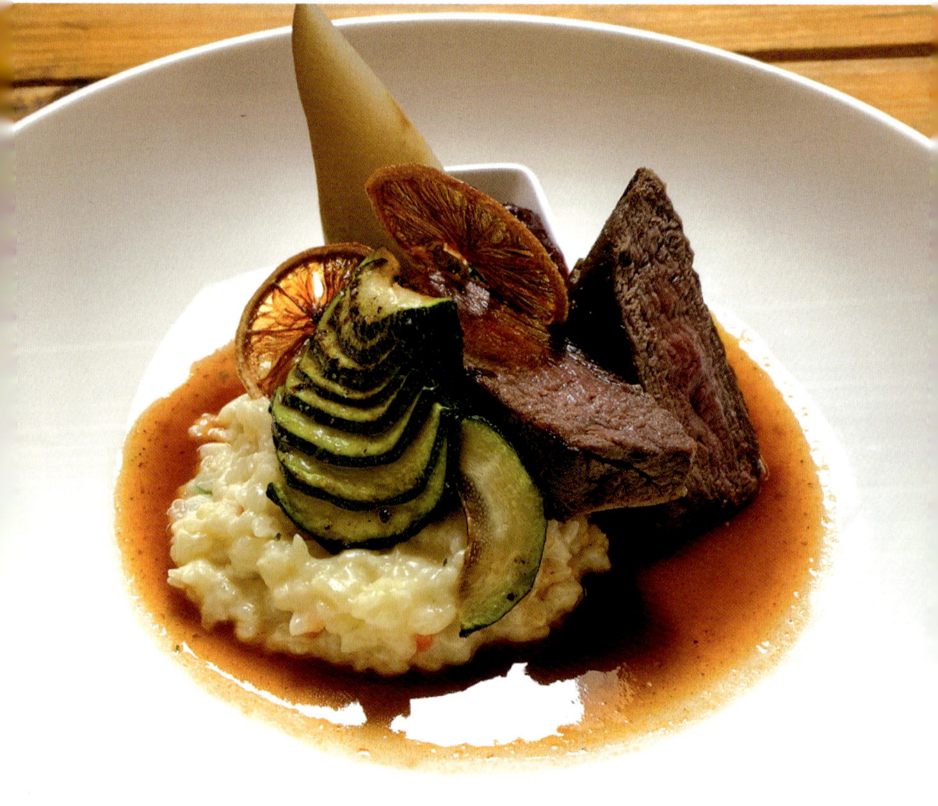

Johannes Schopf ist mit seinem Bruder Jakob Eigentümer des Gasthofes. Er ist für die kaufmännischen Belange zuständig und erinnert an die Anfänge. „Unser Vater hatte im Jahr 2005 die Idee, anstatt eines üblichen Wanderweges durch den Wald einen solchen auf der Höhe der Baumwipfel anzulegen. Der Baumkronenweg begeisterte sofort nach der Eröffnung 2006 die Besucher. In der kleinen Jausenstation wurden sie mit einfachen Speisen versorgt. Dann wurden zusätzlich 21 Baumhäuser als kuschelige Hotelzimmer errichtet, die heute 64 Personen Platz zum ‚Träumen in den Bäumen' bieten." Kinder können sich auf dem 5 000 qm großen Erlebnis-Spielplatz ohne Internetempfang bestens entfalten. Bruder Jakob ist für die Gastronomie zuständig: „Heute bieten wir eine eher gehobene, regionale Küche mit Produkten aus der näheren Umgebung." Alles ist von bester Qualität, wie wir uns auch bei der Nachspeise überzeugen können: Die Punschtorte wurde von der eigens dafür angestellten Patissière selbst hergestellt. Auch das älteste Familienmitglied, Großvater Johann, steuert etwas zur kulinarischen Vielfalt bei: Er erzeugt aus jungen Buchenblättern, den frischen Trieben der Nadelbäume und den Früchten des eigenen Bauerngartens Schnäpse und Liköre. Aus seinem breiten Sortiment wählen wir einen Wipferlschnaps. Die ganze Energie des Waldes scheint sich darin zu sammeln.

Über den Wipfeln

Bei der anschließenden Begehung des Baumkronenwegs (Eintritt!) begegnen wir hautnah auf zweieinhalb Kilometern Länge den Baumriesen der Landschaft. Aus der einzigartigen Perspektive von bis zu 15 m Höhe lassen wir uns vom luftigen Wald, der unberührten Natur und den anregenden Schautafeln inspirieren, die über die Tier- und Pflanzenwelt informieren. So erfahren wir, dass der Gartenrotschwanz der erste Vogel ist, der am Morgen zu singen beginnt. Er startet seinen Gesang bereits um 2.55 Uhr, während die Kohlmeise erst eine Stunde später mit

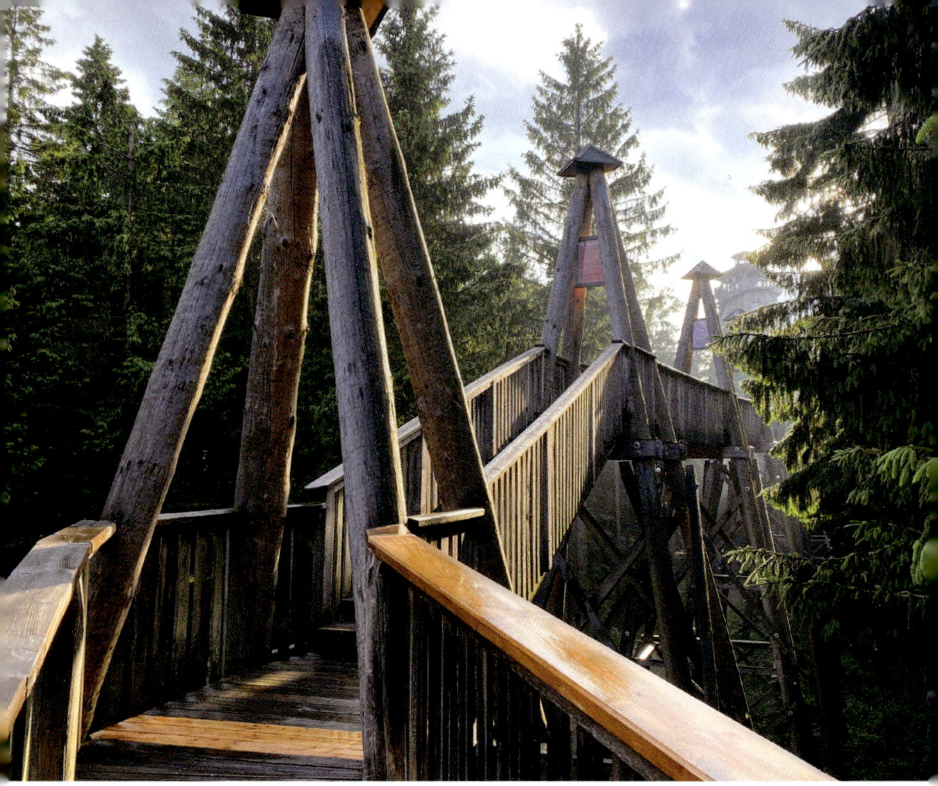

ihrem Morgengesang beginnt. Immer wieder können wir aus luftiger Höhe den herrlichen Ausblick auf das Dreiländereck Österreich-Deutschland-Tschechien genießen. Dies tun wir besonders ausgiebig auf dem 40 m hohen Aussichtsturm. Eine besondere Stimmung erwartet die Besucher zur Weihnachtszeit: An insgesamt fünf Wochenenden präsentieren über 60 Aussteller traditionelles Kunsthandwerk. In der verschneiten Waldlandschaft kann man sich dann durch Gebratenes und Gebackenes schlemmen.

Gehzeit: 🕒 **nach Belieben** ↔ **1 km**
über 1 km, es geht auf Holzkonstruktionen bis zu 15 m über dem Boden, 30 Erlebnisstationen informieren über Flora und Fauna
Ausgangspunkt: Gasthof Oachkatzl beim Baumkronenweg, Knechtelsdorf 1, Kopfing, Tel. +43 7763 22 890, baumkronenweg.at

Entschleunigen mit Pramtaler Knödeln

Vom Andorfer Gasthof Bauböck aus lässt sich der Pramtaler Knödel- und Schmankerlweg auf zehn Kilometern ganzjährig begehen.

„Nehmen Sie sich Zeit und lassen Sie sich verwöhnen." Mit dieser Einladung werden die Gäste im Gasthof Bauböck in Andorf begrüßt. Der Blick in die kreativ gestaltete Speisekarte zeigt eine Mischung aus traditionellen und neu kreierten Gerichten. Wir wählen die besondere Spezialität der Region, nämlich Knödel in verschiedenen Variationen. Nach einer traditionellen Leberknödelsuppe zur Einstimmung folgt ein Innviertler Knödelteller: Grammel-, Haschee- und Speckknödel vereinen sich hier, begleitet von hausgemachtem Bratensaft, Kraut und Erdäpfeln, zu einer harmonischen Komposition. Dazu serviert Chefin und Biersommelière Heidi Voglmayr ein bayerisches Märzen Bräu der Rieder Brauerei. Die Verbundenheit der Wirtsfamilie zu dieser Brauerei besteht schon seit Generationen, wie ein Original-Anteilsschein im Wert von 1 000 Kronen aus dem Jahr 1908 zeigt. Dann beschreiten wir mit der zweiten Hauptspeise kulinarisches Neuland: „Crazy Caprese" erwartet uns auf dem Teller. Juniorwirt Sebastian ist ein kunstaffiner Mensch, der kreative Neuschöpfungen nicht nur beim Kochen, sondern auch als Musiker erbringt. Insider können seiner Musik auf dem Radiosender FM4 begegnen. Jetzt pflückt er frische Liebstöckel-Kräuter für die von ihm kreierte Knödelvariante. Es sind gebackene Tomaten-Mozzarella-Knödel mit Tomatenvielfalt, Liebstöckel und Selleriecreme. Für den raffinierten Geschmack hat Sebastian eine Ochsenherz-Tomaten-Schnitte geräuchert und gegrillt und Cherrytomaten süß-sauer eingelegt. „Eine Pramtaler Neu-Interpretation der traditionellen Innviertler Knödel“, erklärt der kreative Jungkoch. Auch Vegetarier können sich an dieser Speise erfreuen. Dazu serviert sein Bruder

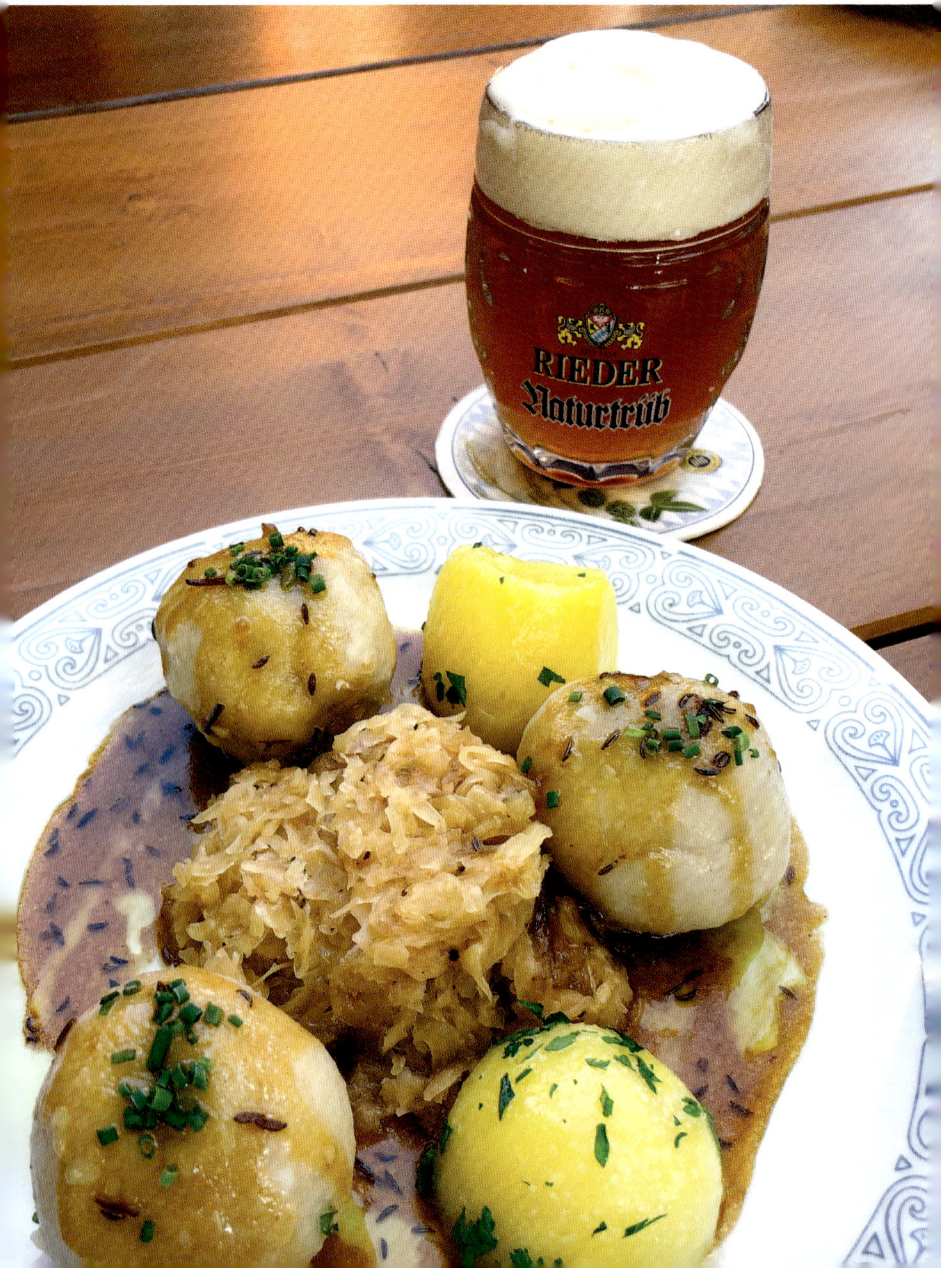

Florian einen Chardonnay aus Neusiedl am See. Der ausgebildete Weinsommelier schätzt das naturbelassene und mineralische Aroma, in dem sich das Terroir des Neusiedlersees spiegelt. Wirt Hans Voglmayr kennt die lange Geschichte des Gasthofs. Nach seiner beruflichen Tätigkeit als Fernsehmechaniker hat ihn die Liebe hierher geführt, und er wurde Gastronom in dem traditionsreichen Haus, das ursprünglich ein Meierhof des Bistums Passau war. Das Gewölbe in der Gaststube erinnert noch an den Pferdestall von früher. Alle Speisen werden selbst gemacht, und das mit möglichst regionalen und saisonalen Zutaten. Nach Jahren des Ausbaus und Neugestaltung betreibt der Wirt heute auch ein Hotel mit 60 Betten. So kommen wir zum Abschluss des Knödelessens: Ein Ringlottenknödel mit Apfelmus und Heidelbeerröster wird geschmacklich veredelt mit einem Rieder Honigbier. Schön langsam verstehen wir den tieferen Sinn des Spruchs, den wir in der Gaststube lesen: „Essen und Trinken sind die drei schönsten Dinge des Lebens."

Auf dem Knödelweg

Vor der kulinarischen Knödelreise haben wir den Innviertler Knödel- und Schmankerlweg begangen. Auf zehn Kilometern führt er vom Gasthof aus durch fruchtbares Bauernland mit Wiesen und Feldern. Ein idyllisches Wegstück begleiten wir die naturbelassene Raab. Einige der Ortschaften, in denen sich weitere Andorfer Knödelwirte auf hungrige Gäste freuen, werden durchquert, wie Andorf, Großpichl, Schulleredt, Hörzberg und Großschörgern. So erreichen wir nach zweieinhalb Gehstunden wieder den Ausgangspunkt.

🕒 **2,5 Stunden ↔ 10 km ↗ 120 hm**

Ausgangspunkt: Landhotel & Gasthof Bauböck, Gottfried-Schachinger-Weg 2, 4770 Andorf, Tel. +43 7766 2279, bauboeck.at

Öffis: von Linz Hbf. REX bis Andorf Bahnhof

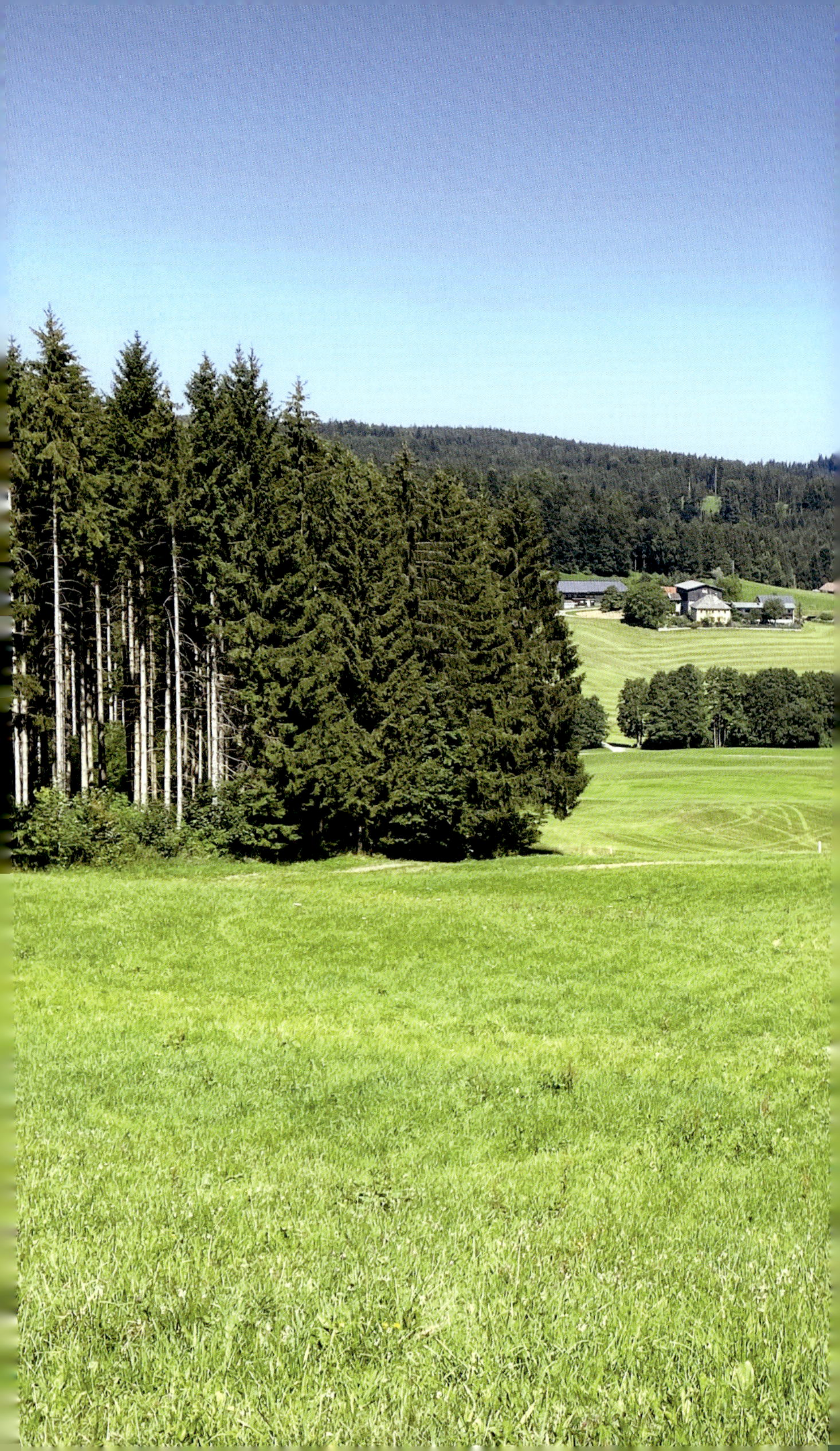

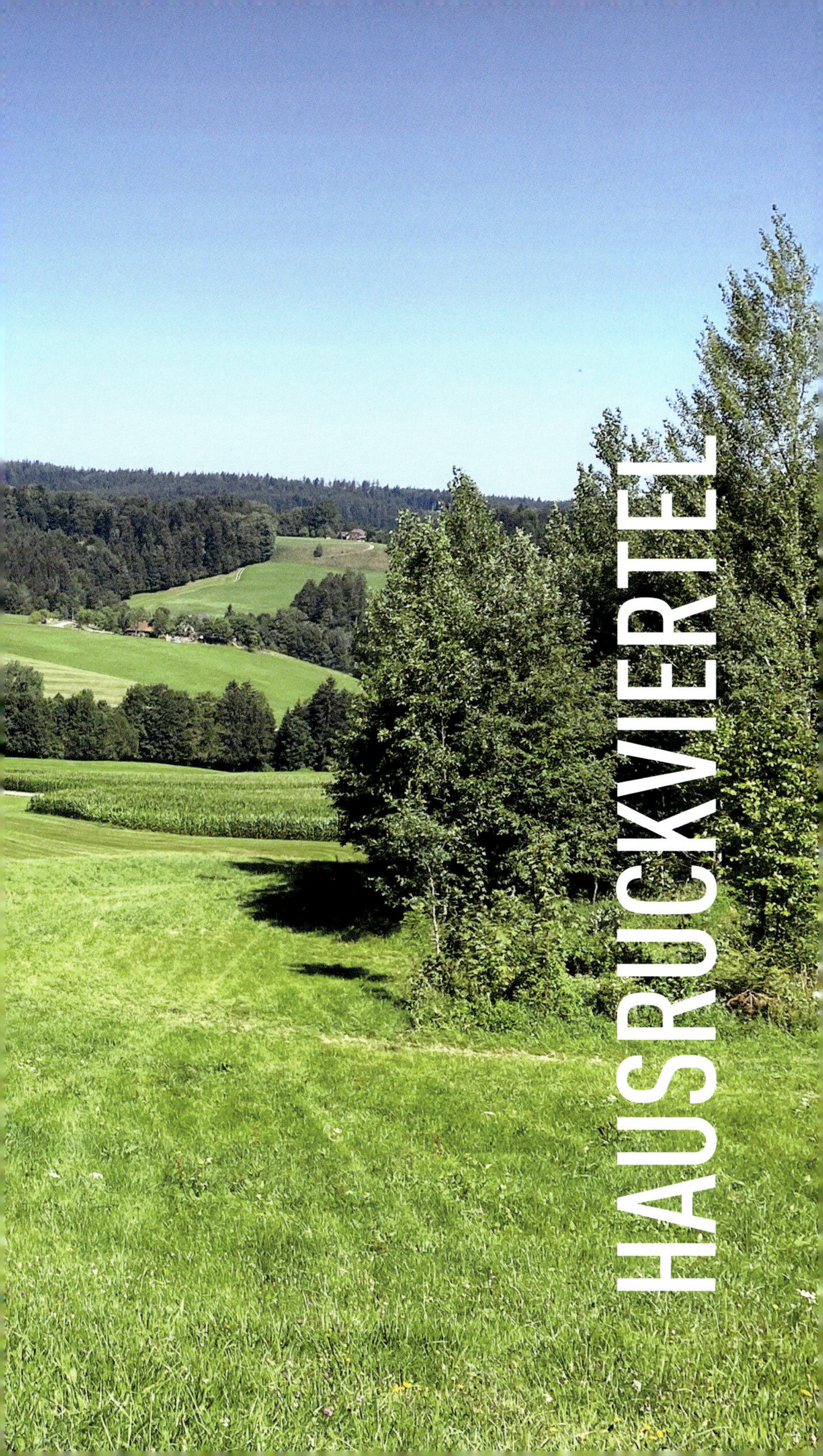
HAUSRUCKVIERTEL

47 Natternbach
Schwimmbad-Schnitte & Wachs-Christkind

Der Jungfraustein-Rundweg führt von Natternbach durch den Sauwald zum kultischen Grenzstein aus Riesenhand.

Das Motto der Wirtsleute Sylvia und Pepi Litzlbauer in der zu Natternbach gehörenden Ortschaft Tal lautet „regional, saisonal und frisch". Bei unserem Besuch können wir das köstliche Fleisch vom Jungrind aus der eigenen Landwirtschaft genießen. Nach der Einstimmung mit einer Rindsuppe mit gebackenem Leberknödel folgt eine Spezialität des Hauses, ein serbischer Rostbraten mit Pommes, Gemüse und Salatteller. „Das Beiried wird dünn geschnitten und geklopft, dann mit Senf und der hauseigenen Gewürzmischung bestrichen, mit Schinken, Käse, Zwiebel belegt, zusammengeklappt und gegrillt", so Monika Novak, die Schwester von Wirt Pepi, die in der Küche werkt. Sie betont, dass das verwendete Gemüse selbstverständlich frisch gegart ist. „Wir verwenden kein Tiefkühlgemüse." Der zarte Braten besticht durch seine würzige Fülle und ist ein kulinarisches Erlebnis der Extraklasse. Langsam essen und jeden Bissen genießen ist angesagt. Ein würziges Baumgartner Bier passt perfekt dazu. Andere Gäste verspeisen eine vegetarische Alternative, nämlich Erdäpfellaibchen: Knusprig gebackene, mit Tomaten und Mozzarella gefüllte, hausgemachte Erdäpfeltascherl werden auf gemischtem Salat serviert. Sichtlich zufriedene Gesichter sind dabei zu beobachten.

Mit einer Empfehlung von Wirtin Sylvia runden wir unseren Besuch ab. Es ist eine Schwimmbadschnitte, eine begehrte Spezialität des Hauses: „Auf einen Biskuitteig werden in mehreren Arbeitsschritten verschiedene Schichten aufgetragen, beginnend

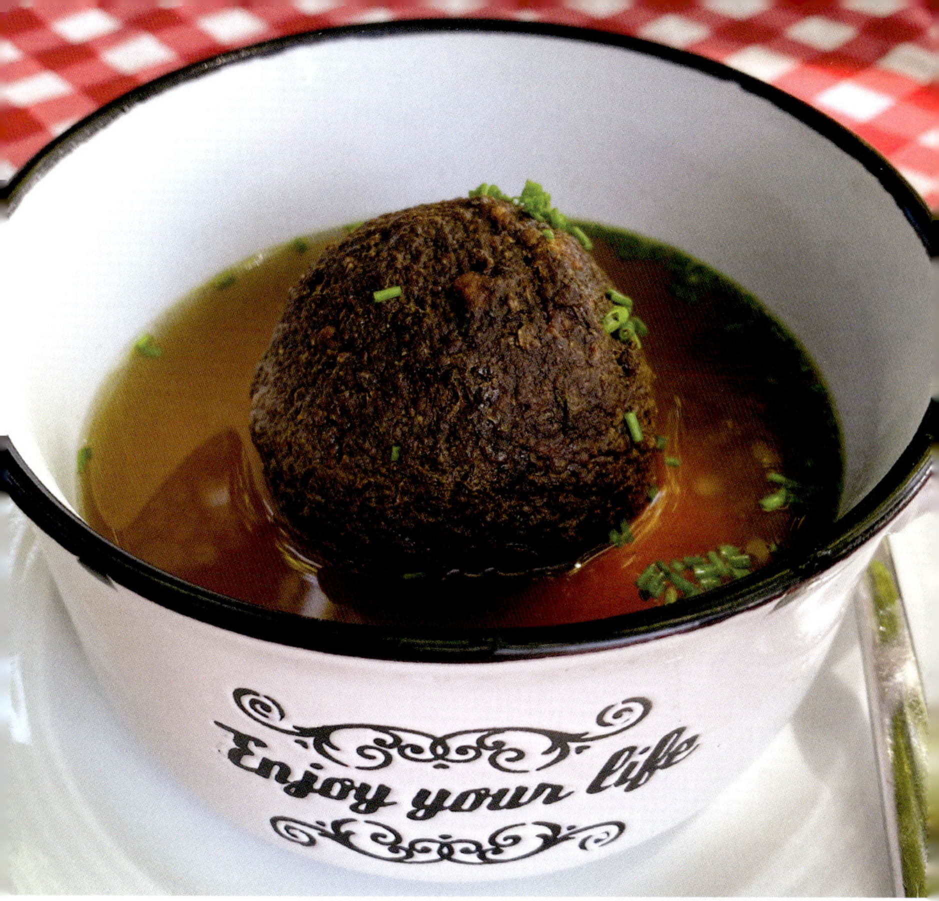

mit Qimiq-Vanille, Früchten der Saison, das sind jetzt Erdbeeren, dann Schlagobers und ganz oben eine Schneehaube“, erläutert Sylvia. Ein flaumig-zarter Genuss. Wirt Pepi Litzlbauer ist gelernter Land- und Forstwirt mit einer Kochausbildung. Er betreibt auch eine Landwirtschaft, bei der 40 Kalbinnen bis zur Schlachtreife gemästet werden. Sie werden zu fast 100 Prozent mit den Erträgen der eigenen Landwirtschaft gefüttert und auch in der Küche verwertet. „1951 wurde der Gasthof von meinen Großeltern begründet. Vor Kurzem feierten wir unser 70-Jahr-Jubiläum. Wir bereiten ausschließlich saisonale Speisen zu, beginnend mit dem Bärlauch im Frühling, es folgen der Spargel und später Schwammerl, Wildgerichte im Mai und im Herbst.

Wir sind ein Ausflugsziel für Wanderer, Mountainbiker und im Winter für Langläufer und Eisstockschützen. 18 Stammtische von Mopedfahrern bis zu Schuhplattlern versammeln sich ganzjährig im Haus."

Unterwegs zum Jungfraustein

Die Rundwanderung 4 hat uns vom Freizeitzentrum des Ortes Natternbach zum Jungfraustein, einem besonderen Energieplatz, geführt. Zwei Wackelsteine fügen sich fast nahtlos übereinander, scheinen wie füreinander geschaffen zu sein. Höchst erstaunlich ist, dass der obere Stein ohne Anstrengung von Menschenhand bewegt werden kann, sich jedoch auch mit größter Kraftanstrengung nicht in seiner Lage verändern lässt. Die Sage berichtet, dass dieses Naturdenkmal von drei Riesenjungfrauen in ihren Schürzen hierhergetragen wurde und daher auch den Namen Jungfraustein erhielt. In keltisch-germanischer Zeit soll der Ort als Kultstätte gedient haben. Bis 1779 war er auch Grenzzeichen für die in der Nähe vorbeiführende österreichisch-bayerische Grenze. Noch heute endet hier auch das Hausruck- und beginnt das Innviertel. Beginnend beim jüngst renaturierten Natternbach, der sich durch das Natternbacher Becken schlängelt, durchqueren wir eine höchst abwechslungsreiche Landschaft. Waldpassagen des südlichen Sauwaldes, Wiesen und kleine Bachläufe werden von einem halben Dutzend Kapellen spirituell begleitet. An besonders lauschigen Plätzen laden Liegebänke zur Rast ein. Eine friedliche, im Streuobstgarten weidende Rinderherde erinnert an den Garten Eden. Hühner genießen ihren Auslauf vorm mobilen Wanderstall. Beim höchsten Aussichtspunkt, dem 650 m hohen Turnstein, erwartet uns ein Bilderbuchpanorama mit Blick auf die südlich gelegenen Gebirgszüge von Höllengebirge über Dachsteinmassiv bis zum Watzmann.

Ein mystischer Ort ist der nahe des Jungfrauensteins gelegene Natternbach-Ursprung. Auf einem Brücklein überquert man ein kleines feuchtes Waldstück, aus dem winzige Wasserquellen

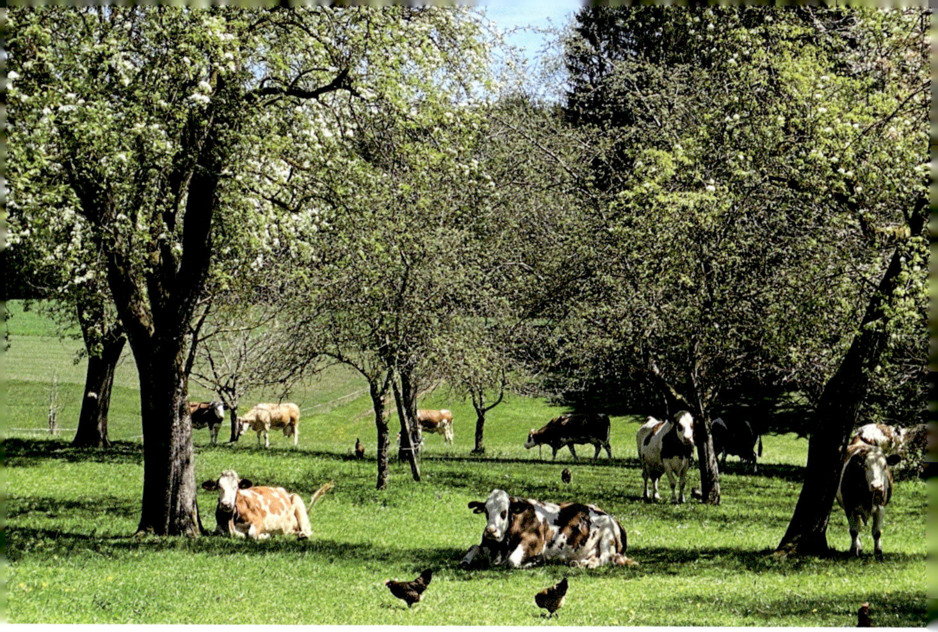

entspringen und sich als munterer Bach auf den sieben Kilometer langen Weg durch fast das gesamte gleichnamige Gemeindegebiet machen, um schließlich in den Leitenbach, von dort in die Aschach und schließlich in die Donau zu münden. Bei der Rast an diesem beschaulichen Ort vermeint man die unsichtbaren Quellnymphen wahrzunehmen. Die Römer sollen sogar neun dieser göttlichen Wesen verehrt haben. Wir passieren mehrere kleine Ortschaften, manchmal nur aus einem einzelnen Bauerngehöft bestehend. Dank der kulinarischen Stärkung beim Wirt in Tal haben wir wieder ausreichend Kraft für das letzte Drittel des 19 km langen Rundwegs. Dieser zieht sich nun ausschließlich in südlicher Richtung und beschert uns prachtvolle Ausblicke auf blühende Wiesen und Bergspitzen am Horizont. Schließlich erreichen wir wieder den Ausgangspunkt. Wir bedanken uns bei Johann Umberger, dem Obmann des Vereins „Natternbacher Zukunft“ für die Errichtung und vorzügliche Gestaltung des Wanderweges. Wirt Pepi Litzlbauer empfiehlt als Alternative zu diesem langen Rundweg eine kürzere eineinhalbstündige Route, die bei seinem Wirtshaus startet. Sie führt zur nahen, 1891 erbauten Tal-Kapelle, deren Besuch sich wegen des im Schrein liegenden Wachs-Christkindes lohnt. Dem Güterweg Kapelle Tal folgend, gelangt man über die Ortschaften Baumühl und Eck auf den Wanderweg 4, der zum Jungfraustein, dem Natternbach-Ursprung und schließlich zum Wirt in Tal zurückführt.

Ausgangspunkt 1: Freizeitzentrum von Natternbach
Naturpfad 1, 4723 Natternbach
🕓 **5,5 Stunden ↔ 18 km ↗ 340 hm**
Ausgangspunkt 2: Wirt in Tal (kurze Runde)
Tal 8, 4723 Natternbach, Tel. +43 7278 8269, wirt-in-tal.at
🕓 **1,5 Stunden ↔ 6 km ↗ 90 hm**
Öffis: von Linz Hbf. REX 1776 Richtung Passau, in Grieskirchen mit Bus 690 Richtung Neukirchen am Walde, Hst. Natternbach Ortsmitte

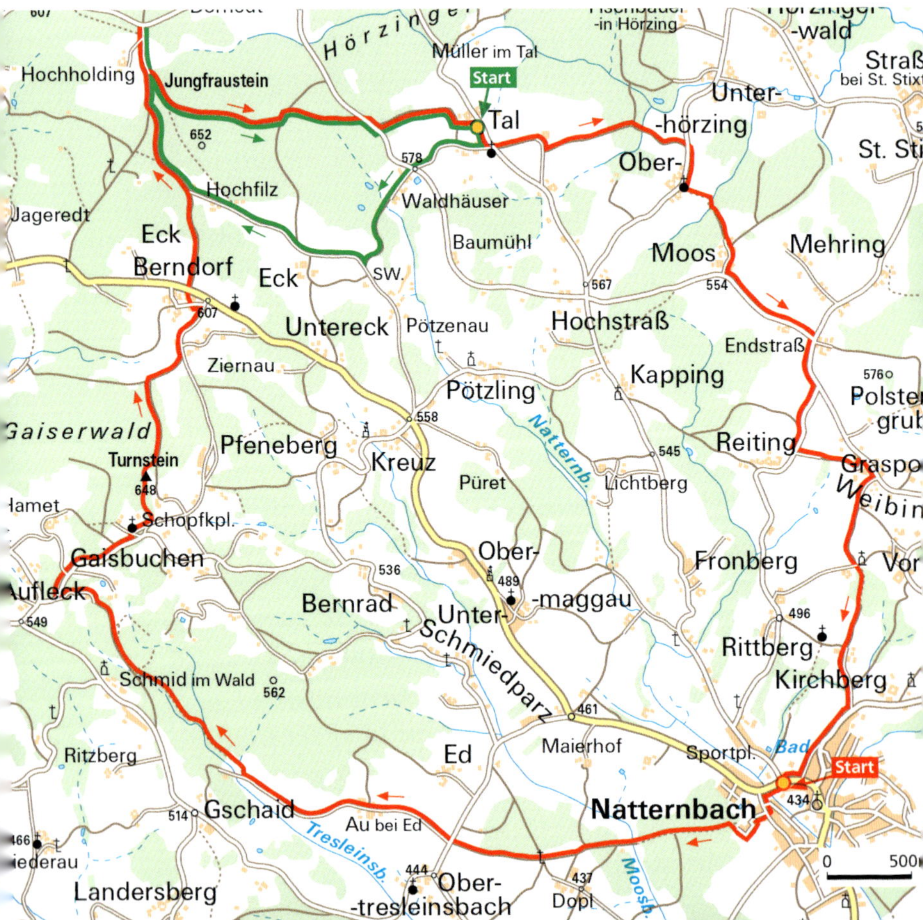

Pupping

48 Zunfttafel & Tor zur Gemüseregion

Im Landgasthof Dieplinger lässt sich bestens speisen und von dort aus das Eferdinger Becken mit dem Rad erkunden.

„Was gibt's denn heut' zu essen, Frau Paula?" Diese Frage bekommt die Wirtin vom Landgasthof Dieplinger häufig zu hören. Neben einer fein sortierten Speisekarte werden an jedem Wochentag wechselnde Spezialitäten angeboten, wie Knödel am Dienstag und Backhendl am Mittwoch. Am Freitag ist Fleisch-Frei-Tag mit Fisch. Jeden Samstag gibt es ein ofenfrisches Schweinsbratl. Wenn ein befreundeter Bauer frisches Lammfleisch bringt, so gibt es spontan dieses als Tagesspezialität.
Der Kultiwirt-Gasthof liegt direkt an der Donau in der Brandstatt, wie die Einheimischen den Ort nahe Pupping nennen. Dort wird das Donautal breit, dahinter erstreckt sich das Eferdinger Becken. So erfreuen auch wir uns an aktuellen Tagesgerichten und beginnen die kulinarische Reise mit einer würzigen, paprizierten Fischsuppe mit Milchschaum und Blätterteigfisch nach Art des Hauses. Weißfisch aus heimischen Gewässern bildet mit einer zusätzlichen Prise Chili eine perfekte Kombination. Gleich im nahen Eferdinger Becken ist die folgende Speise gewachsen, die wir anschließend genießen können: Ein Gemüse, das nur kurze Zeit verfügbar ist und von dem nur der Spross der Pflanze geerntet und gegessen wird. Drei Stangen frischer Puppinger Spargel werden lauwarm serviert, mit Olivenöl und Grana Padano. Dieses Gemüse begleitet uns auch beim Hauptgang, nämlich beim frischen Puppinger Spargel mit gebratener Saiblingschnitte, dazu Most-Hollandaise und Petersilerdäpfel. Die von der ausgebildeten Mostsommelière Paula Langmayr

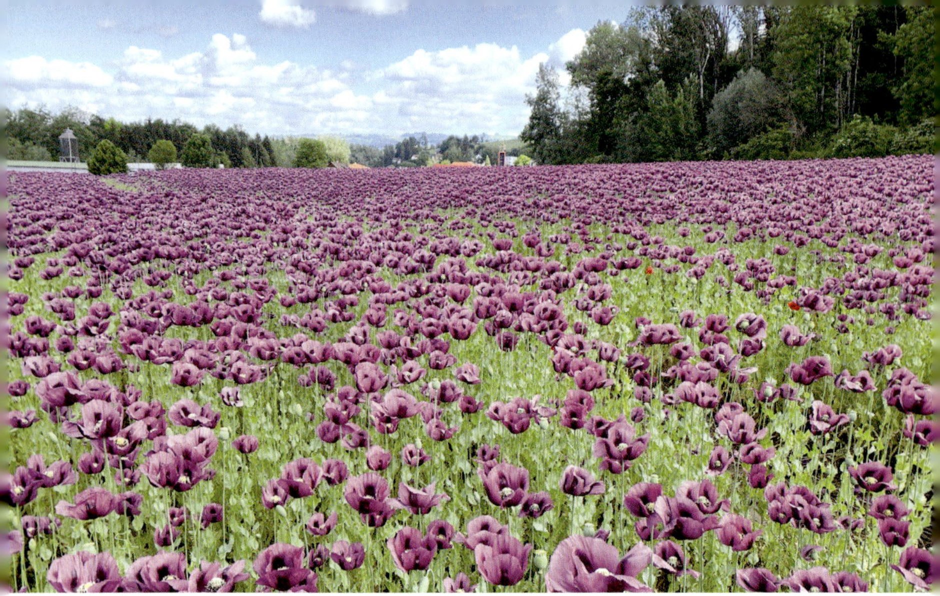

Prachtvolle Mohnblüte

zubereitete, geschmackvolle Sauce bringt das edle Spargelaroma mit der zarten Bitternote so richtig zur Geltung. Eine Köstlichkeit, die mit einem Glas Grüner Veltliner Federspiel 2021 vom Weingut Özelt aus Spitz an der Donau perfekt harmoniert. Als Abschluss serviert uns der Lebensgefährte von Tochter Andrea, Kurt Reischer, noch eine delikate Süßspeise, nämlich hausgemachtes Griesflammeri mit Beeren. „Genussvoll, regional und leidenschaftlich, aber auch ehrlich und herzlich, so wollen wir unsere Gäste bewirten, Gast und Mensch gehören für uns zusammen", so Wirtin Paula Langmayr. Sie erzählt von der langen Tradition des Hauses, das im Jahr 1635 urkundlich als „Wirt an der Brücke" erwähnt wird. Bereits seit 100 Jahren ist es in Familienbesitz, immer mit einer Frau als Chefin. Heute ist es zusätzlich Hotel für Geschäftsreisende und Landgasthaus für Radltouristen und Einheimische. Im Gasthof befindet sich noch ein interessantes historisches Relikt, nämlich die Zunftlade der Fischerei-Innung Eferding aus dem Jahr 1651. Regelmäßig treffen sich hier die Mitglieder der Fischereizunft, die ihre Fischereirechte noch direkt von Maria Theresia ableiten.

Radtour durch das Eferdinger Becken

Eine Radtour hat uns von Wilhering am Donauradweg R1 hierhergeführt. Der Innbach und die Aschach begleiten uns zeitweise auf der Landseite. Nach der stärkenden Mittagsrast setzen wir die Rundfahrt auf dem Eferdinger Landl Radweg R18 fort. Perfekte Boden-, Wasser- und Klimabedingungen machen das fruchtbare Eferdinger Becken zum Zentrum des oberösterreichischen Gemüseanbaus. Das Kultivieren von Gemüse hat hier eine lange Tradition. Erste Hinweise finden sich in Aufzeichnungen der Klöster bereits im 13. Jahrhundert. Über 100 Arten von Gemüse gedeihen hier und so sind wir hier in der Region mit der wahrscheinlich größten Gemüsekompetenz in Europa. Auf ruhigen, asphaltierten Nebenstraßen rollen wir durch Dörfer, Erdbeer- und Gemüsefelder sowie Auen. Über Fraham, Pasching und Alkoven schließt sich die Runde und der Ausgangspunkt wird wieder erreicht.

🕒 **2,5 Stunden** (E-Bike) ↔ **34 km** ↗ **90 hm**

Ausgangspunkt: Wilhering, Donaufähre

Einkehr: Landgasthof Dieplinger, Brandstatt 4, 4070 Pupping bei Eferding, Tel. +43 7272 2324, dieplinger.at

Öffis: von Linz Hbf. Bus 670 Richtung Passau, Hst. Wilhering Fähre

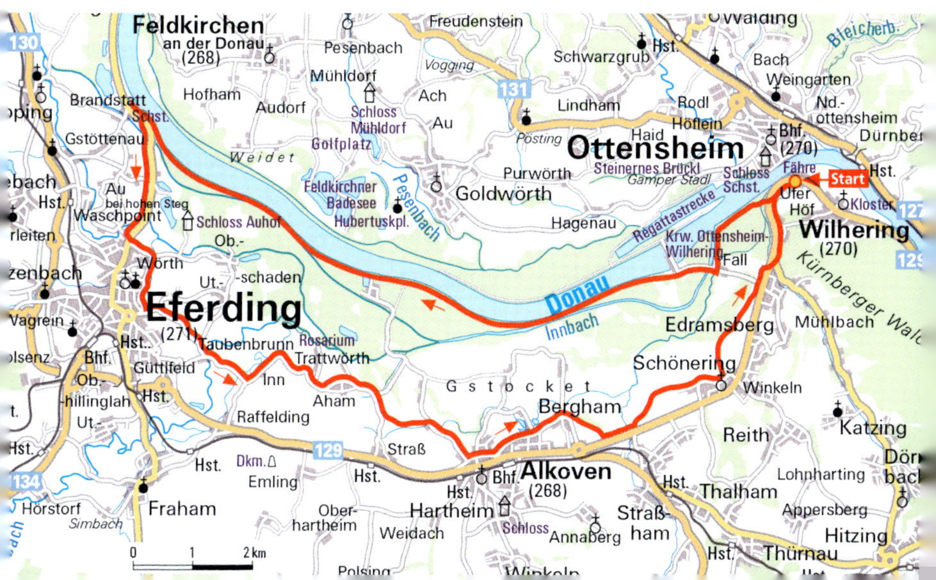

49 Prambachkirchen
Natur-Karpfen als Festtagsspeise

Vom Gasthof Lackner in der Steingrub in Prambachkirchen führen Wanderwege durch das Hausruckviertel.

Feinster Bio-Karpfen ist die Spezialität des Gasthauses Lackner in der Steingrub in Prambachkirchen. Seniorchef Günther zieht die Fische in Naturteichen mit frischem Wasser auf, sie werden nicht zusätzlich gefüttert. Dafür benötigt er große Teichflächen, die er in Tschechien gepachtet hat. So brauchen seine Karpfen fünf anstatt drei Jahre bis zur Erntereife. Nach dem Fang werden sie einige Zeit lang abgelegt. Ihr Fleisch zeichnet sich durch eine angenehm feste Konsistenz aus. Es hat einen Fettanteil von maximal zehn Prozent und beinhaltet die ernährungsphysiologisch wertvollen, ungesättigten Fettsäuren. Seit dem Mittelalter ist dieser Fisch fixer Bestandteil der Esskultur in Mitteleuropa und wird vor allem als Festtagsspeise geschätzt. Feinschmecker schätzen ihn wegen seines nussigen Aromas. Köchin Hildegard Lackner würdigt auch die feine Struktur des festen Fleisches. „Er ist ein vielfältiger Fisch und schmeckt gekocht, gebraten oder auch als Gulasch.“ Um das mögliche Unbehagen gegenüber Gräten erst gar nicht aufkommen zu lassen, werden die Karpfen per Hand entgrätet, also geschröpft. Für die Zubereitung von fünf Karpfen inklusive Filetieren benötigt der Experte eine Stunde. „Die Qualität ist so einfach besser als beim Schröpfen mit einer Maschine“, so der Fachmann. Handarbeit im besten Sinn. So können die Gäste schließlich 1 200 Filets pro Jahr auf bequeme Art und Weise genießen. Nach einer kräftigen Hasensuppe mit Semmelknödel zur Einstimmung können wir diese beliebte Weihnachtsspeise genießen. Wirtin Hildegard serviert das in Butterschmalz und

Öl knusprig gebackene Karpfenfilet. Dazu gibt es Petersilerdäpfel, Sauce Tartare und gemischten Salat. Ein äußerst knuspriges und geschmackvolles Vergnügen, geradezu prädestiniert für ein Festmahl. Ein Glas Grüner Veltliner Floh vom Weingut Huber aus dem Traisental ergänzt die Gaumenfreude mit ansprechender Würze und gut ausgewogener Säure.
Ein weiteres Gericht im Gasthof Lackner verdient eine spezielle Erwähnung. Es ist die Bio-Ente mit Semmelknödel, Rotkraut und Preiselbeerfrucht. Martin Lackner dazu: „Das Fleisch wird von einem befreundeten Bauern, der die Tiere in Freilandhaltung aufzieht, im Herbst küchenfertig an uns geliefert. Als Gast bekommt man sie nur nach Vorbestellung, daher immer auch garantiert frisch." Wir können das uneingeschränkt bestätigen. Unter der knusprigen Entenhaut ist das Fleisch weich und zart, eher dunkel und sehr aromatisch. Auch das Wilderer Pfandl als feines Ragout von Reh und Hirsch mit Pilzen, Serviettenknödel, Rotkraut und Preiselbeeren ist einen Besuch bei den Lackners wert. Nach altem Rezept der Großmutter wird es mit Gemüse, Edelpilzen und Zwiebeln zubereitet, scharf angebraten und zweieinhalb Stunden gekocht. Die Steinpilze und Eierschwammerl werden von Freunden des Hauses geliefert, das Damwild stammt von einem Bauern gleich in der Nähe. Ein befreundeter Gemüsebauer aus Eferding liefert das Gemüse.

Weg zum Schloss Dachsberg

Zur Einstimmung erkunden wir ausgiebig die Hausruckviertler Landschaft. Von mehreren Wanderwegen, die ihren Startpunkt beim Wirt haben, wählen wir den Weg Nr. 83. Der abwechslungsreiche Rundweg führt auf einer Länge von 6 km durch eine vielfältige Landschaft. Eine Ortswanderkarte, die wir im Gasthaus erhalten, erleichtert die Orientierung. Fruchtbare Wiesen und Äcker werden von kleinen Bächen durchzogen und wechseln mit kleinen Waldstücken. Die Route zieht sich über sanfte Höhenrücken, die prachtvolle Ausblicke bieten. Auf

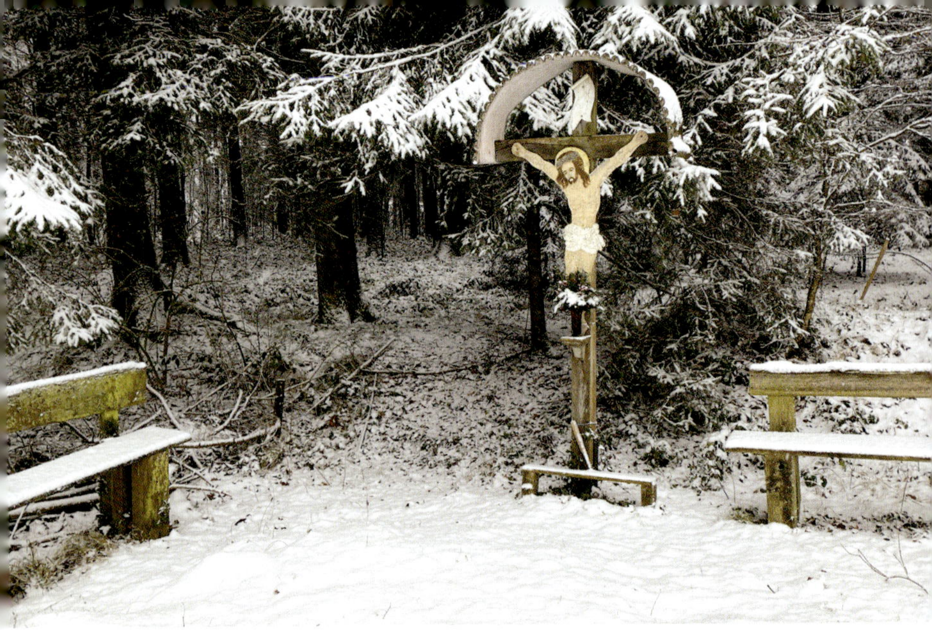

dem weiteren Weg blickt ein Pferd interessiert aus seinem Stall, zieht es allerdings vor, sich nicht in die kalte Winterluft zu begeben. Vom ehemaligen Bildungshaus Bad Dachsberg führt ein gepflegter Waldsteig zu einem Kraftplatz, auf dem eine Mariengrotte errichtet wurde. Hier soll sich die erste Burg von Dachsberg befunden haben. Kurz danach treffen wir auf das heutige Schloss Dachsberg, das bereits im Jahr 1215 urkundlich erwähnt wird und eine wechselvolle Geschichte hat. Seit dem Jahr 1921 ist es in Besitz der Oblaten des hl. Franz von Sales, die darin eine Schule betreiben. Seit 1981 wird diese als Vollgymnasium geführt. Bald danach erreichen wir wieder unseren Ausgangspunkt.

🕒 **2 Stunden ↔ 6 km ↗ 90 hm**

Ausgangspunkt: Gasthof Lackner in der Steingrub, Großsteingrub 8, 4731 Prambachkirchen, Tel. +43 72 77 32 2 13, gasthauslackner.at

Öffis: von Linz Hbf. mit LILO S5 Richtung Peuerbach, in Prattsdorf-Dachsberg zu Fuß 18 Minuten bis zum Lacknerwirt

Gaumenfreuden im Krippendorf

Vom Landgasthof Ledererwirt aus geht es auf eine dörfliche Krippenreise in Geboltskirchen.

Interessiert blickt der kleine Timo auf die blitzenden Töpfe in der Küche seines Großvaters Franz Mayrhuber im Hausruckviertler Dorf Geboltskirchen. So werden wohl die Weichen für einen zukünftigen Dorfwirt gestellt. Was der Opa aus seinen vielen Töpfen und Pfannen zaubert, können wir bald selbst kennenlernen. Es beginnt mit einem Rehschnitzel mit Speckwürfeln, Weintrauben, Broccoli und Kroketten. Ein zartes und geschmackvolles Wildvergnügen. Dazu gibt es ein naturtrübes Stiegl-Paracelsus-Zwickl. Dann folgt das Ledererpfandl: ein Schweinefilet mit Pfefferrahmsauce, verfeinert mit Kalbsfond

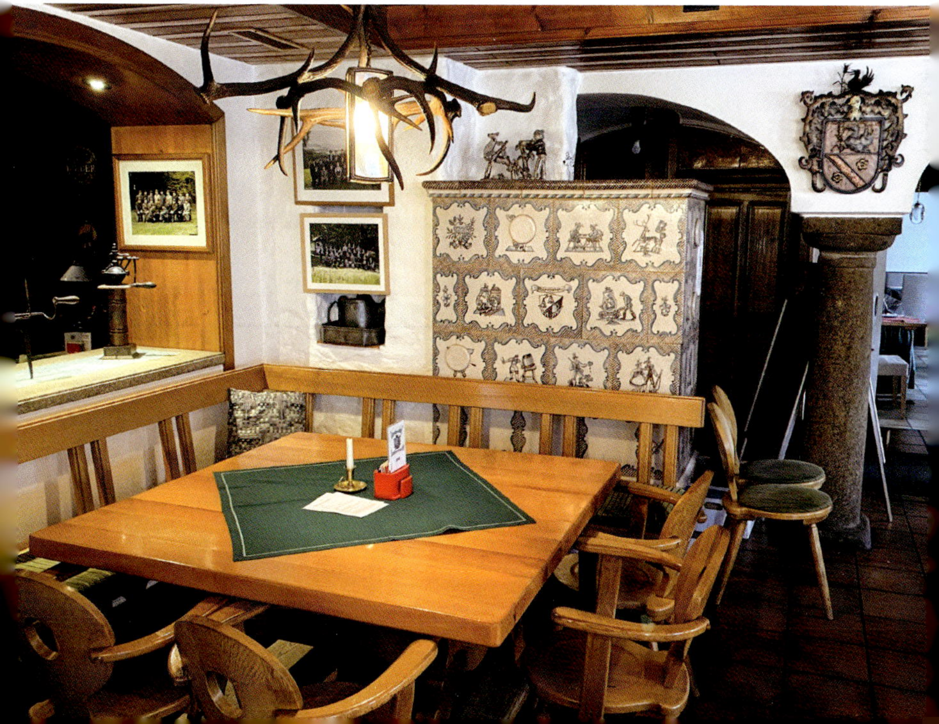

und grünen Pfefferkörnern, dazu Butterspätzle und Gemüse. Eine bei den zahlreichen Stammgästen beliebte Kultspeise, die daran erinnern soll, dass im mehr als 300 Jahre alten Familienbetrieb auch einmal eine Lederei untergebracht war. Eine Zeit lang diente das Gebäude auch als Amtmannhaus des Ortes, wie der Wirt erzählt. „Unser Familienbetrieb hat eine lange Geschichte, was auch auf dem Familienwappen zu erkennen ist. Es zeigt mit der Ritterrüstung am Wappenrand, dem Vogel mit der Ähre und dem Blumenmotiv im unteren Teil des Wappens die langjährige Tradition auf. Schon früher waren Mensch und Tier in der Pferdestation bei uns gut aufgehoben, heute verwöhnen wir unsere Gäste mit kulinarischen Köstlichkeiten, gutem Bier und gepflegten Weinen." Seit 1994 bewirtet er überwiegend Einheimische, aber auch Urlauber, vorwiegend aus Tschechien.

Auf Krippentour

Auf dem anschließendem kurzem Krippenweg entdecken wir auf 17 Stationen neben orientalischen auch heimatliche Krippen in vielfältigen Varianten. Einmal ist die Geburtsszene in ein Ross-Kummet eingebettet, dann in einen ausgedienten Humidor, dann wieder in eine Spanschachtel oder einen Baumstock. Die Butterfass-Krippe weist eine Besonderheit auf: Gleich vier verschiedene biblische Szenen sind eingebaut. Wenn man die Kurbel dreht, wechselt die Verkündigung zur Herbergssuche, dann zur Geburtsszene und schließlich zur Flucht nach Ägypten. Der gesamte weihnachtliche Zyklus in einem kleinen Holzfässchen verpackt. Teilweise befinden sich die Krippen hinter Häuserfenstern oder in eigens gefertigten Holzkästen. Mit viel Kreativität werden unterschiedliche Materialien eingesetzt. So finden wir Lehmmandl-Figuren oder solche aus Maisstroh, Ton oder Zahnstochern. In einem Teich befindet sich eine schwimmende Krippe mit Figuren, die mit einer Motorsäge geschnitten wurden. Vor der Kirche erblicken wir eine Bretterkrippe. Konsulent Wolfgang Seiringer, selbst geprüfter Krippenbaumeister,

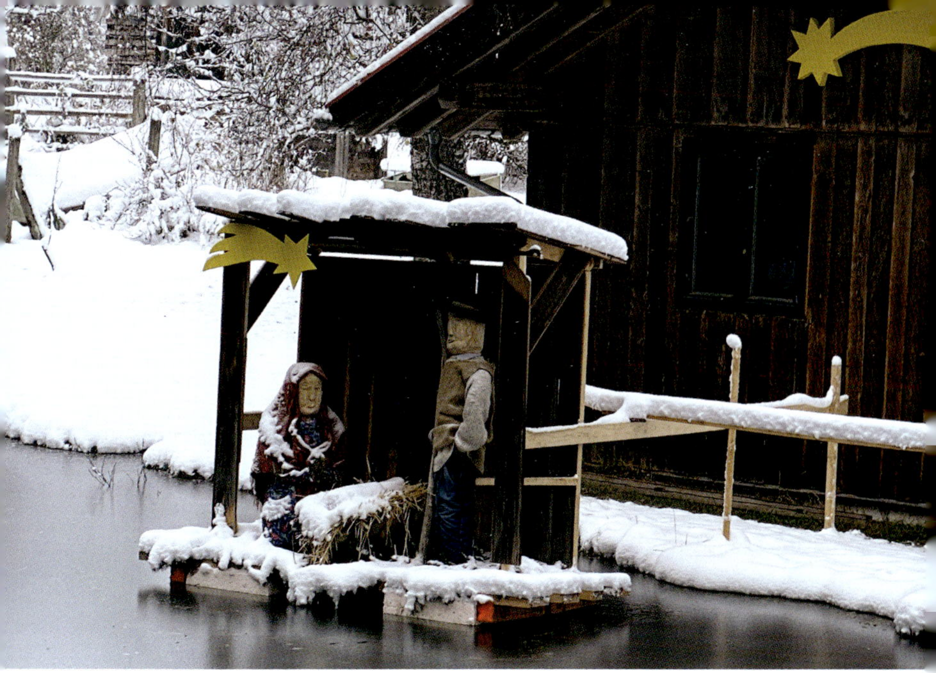

ist Obmann des 2003 gegründeten örtlichen Krippenvereins und einer der Initiatoren des Krippenwegs. Seit 2006 befindet sich hier die Landeskrippenbauschule Oberösterreich. „Die Ausbildung dauert vier Jahre und führt vom Krippenbauhelfer stufenweise zum Krippenlehrer und Kursleiter bis hin zum Krippenbaumeister.“ Seiringer leitet seit 2007 die Krippenbauschule, etwa 50 neue Krippen entstehen hier jährlich. Die Ergebnisse dieses fruchtbaren Schaffensprozesses stimmen uns auf eine besinnliche Jahreswende ein. Auf dem langen Rundweg Nr. 2 können wir auf 2,5 km weitere sechs Krippen-Stationen besuchen, darunter auch mehrere idyllisch in der Winterlandschaft ruhende Kapellen.

Rundweg Nr. 2: 🕒 **50 Minuten ↔ 2,5 km** (Abkürzung möglich)
Ausgangspunkt: Landgasthof Ledererwirt, Feld 2, 4682 Geboltskirchen, Tel. +43 7732 3515, ledererwirt.com
Öffis: von Linz Hbf. mit REX 1776 Richtung Passau, in Neumarkt-Kallham R5966 Richtung Simbach, in Ried Bus 853 nach Geboltskirchen

51

Frankenburg
Speisen mit Schmähfaktor

Vom Strattnerhof in Frankenburg geht es auf dem Wasserwanderweg durchs Redltal und in den Hausruckwald.

Dem Seniorwirt des Strattnerhofs, Gerhard Zechmeister, sitzt der Schalk im Nacken. Bereits von Kindesbeinen an hat er Wirtshausluft geschnuppert, denn kurz nach seiner Geburt kauften seine Eltern 1957 den Strattnerhof. Gäste aus Frankenburg und Umgebung schätzen den trockenen Schmäh des Wirts – eine Stammtischrunde amüsiert sich gerade köstlich über eine seiner gelungenen Pointen. Zechmeister aber weiß: „Das Wichtigste in unserem Gasthaus ist die gute Küche, für deren weithin bekannte Qualität meine Frau Beate zuständig ist.“ Besonders beliebt sind bei den Stammgästen die Bratknödel, eine Spezialität des Hauses: Essenziell ist dabei das Paprikapulver, das neben gehacktem Paprikagemüse und Knoblauch unter das gemischtfaschierte Brat gemengt wird. Dann wird es in Strudelteig – also einem Teig, der nur aus Mehl, Wasser und Ei besteht – gedreht und in Wasser gekocht. Dazu gibt es Rahmcreme und Sauerkraut. Beim Zerteilen des Knödels muss sich der Teller rot färben, daran erkennt man die echten Frankenburger Bratknödel. In den benachbarten Orten im Hausruck sehen diese schon wieder anders aus und schmecken auch eine Nuance anders.

Bei weiteren Knödelvarianten besteht im Strattnerhof die Fülle aus Innviertler Kübelspeck, Selchspeck oder Grammeln. Für den Kübelspeck wird im Innviertel Rückenspeck mit speziellen Gewürzen mindestens sechs Wochen in Salzlake gesurt. Neben saisonalen Speiseschwerpunkten wie Spargelwochen geht es nach dem Motto „Reise um die Welt“ kulinarisch auch in ferne Länder, beispielsweise mit mexikanischen Spezialitäten. In der Schwammerlzeit gibt es weitere beliebte Klassiker, so den gebratenen Saibling mit Eierschwammerl-Risotto. Tochter Claudia ist bereits die neue Chefin und erwähnt noch einige der gerne nachgefragten Nachspeisen. Dazu gehören die Schwarzbergdatschkerl. Sie werden aus Palatschinkenteig gemacht und schmecken köstlich. „Es müssen Schwarzbeeren aus dem Wald sein. Gewöhnliche Heidelbeeren sind dafür nicht geeignet. Die Echtheit dieser Nachspeise erkennt man anschließend daran, dass die Zunge nach dem Verzehr sicher blau gefärbt ist", erzählt die Juniorchefin. „Und im Herbst werden die Äpfel aus dem eigenen Garten zu knusprigen Apfelscheiben verarbeitet, die in Teig herausgebacken werden."

Wasser & Botanik

Eine Radtour auf dem Wasserwanderweg Nr. 122 führt uns von Frankenburg mitten in den Hausruckwald. Informationstafeln geben Einblick in die Technik der Wasserversorgung und machen bewusst, wie wertvoll und kostbar der Zugang zu reinem Trinkwasser ist. Zahlreiche kleine Naturbäche begleiten uns, bevor wir ins idyllische Tal des Redlbaches gelangen. Aus dieser Region stammt das ausgezeichnete Trinkwasser für den Ort Frankenburg. Urige Hausruckviertler Holzhäuser erinnern an die Baukultur der

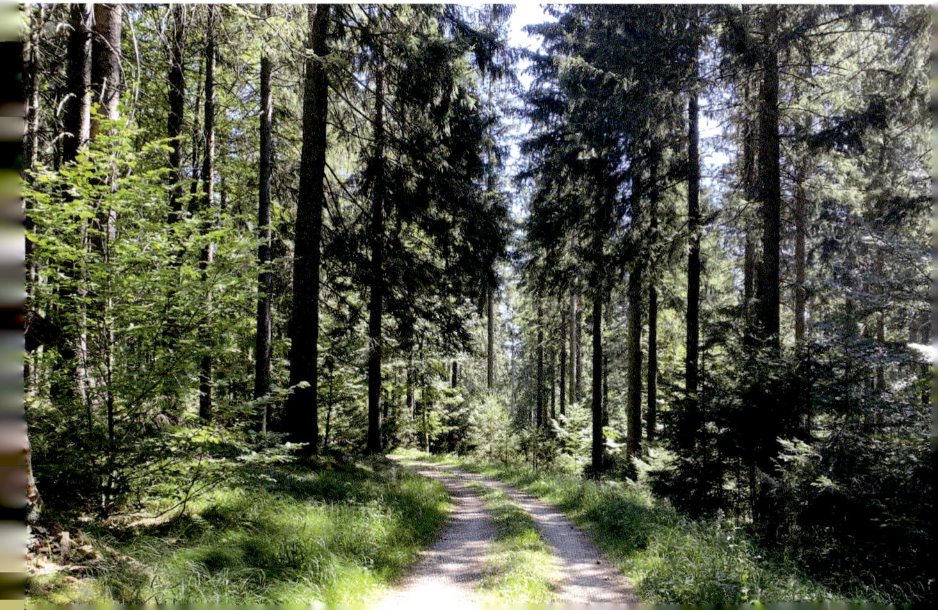

Vergangenheit. Ausblicke in den Süden erstrecken sich auf den Kamm des Höllengebirges bis zum Traunstein. Bei der Ortschaft Redleiten machen wir einen Abstecher nach Hintersteining, wo sich ein besonderes Naturjuwel, der botanische Garten, befindet. Seit den 1960er-Jahren wurden hier an die 1 000 imposante und ungewöhnliche Gehölze aus Asien, Nordamerika, Afrika und Südamerika gepflanzt. Der ehemalige Bankdirektor Josef Pachinger von Frankenburg war maßgeblich an der Revitalisierung beteiligt und erinnert sich: „In den 1990er-Jahren kaufte die Gemeinde Frankenburg das 2,45 ha große Areal von der Familie Limbeck-Lilienau an. Mit großem Einsatz von 120 Helfern gelangt es, die verwilderte Grundfläche zu einem botanischen Schmuckstück zu verwandeln. Auch jetzt noch jäten und schneiden ehrenamtliche Mitarbeiter das ganze Jahr über.“ Interessant, bei einem Rundgang durch den Garten einen riesigen Mammutbaum oder die Gold- oder Kamtschatka-Birke mit ihren fächerartig hochragenden Stämmen zu betrachten. Alle diese Exoten scheinen sich auch in unmittelbarer Nähe des Hausruckwaldes wohlzufühlen.

Wasserwanderweg Nr. 122: 🕒 **1,5 Stunden** (E-Bike) ↔ **16 km** ↗ **250 hm**
Ausgangspunkt und Einkehr: Strattnerhof, Erlat 5, 4873 Frankenburg/Hausruck, Tel. +43 7683 8331, Tel. +43 664 451 42 60 oder +43 676 550 18 68, strattnerhof.at
Öffis: von Linz Hbf. Zug bis Vöcklabruck, von dort Bus 700 nach Frankenburg

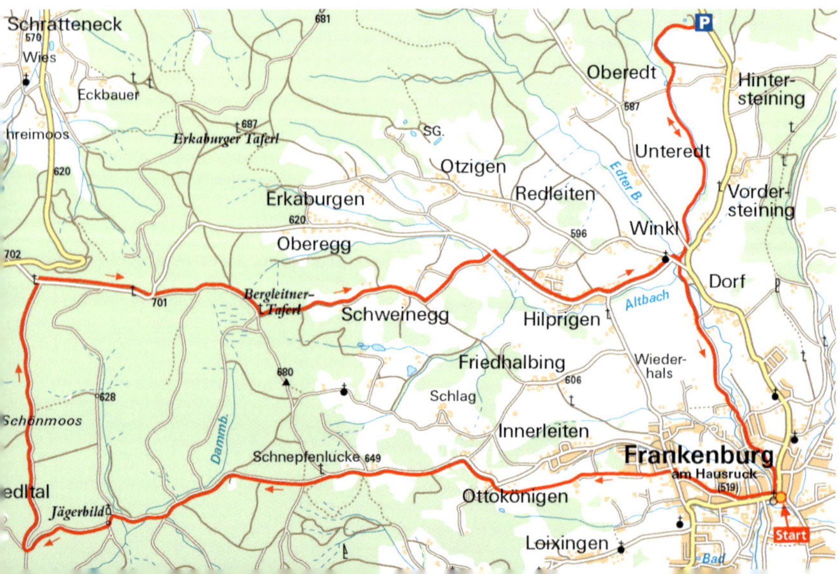

Speisen am Tarockradweg

Vom Spitzerwirt bei St. Georgen führt der Tarockradweg durch den idyllischen Attergau.

Wenn ein Gasthof ein Zentrum des legendären Kartenspiels Tarock ist und auch noch ein Tarockradweg vorbeiführt, so ist das einen Besuch wert. Der Spitzerwirt liegt zwei Kilometer außerhalb von St. Georgen im Attergau in der Ortschaft Kogl. Wirt Gottfried Spitzer ist ein gewinnender Mensch, der jedem Besucher das Gefühl vermittelt, hier zuhause angekommen zu sein. Dies schätzen nicht nur die die einheimischen Ausflügler und Stammtischgäste, sondern auch die langjährigen, vorwiegend aus Deutschland angereisten Urlaubsgäste. Wir starten das Menü mit einem Schäfersalat: Er besteht aus mehreren Stückchen Lammschnitzel in buntem Sesam-Mantel mit Schaffrischkäse auf buntem Blattsalat, dazu gibt es ein ofenwarmes Knoblauchstangerl. Eine äußerst geschmackvolle und dazu auch gesunde Speise. Ebenfalls sehr gut mundet der Schaferlsalat mit gegrilltem Saiblingfilet und karamellisiertem Schaffrischkäse auf buntem Blattsalat. Gottfried Spitzer erzählt über die Herkunft seiner Produkte: „Wir beziehen die Saiblinge aus Unterach am Attersee, und die Kalbsleber von einem Bauern, der seine Tiere zuhause schlachtet, um lange Transportwege in den Schlachthof zu vermeiden. Wir bekommen dafür beste heimische Qualität.“ Andere Gäste genießen eine zarte Leber natur mit Rösterdäpfeln. Auch die Nachspeise kann sich schmecken lassen: „Die Hasenöhrl mit Zwetschkenröster sind aus Weinmürbteig gebacken, so Wirtin Karolin. Zu Recht wurde das Landwirtshaus vor einigen Jahren zum Genusswirt des Jahres gewählt. „Unser Betrieb befindet sich seit rund 150 Jahren in Familienbesitz“, erzählen die Gastgeber.

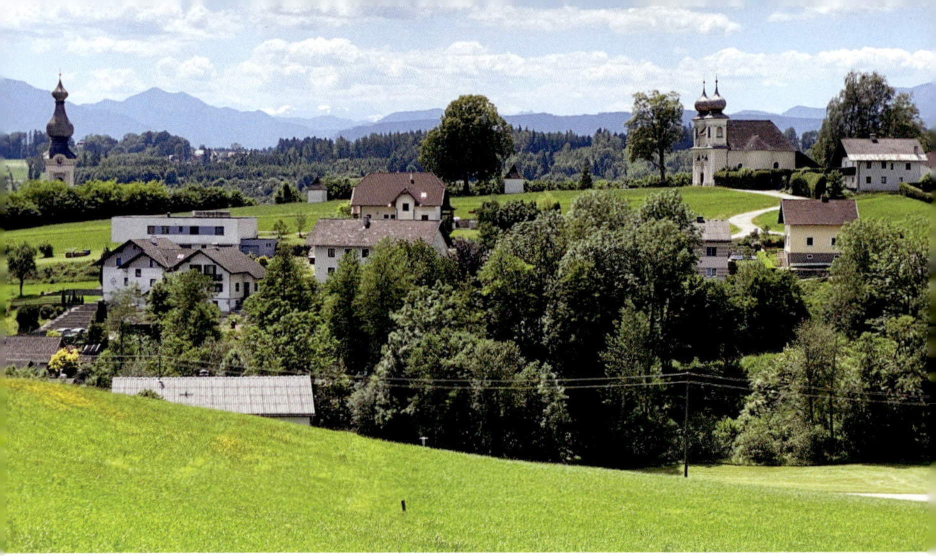

Blick auf Vöcklamarkt mit seiner markanten Kalvarienbergkirche

Vom Tarock zum Würfelspiel

Der Tarockradweg ist mit der Nummer R 100 markiert und führt durch die reizvolle Attergau-Landschaft. Als Varianten kürzen die Routen R 101 und R 102 die gesamte Strecke von 45 auf 37 km ab. Der leidenschaftliche Tarockspieler Hans Fischer aus St. Georgen war einer der Initiatoren dieses Radweges. „Wir wollten das Tarockspiel mit der Wirtshauskultur verbinden. Deshalb führt der Radweg an einer guten Handvoll an Wirtshäusern vorbei, in denen das Tarockspiel gepflegt wird. Beim Hausruck-Cup nehmen in der Tarocksaison, die von September bis März geht, 3 600 Personen teil." Der idyllische Weg führt entlang frisch gemähter Wiesen und wogender Getreidefelder. Am Horizont können wir die Berge vom Traunstein über Höllengebirge, Dachstein und Schafberg erblicken. Auch Orte von historischer Bedeutung werden durchquert. In der Ortschaft Hausham erinnert ein steinernes Denkmal inmitten hoher Linden daran, dass hier vor dem Hintergrund der Gegenreformation Graf von Herberstorff am 15. Mai 1625 aufständische Bauern um ihr Leben würfeln ließ – der Auftakt zum oberösterreichischen Bauernaufstand. Das Volksschauspiel „Frankenburger

Würfelspiel", das alle zwei Jahre stattfindet, erinnert noch heute an das grausige Blutgericht am Haushamerfeld.
In Vöcklamarkt lädt die Pfarrkirche Mariä Himmelfahrt zu einem Besuch ein. Sie ist ein kunsthistorisches Juwel und wird zu Recht „Dom im Vöcklatal" genannt. Auf der auf 1512 datierten Empore beeindrucken kunstvolle spätgotische Steinmetzarbeiten. Die Figuren der hl. Margarethe mit der Krone und des hl. Georg als Drachentöter weisen eine ergreifende Schlichtheit auf. Entlang des Eggenberger Waldes begleiten wir ein schönes Wegstück die mäanderartig fließende Dürre Ager und erreichen anschließend wieder den Ausgangspunkt beim Spitzerwirt.

Strecke: 🕒 **2,5 Stunden** (E-Bike, ohne Besichtigung) ↔ **37 km** ↗ **500 hm**
Ausgangspunkt: Spitzerwirt, Kogl 17, 4880 St. Georgen im Attergau, Tel. +43 7667 6590, spitzerwirt.at
Öffis: Linz Hbf. Zug RJ 542 Richtung Salzburg, in Vöcklabruck Bhf R 5060 Richtung Freilassing, in Vöcklamarkt R 8314 Richtung Attersee, Haltstelle Kogl, ab da wenige Radfahrminuten zum Landgasthof Spitzerwirt

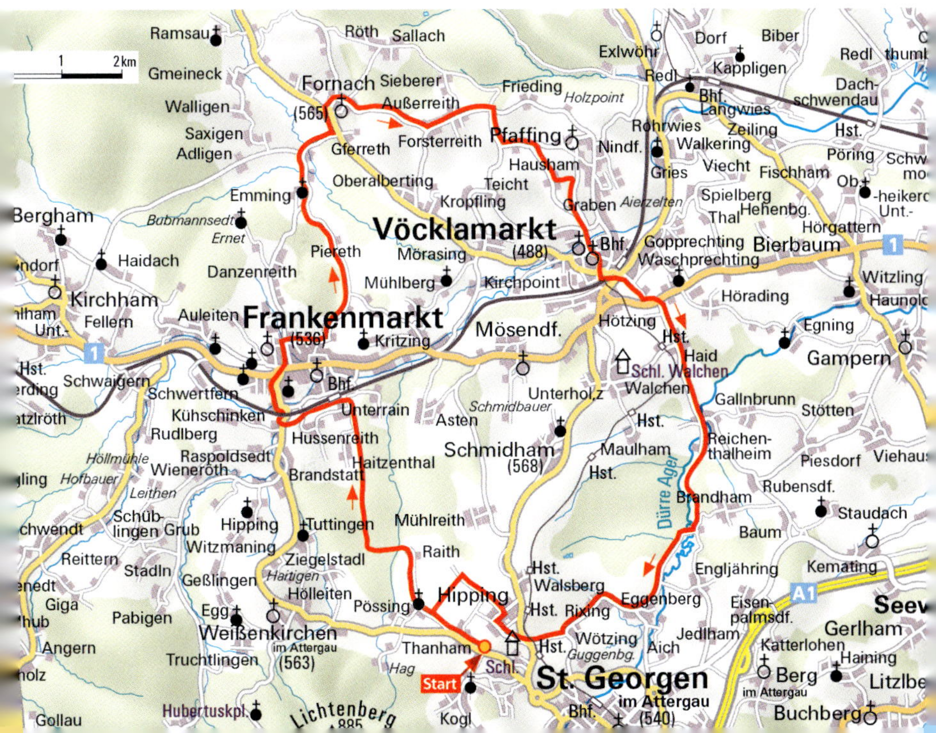

53 Desselbrunn
1500 Jahre Gastfreundschaft am Traunfall

Fluss-Schnorcheln in der Traun Aug in Aug mit kapitalen Hechten, das ist am Traunfall möglich.

Wenn Rudolf Kastenhuber das Alter seines Gasthauses beim Traunfall im Desselbrunner Ortsteil Viecht auf mindestens 1500 Jahre beziffert, so klingt das zunächst unglaublich. Nachvollziehbar wird es allerdings, wenn er erklärt, dass schon seit der Bronzezeit auf der Traun Salz transportiert wurde und der Traunfall seit jeher eine äußerst gefährliche Stelle war, wo die Flößer verpflegt werden mussten. Darum berichten Quellen über ein Gast- und Schankrecht seit altersher. Seit 1910 befindet sich der Landgasthof in Besitz seiner Familie, nunmehr bereits in fünfter Generation. Der Wirt mit Leib und Seele empfiehlt als Spezialität des Hauses zweierlei Fischfilet, nämlich Lachsforelle und Zanderfilet mit Risotto-Reis und Gemüse. Dazu serviert Tochter und Juniorchefin Margit ein Glas Grünen Veltliner vom Weingut Beyer aus Retz. Die lebendige Säure und ein dezentes Pfefferl machen ihn angenehm trinkfreudig. Auf der Terrasse mit einzigartiger Lage direkt an der Traun mit Blick ins Höllengebirge schmecken die Speisen des Familienbetriebs besonders gut, die vom Hirschragout mit Semmelknödel und Preiselbeeren bis zur veganen Reispfanne mit Grillgemüse und Kokos-Currysauce reichen. Wir runden unser Essen mit einer Traunfallschnitte ab: Die Eigenkreation des Hauses besteht aus einem Nusskuchen mit Vanilleeis, Schlagobers und Schokosauce, die eine wunderbare geschmackliche Einheit bilden. Ein Familienbetrieb, bei dem sich nicht nur Jäger, Bauern, Kegelschieber oder Kartenspieler bei Stammtischrunden an der Gastfreundschaft der Wirtsleute erfreuen, sondern auch Besucherinnen

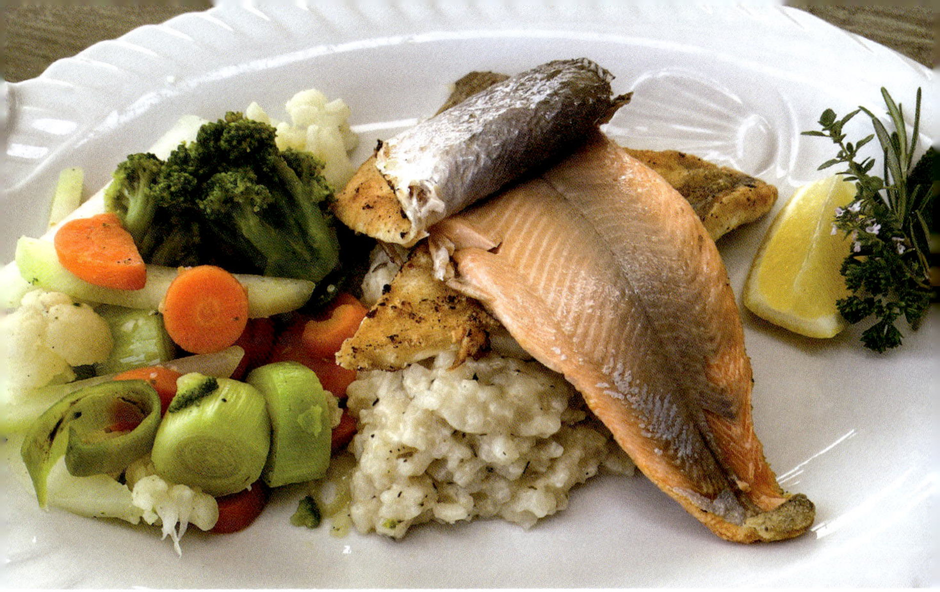

und Besucher aus ganz Oberösterreich und dem benachbarten europäischen Ausland. Das nagelneue Vier-Sterne-Hotel mit rund 50 Betten lädt zudem zu einem längeren Aufenthalt am Europaschutzgebiet Traunfall ein.

Traunfallrundweg

Direkt vom Gasthaus aus starten wir zu diesem Naturschauspiel: Die Wassermassen der Traun donnern auf 200 m Länge mit einer Fallhöhe von 12 m in die Tiefe. Vom Holzsteg, der mitten hindurchführt, lässt sich das tosende Wasser bestens betrachten und genießen. Erst im Jahr 1552 ermöglichte ein Flößerkanal die Durchfahrt von Schiffen. Ab 1835 übernahm allerdings die neu errichtete Pferdeeisenbahn von Linz bis Gmunden einen Großteil des Salztransportes. 1911 kam die Salzschifffahrt gänzlich zum Erliegen. Der weitere Weg führt auf die Traunfallbrücke, von der aus wir das über der Traun liegende Landgasthaus Kastenhuber mit dem Kraftwerk Siebenbrunn erblicken.
Ein besonderes Abenteuer ist es allerdings, die Traun nicht nur vom Ufer zu betrachten, sondern unter Wasser zu erleben. Ausgerüstet mit Taucherbrille, Schnorchel, Flossen und einem

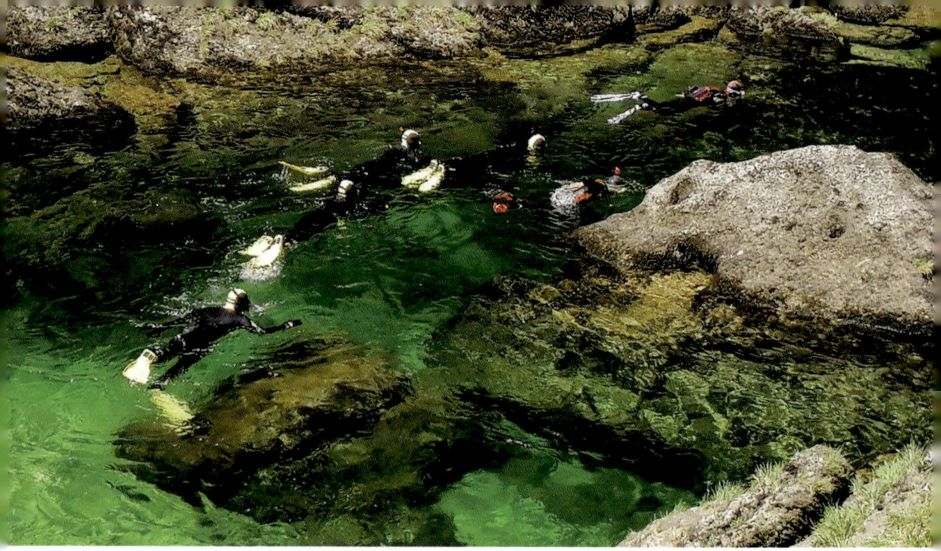

wärmenden Neoprenanzug geht es ins Unterwasserkino. Wir wählen eine Strecke oberhalb des Traunfalls, nämlich nördlich von Gmunden. Von dort sind es sechs Kilometer bis ins nahe Laakirchen. Der Fluss bestimmt das Tempo, wie man über schnelle, tiefe oder sehr flache Abschnitte, glattgeschliffene Felsen oder Muschelkolonien vorankommt. Eine biologische Vielfalt tut sich auf, von Flusskrebsen über Insektenlarven bis hin zu den Fischen. Faszinierend, den größten Süßwasserfisch, einen riesigen Huchen, zu entdecken oder auf Armlänge einem Methusalem-Hecht mit einer Länge von 120 cm minutenlang in die Augen zu blicken. Er ist wie alle großen Hechte ein Weibchen und wird „Big-Mama" genannt. Beeindruckend auch, über einzigartig große Barbenschwärme zu gleiten oder Forellen und Flussbarsche zu beobachten. Eine traumhafte und intensive Begegnung mit der Traun.

Strecke: 🕒 **5 Minuten → 1 km**
Ausgangspunkt: Gasthof Kastenhuber, Viecht 8, 4693 Desselbrunn, Tel: +43 7673 6036, kastenhuber.at
Öffis: Linz Hbf. S2 Richtung Salzburg, in Lambach Bahnhof Bus 505 Richtung Gmunden, Haltestelle Roitham am Traunfall, Traunfallbrücke, dann 5 Gehminuten
Fluss-Schnorcheln: www.flusstauchen.at, www.traunfall.com

Von der Raubrittertaverne zum Kultiwirt

Vom Hackschmiedemuseum führt eine der längsten Kastanienalleen der Welt zur Villa Rustica.

„Die Welt gehört dem, der sie genießt!" Genau dazu lädt die Familie Dickinger ihre Gäste in der Hoftaverne in Bad Wimsbach-Neydharting ein. Deshalb ist die geschichtsträchtige Gaststätte auch Mitglied bei den Kultiwirten. Mit einer geschmackvollen und auch optisch anregenden Spargelcremesuppe starten wir unser Genussmahl. Als Hauptspeise empfiehlt Juniorchef Johannes Dickinger als besondere Spezialität des Hauses ein Almtaler Lachsforellen-Filet auf Selleriecreme mit saisonalem Gemüse und Chilifäden. Aus dem selektiv nur mit einer Handvoll ausgewählter Spitzenwinzer bestückten Weinkeller erhalten wir einen speziell dazu passenden Wein, nämlich einen Sonnhof-Platin-Riesling von Jurtschitsch aus dem Kamptal. Pure Harmonie. Seniorchef Johann schlägt von dem Gericht eine Brücke zur Geschichte des Hauses: Der Fisch stammt nämlich aus dem wenige hundert Meter entfernten Schlossteich, der früher zum Wasserschloss Neydharting nahe dem Wimbach gehörte. Ebendieses war allerdings früher eine Raubritterburg und hatte die heutige Hoftaverne in ihrem Besitz. Heute existieren nur noch letzte Reste des ehemaligen Anwesens, die Hoftaverne ist seit 1972 in Familienbesitz. So positiv kann sich Geschichte entwickeln.

Johann führt uns in den historischen Weinkeller, der ebenfalls schon mehrere Jahrhunderte zählt und mittlerweile bestens renoviert ist. So manche Geburtstagsfeier oder Weinverkostung hat in diesem stimmungsvollen Ambiente stattgefunden. Den kulinarischen Abschluss können wir mit einer Spezialität der Seniorchefin und Küchenchefin Christine Dickinger genießen: Es ist ein Almtaler Kirschenschmarren. Er ähnelt etwas dem Kaiserschmarren, ist aber ungleich zarter, weil nicht mit Milch, sondern mit Sauerrahm gemacht. Rotweinkirschen und Apfel-Basilikum-Sorbet gehen dabei eine großartige geschmackliche Harmonie ein. So eine Speise kann nur mit Liebe und einem großen Portion Kreativität entstehen. Ein Abschluss, der in Erinnerung bleibt und das Motto des Hauses bestens ausdrückt … siehe oben.

Zu Besuch im Museum

Mit dem Besuch von zwei interessanten Museen im Ortszentrum beginnen wir unseren Besuch in Wimsbach-Neydharting. Sie werden mit großem Engagement von Mitgliedern des örtlichen Kulturvereins betreut. Im innovativ gestalteten Tempus Museum wird die Frühgeschichte der Region dargestellt. Franz Wimmer führt durch die Ausstellung und präsentiert Pfeilspitzen aus der Bronzezeit, Ruinen eines römischen Landhauses und Ohrringe aus dem 7. Jahrhundert. Die Qualität dieser Goldschmiedearbeit beeindruckt auch heute noch. Ein kurioses Ausstellungsstück sind die Flugzeugteile eines amerikanischen Bombers, der im Jahr 1944 im Ort abgeschossen wurde. Im

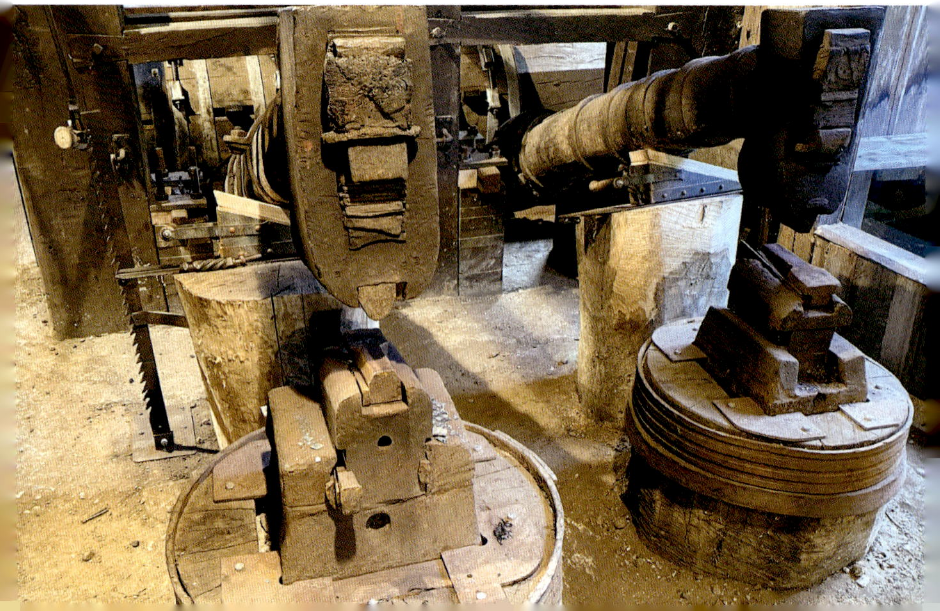

gegenüber am Wimbach gelegenen Hackenschmiedemuseum können wir in einer der ältesten Schmieden Österreichs in die versunkene Welt alter Schmiedekunst eintauchen: Seit 1604 bis 1968 wurden in der auch heute noch funktionsfähigen, wasserradbetriebenen Schmiede eiserne Werkzeuge hergestellt, Krampen, Hacken und bis zu 100 Schaufeln pro Tag. Museumsführer Wilhelm Schütz hat nach der Stilllegung der Schmiede tatkräftig daran mitgewirkt, dass die Anlage als Museum erhalten blieb. „Drei Essen wurden befeuert, um die hohen Temperaturen des Schmiedefeuers zu erreichen", erzählt er. Mit der eindrucksvollen Wasserkraft des Mühlbachs, der vom Wimbach ganzjährig gespeist wird, wurden auch drei Wasserräder angetrieben. Das größte von ihnen hat rund drei Meter Durchmesser und treibt zwei mächtige Schmiedehämmer an. Beeindruckend, wie energieautark und umweltfreundliche dieses Handwerk betrieben wurde. Ein lohnenswerter Museumsbesuch.

Endlose Kastanienallee

Eine Allee, die niemals zu Ende geht. Diesen Eindruck überkommt den Besucher, der ausgehend von der Pfarrkirche in Bad Wimsbach-Neydharting die nach Norden führende Kastanienallee betritt. Eine der längsten zweireihigen Kastanienalleen der Welt mit etwa 600 Meter Länge schmiegt sich in einem sanften Bogen in die Landschaft. Sie wurde gepflanzt, weil die Bewohnerinnen des nahegelegenen Schlosses Wimsbach, in dessen Eigentum sie nach wie vor ist, im Schatten der Bäume zum naheliegenden Wald spazieren wollten. Eben das tun wir auch, allerdings unter frühlingsbedingt zart knospenden Bäumen. Wir sind vom Bahnhof und dem spätmittelalterlichen Marktplatz kommend auf dem Wanderweg Nr. 8 „Zum Almspitz" hierher gelangt. Den Abschluss des romantischen Weges durch die Allee bildet die stimmige Ehrenfeldkapelle. Hier werfen wir nochmals einen Blick zurück und können das den Horizont beherrschende mächtige Haupt des Traunsteins bewundern. Dann geht es

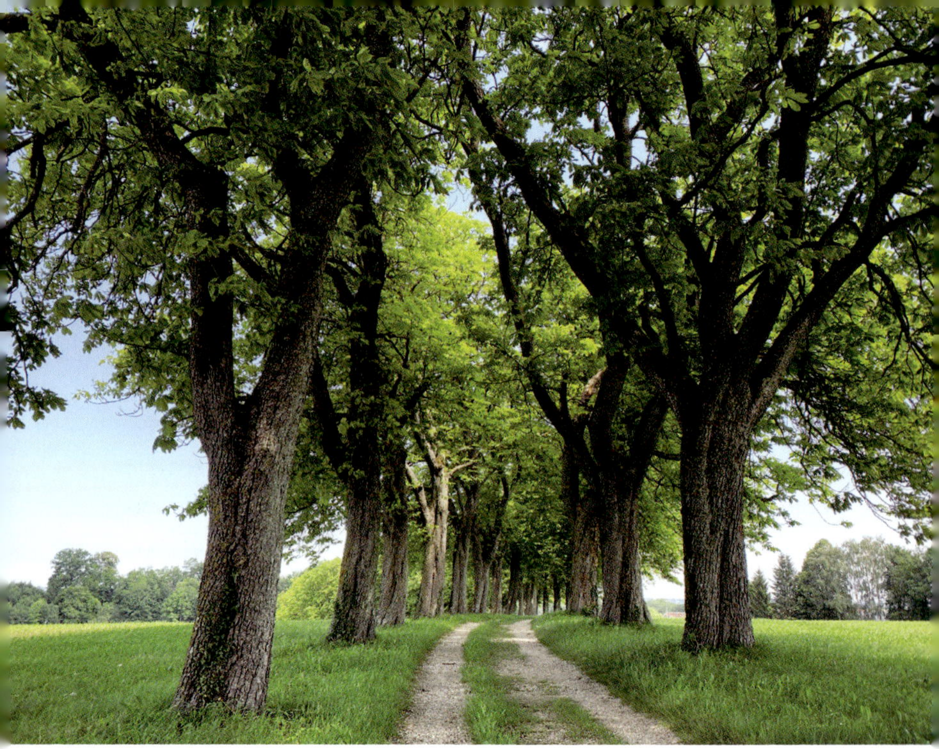

weiter durch Wald und Wiesen, wo uns bald ein historisches Bauwerk überrascht: Mitten in der fruchtbaren Ebene mit der Bezeichnung Totenhölzl tauchen die Ruinen eines antiken Gebäudes auf. Es sind die Überreste eines römischen Landhauses, das als Teil einer größeren Siedlung um 100 n. Chr. errichtet wurde. Während der Markomannenkriege zerstört, wurde es wiedererrichtet und hatte bis ins vierte Jahrhundert Bestand. Die hochstehende Baukultur fasziniert noch heute. Durch Hohlräume im Fußboden und den Wänden wurde das Haus beheizt. Aufgefundene Bleirohre in der Küche lassen den Schluss auf eine Wasserleitung zu. Aus der Perspektive der Neuzeit kann man nur mit Bewunderung auf diese Jahrtausende alte technische Leistung blicken.

Auf dem weiteren Rundweg lädt der Wegweiser „Zum Almspitz" auf einen Abstecher zum Zusammenfluss von Traun und Alm ein. Die Landzunge wird immer enger, bis wir einen schmalen Steinsteg erreichen, an dem sich die beiden Gewässer vereinigen:

Das hellgrüne Wasser der Alm vermischt sich hier mit dem dunkelblauen Wasser der Traun. Als Afrikareisender fühlt man sich an den Zusammenfluss des Weißen mit dem Blauen Nil nördlich von Khartum im Sudan erinnert … Zwei Gewässer mit eigener Geschichte schaffen eine neue Wasserqualität. Ein guter Platz, um eine Pause einzulegen und dem sanften Plätschern zu lauschen. Zurück geht es schließlich dem Rundweg folgend entlang des idyllischen Almufers. Immer nah am Wasser zieht sich der Pfad durch frühlingshaft grüne Auenlandschaft. Das letzte Wegstück wechseln wir zum viel kleineren, aber ebenso lebendigen Wimbach, wo wir das Ortszentrum und nach einigen weiteren Gehminuten den Gasthof Dickinger erreichen.

🕒 **3 Stunden ↔ 10 km ↗ 60 hm**

Ausgangspunkt: Ortszentrum von Wimsbach-Neydharting

Einkehr: Gasthof Dickinger, Neydharting 15, 4654 Bad Wimsbach-Neydharting, Tel. +43 7245 25475-0, gasthof-dickinger.at

Öffis: von Linz Hbf. Zug S 2 Richtung Freilassing, umsteigen in Lambach in Zug R 8213 Richtung Vorchdorf, Hst. Bad Wimsbach-Neydharting

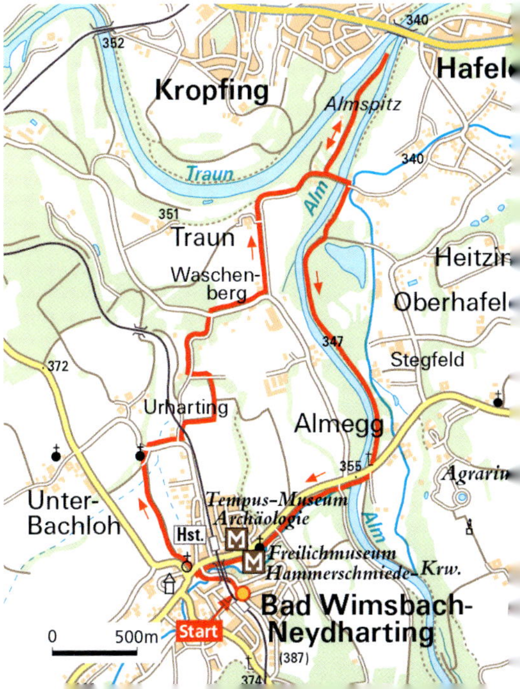

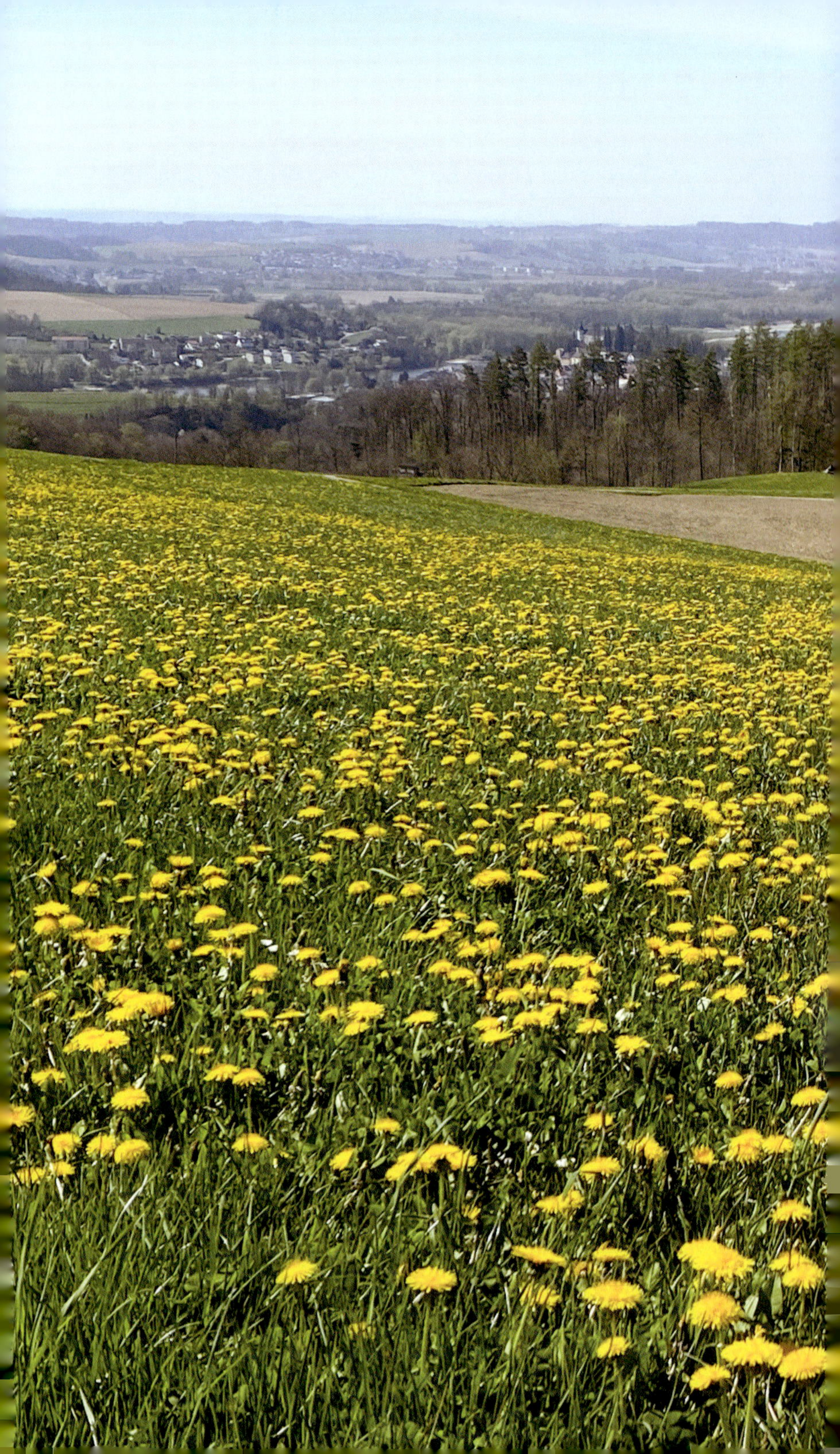

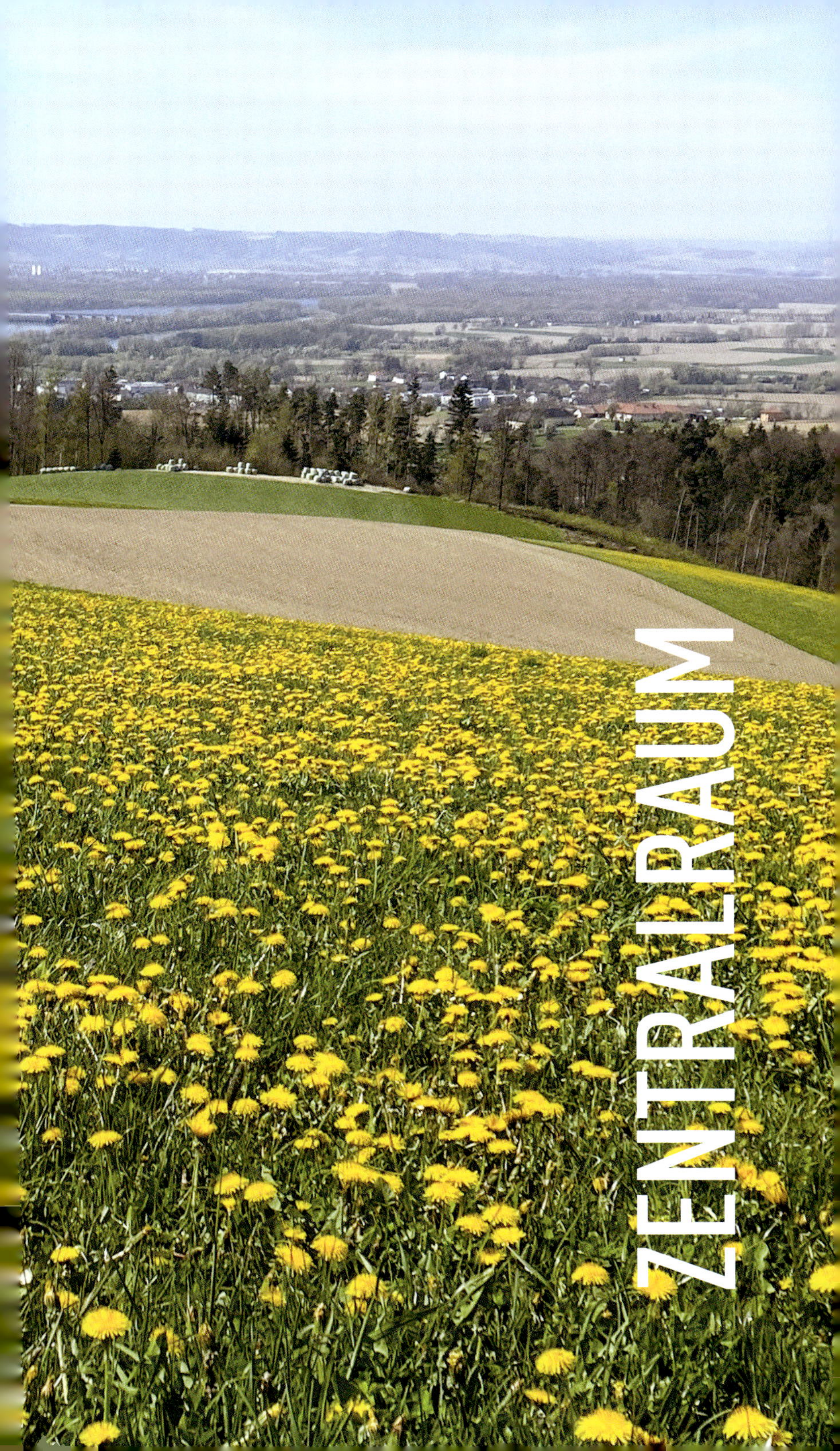

ZENTRALRAUM

55 Neuhofen
Ein Steak aus Karfiol

Entlang der Krems von der Schlosstaverne in Neuhofen aus durch fruchtbares Vierkanterland unterwegs auf dem Arnulfweg.

Eine Schlosstaverne direkt am Kremsfluss im Ort Neuhofen: Hoch darüber thront das Schloss Weissenberg, bereits 1195 urkundlich erwähnt. Schon für das erste nachchristliche Jahrhundert wird hier ein römisches Kastell oder ein Wachturm an dieser Stelle vermutet. Auch die Taverne weist ein beachtliches Alter auf. Das ehemalige Nebengebäude des Schlosses ist seit dem Jahr 1655 ein Gasthof, zeitweise mit einer Kutschenstation und einer Fleischhauerei. Und seit 35 Jahren versorgt hier Christine Kitzmüller mit ihrer Familie hungrige Gäste. Ihr Sohn Markus bereitet als Küchenchef die Spezialitäten der vielfältigen Speisekarte zu. Wir wählen aus dem verlockenden Angebot zum Einstieg ein veganes Karfiol-Steak mit Tomatensalsa, Couscous & Hummus. Schmeckt hervorragend und ist gesund. Als Alternative dazu wählen wir noch rosa Schweinemedaillons mit Pfeffersauce, dazu Erdäpfelrösti und Broccoli. Ein zartes Vergnügen, das mit der würzigen Sauce ein harmonisches Geschmackserlebnis ergibt. Verständlich, dass das täglich wechselnde Menü viele Stammgäste anlockt. Viele Unternehmen in der Region werden auch direkt beliefert. An den Wochenenden finden sich auch Genießer aus dem gesamten oberösterreichischen Zentralraum ein und erfreuen sich an der Hausmannskost und den Spezialitäten je nach Saison, beispielsweise Spargel, Schwammerl, Kürbis oder Wild. Im Sommer laben sich Radfahrer und im Frühling und Herbst Wanderer, die den Arnulfweg begehen. Er ist neben dem Tassilo- und Guntherweg einer von drei nach Bayernherzögen benannten Wanderwegen in Neuhofen/Krems.

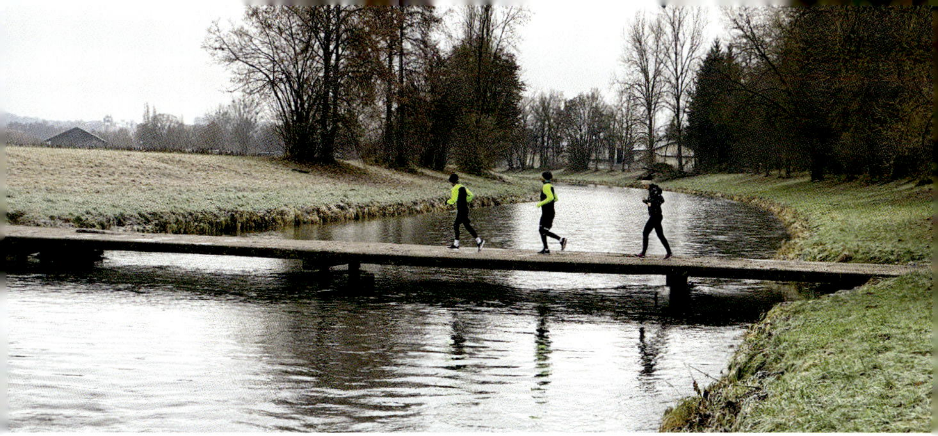

Ganz beschaulich geht es zunächst entlang des Kremsflusses. Das „Steinerne Bründl" lädt zur Pause: Der Wasserstrahl soll von den Tränen einer Nixe stammen, die unentwegt weint, weil Riesen das Bett der Krems so tief eingegraben und den Fluss zu sehr eingeengt haben. Bei einem Brücklein überqueren wir das Gewässer und wechseln, in Neuhofen angekommen, ein Wegstück auf den Guntherweg. Vom Zentrum führt er in östlicher Richtung hinaus aus dem Ort und steigt schließlich zur Siedlung Dambach an. Dann verlassen wir den Guntherweg und folgen weiterhin den Wegweisern Arnulfweg. Wir treffen auf die einsame Annerlkapelle. Sie soll der Legende nach von einem flüchtenden Offizier errichtet worden sein, der sich in der Franzosenzeit in einer Baumkrone versteckt hatte. Er gelobte den Bau der Kapelle, wenn er seinen Verfolgern entkommt. Auf einsamen Güterwegen und Waldstücken, vorbei an Vierkant-Bauernhöfen und fruchtbaren Feldern passieren wir die Ortschaft Zeitlham und erreichen das Schloss Weissenberg. Nach steilem Abstieg beenden wir bei der Schlosstaverne den gut befestigten Rundweg.

🕒 **3,5 Stunden** ↔ **14 km** ↗ **70 hm** auch als Radtour geeignet
Ausgangspunkt: Schlosstaverne, Weissenberg 5, 4053 Haid,
Tel. +43 7227 6644, schlosstaverne.com
Öffis: vom Linz Hbf. mit S 4 Richtung Kirchdorf/Krems,
von Nöstlbach–St.Marien noch 10 Gehminuten

56 Pucking

Geheimtipp mit Gotikgenuss

Der Familiengasthof Zeiner in St. Leonhard bei Pucking erfreut nah und fern mit regionalen Qualitätsspeisen.

Viele Genießer aus dem oberösterreichischen Zentralraum wissen es seit Langem, Durchreisende entdecken es per Zufall oder im Internet: Das Gasthaus Zeiner in Pucking ist ein Geheimtipp für hochwertige österreichische Küche.

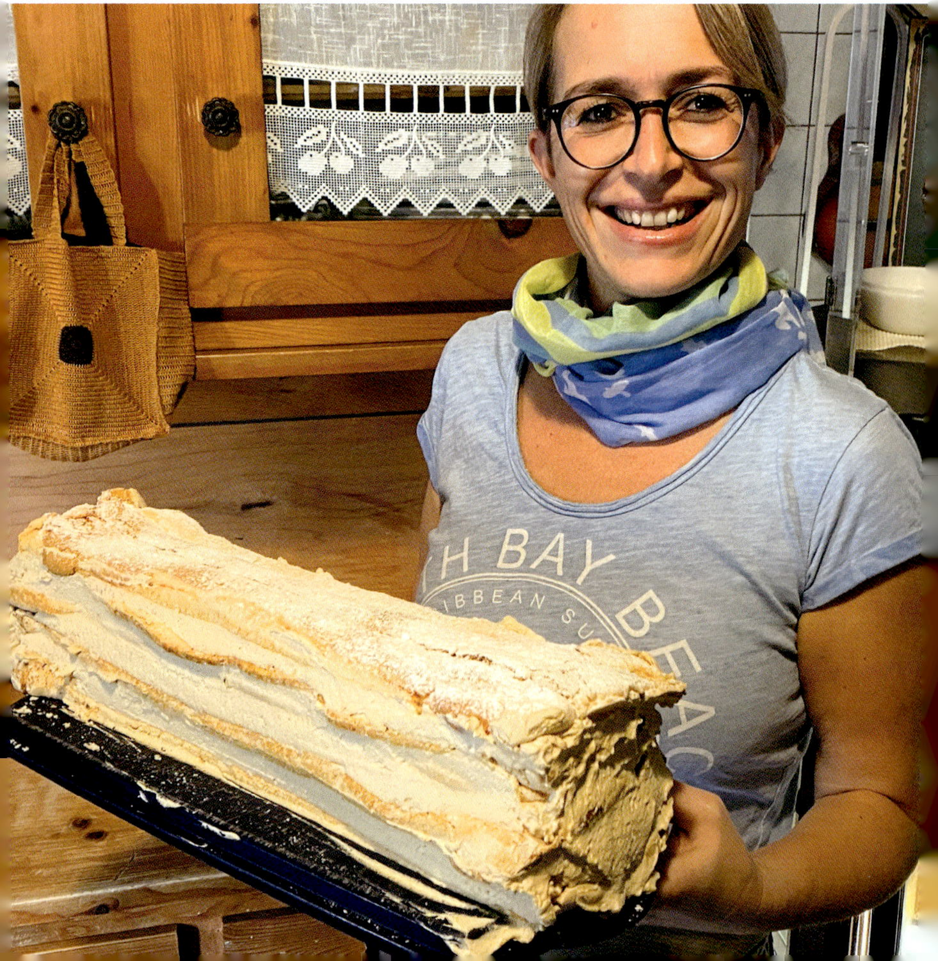

Auf einem sanften Hügel oberhalb des Sippbachtals gelegen, fällt der Blick auf die fruchtbaren Felder des Alpenvorlandes. Es erwartet uns eine gemütlich warme Gaststube. Die charmante Wirtin Marlene Zeiner empfiehlt uns das von ihrer Mutter Regina zubereitete Rindsgulasch: „Die Zwiebeln werden eine dreiviertel Stunde lang sanft geröstet. Dann lasse ich das Fleisch mindestens zweieinhalb Stunden im Gewürzsud köcheln," so die Kochmeisterin. Ein wirklicher Genuss, würzig, saftig und so zart, dass es auf der Zunge zergeht. Dazu gibt es knuspriges Gebäck, das Vater Josef Zeiner in der hauseigenen Bäckerei frisch zubereitet hat. Als weitere Spezialität werden uns Wildhascheeknödel mit Blaukraut serviert, echte Hausmannskost ganz ohne Geschmacksverstärker. Dazu gibt es ein köstliches Zwickl-Bier. Den Abschluss bildet Marlenes selbst gebackene Kardinalschnitte. Zu Recht ist dieser Klassiker unter den Nachspeisen bei den Gästen des Wirtshauses berühmt. Eine luftig cremige Versuchung. Wir erfahren, dass die Familie Zeiner bereits seit dem Jahr 1902 ihre Gäste mit selbstgemachter oberösterreichischer Hausmannskost von Ripperln bis zur Bauernpizza verwöhnt.

Hl. Leonhard, bitt für uns

Als kulturelles Highlight bietet sich der Besuch der unmittelbar sich neben dem Gasthof befindlichen gotischen Wallfahrtskirche St. Leonhard an. Die Pracht der rund 600 Jahre alten Fresken lässt das Herz jedes Kunstfreundes höherschlagen. Fast 300 Quadratmeter an kunsthistorisch wertvollen Wandmalereien wurden im Jahr 1946 durch den österreichischer Kirchenmaler und Restaurator Engelbert Daringer freigelegt und restauriert. Ein Glück für die Nachwelt. Ein gewaltiges Farbenspiel und 200 verschiedene Ornamente fesseln neben der Darstellung von Evangelisten, Kirchenvätern, Aposteln und Heiligen. Das Kirchengewölbe ist mit Sonne, Mond und über 3 000 Sternen übersät. Einzigartig ist die Harmonie zwischen Architektur und Malerei. Wohl eine der eindrucksvollsten Darstellungen ist das Fresko mit dem Erzengel

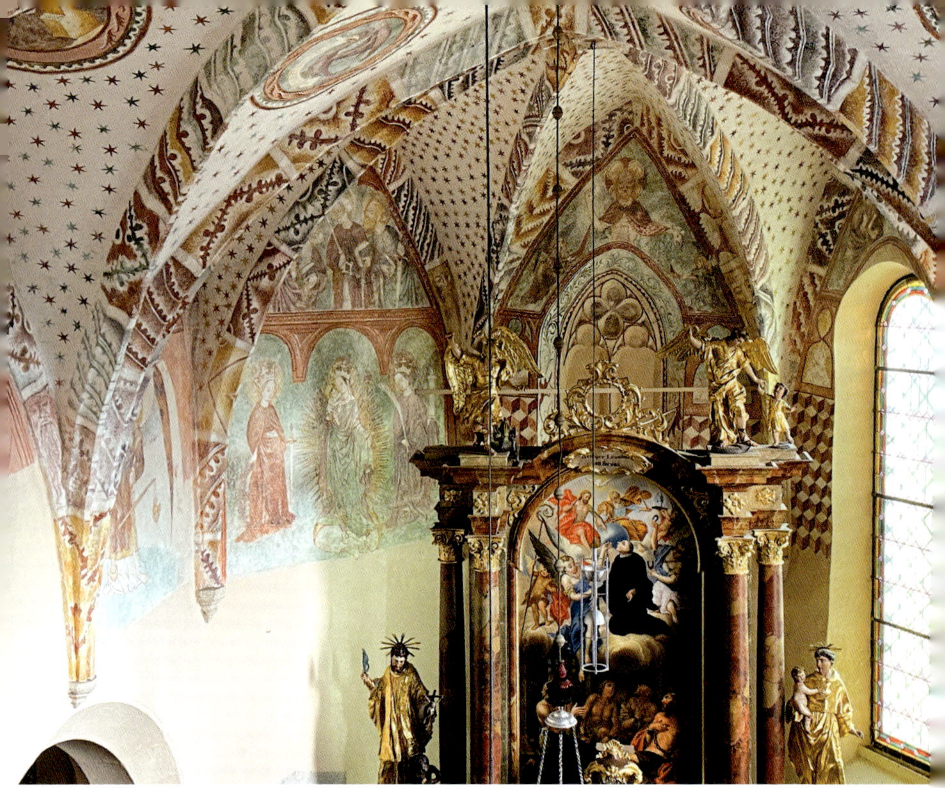

Michael als Seelenwäger. Die Gestalt des Heiligen erfüllt mit seinen weit ausschwingenden Flügeln fast das gesamte Bogenfeld. In der linken Hand hält er eine Waage, auf der der Bittende zur Linken schwerer wiegt und gerettet wird. Der Teufel in der rechten Schale wird als zu leicht befunden, obwohl er einen vollen Geldsack in der Hand hält. Michael zückt das Schwert über ihm. Daneben befindet sich die gotische Figur des hl. Leonhard. Er wird als Patron für die Kranken und Gefangenen und vor allem in der bäuerlichen Welt als Viehpatron verehrt.

Ausgangspunkt für Kirchenbesichtigung: Gasthof Zeiner, St. Leonhard 17, 4055 Pucking,
Tel. +43 7229 884 10, gasthaus-zeiner.at
Öffis: von Linz Hbf. Bahn S4 Richtung Kirchdorf, in Ansfelden Bus 616 bis Pucking, von dort 20 Gehminuten bis St. Leonhard

Für Leib & Seele

Vom Mayr zu Hörling in Buchkirchen führt eine Genusswanderung auf die Höhenrücken zwischen Donau und Traun.

Wie bringt man neues Leben in einen Bauernhof mit 500-jähriger Geschichte? Johann Freimüller hat gemeinsam mit seiner Frau Karin mit viel Einsatz die alten Gemäuer zu einem Gasthaus ausgebaut. Wir starten unsere Mahlzeit im ehemaligen Kuhstall, der heutigen Gaststube, mit einer Kaspressknödelsuppe. Der flache Knödel schmeckt einmalig knusprig in der selbstgemachten Rindssuppe. Er wurde vor dem Bad in der Suppe heiß angebraten. Der Sohn der Wirtsleute, Markus Freimüller, ist der Chefkoch des Hauses und ein Meister seiner Zunft. Das finden wir auch bei der Hauptspeise bestätigt. Es ist ein Kalbsbraten mit Reis, Erdäpfeln und Salat. Das Fleisch wurde mehrere Stunden bei mäßigen Temperaturen gegart. Eine weitere Spezialität des Hauses ist das Krustenbratl mit Serviettenknödeln, Erdäpfeln und warmem Krautsalat. Die Stammgäste loben in höchsten Tönen die Zartheit des von einer knusprigen Hülle umgebenen Bratens. Markus verrät das Geheimnis: „Der Braten wird eine ganze Nacht lang bei niedrigen Temperaturen gegart und dann knusprig angebraten." Eine Eispalatschinke mit Früchten und Schlagobers schließt das Essen ab. Wir können dem Spruch der Mystikerin Theresa von Avila (1515–1582) zustimmen, den die Wirtsleute als Motto ausgewählt haben: „Tu deinem Leib etwas Gutes, damit deine Seele Lust hat, darin zu wohnen." Das war das Ziel für Johann Freimüller beim Ausbau des Vierkanthofes. Für jeden Geschmack sollte es eine Speise geben. Vom Schmalzbrot mit einem Glas Most bis zum feinen Braten mit einem prämierten Zweigelt Heideboden vom Meisterwinzer reicht die Bandbreite.

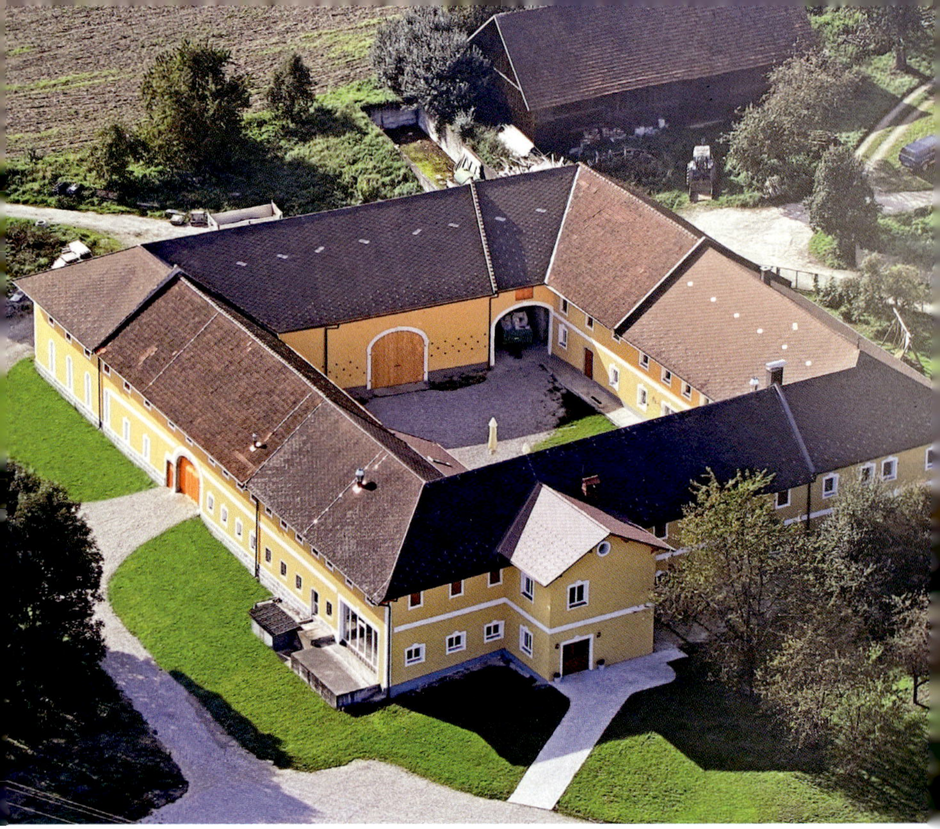

Bei einem Rundgang durch das weitläufige Anwesen schildert Freimüller die lange Geschichte des Hauses. „Ursprünglich als Meierhof des Stiftes Kremsmünster errichtet, befindet sich der Hof seit 500 Jahren in Familienbesitz. Noch heute bewirtschaften wir 75 ha Grund.“ Ein besonders einschneidendes Ereignis in der Historie des Hauses waren die Franzosenkriege. Ein sogenanntes Franzosenkreuz erinnert daran. „Es war eines von mehreren Wegkreuzen im Ort, unter denen gefallene Franzosen begraben wurden.“ Im geräumigen Innenhof, in dem sich im Sommer die Gäste laben, blicken wir auf die Kammer des Ross-Stallers. Dieser war für die Betreuung der Pferde zuständig. Seine Unterkunft befand sich direkt neben dem Wohnraum der Bauersleute und zeigt, wie wichtig Pferde einst für die Bewirtschaftung waren.

Hundsbergrunde

Frisch gestärkt, begeben wir uns auf eine Erkundungstour durch die reizvolle Landschaft. Wir folgen dem Weg Nr. 1, der Hundsbergrunde. Auf kinderwagenfreundlichen Wegen gelangen wir auf den hundert Meter höher gelegenen Hundsberg. Dieser ist die größte Erhebung zwischen Donau und Traun. Der Name ist wohl von der nahen Ortschaft Hundsham abgeleitet, wo der Legende nach einst ein streunender Hund eingefangen wurde. Für uns ist jedenfalls ein Vergnügen, durch lichten Hochwald auf dem Höhenrücken zu wandern. Immer wieder gibt es prachtvolle Ausblicke nach Süden, die vom Ötscher über den Dachstein bis zum Schafberg reichen. Wieder im Ort Buchkirchen angekommen, begrüßt uns im Pfarrerteich eine muntere Entenschar. Der im Jahr 1600 errichtete Pfarrhof ähnelt eher einem Schloss.

🕒 **2,5 Stunden ↔ 9 km ↗ 120 hm**

Ausgangspunkt: Mostheuriger Mayr zu Hörling, Hörlingerstraße 20, 4611 Buchkirchen, Tel. +43 7242 28 673, mayrzuhörling.at

Öffis: von Linz Hbf. mit ÖBB oder Westbahn Richtung Salzburg, in Wels Hbf, Bus 664 Richtung Eferding bis Buchkirchen

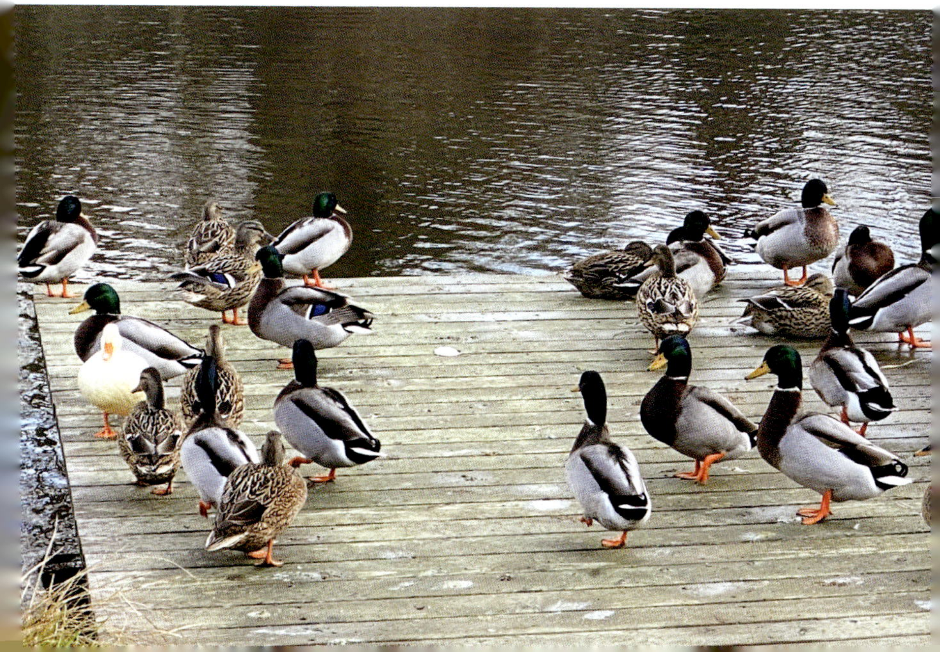

58 St. Marienkirchen
Dem Most auf der Spur

Auf dem Obst-Hügel-Land-Radweg geht es durch ein Naturparadies.

Die blitzblanken Edelstahlfässer in der kühlen Halle erinnern an eine Weinkellerei. Hier wird allerdings nicht Wein, sondern Most erzeugt. Der Familienbetrieb Schauer in St. Marienkirchen an der Polsenz hat sich schon vor Jahrzehnten von der Viehhaltung verabschiedet und sich auf die Erzeugung von Most und Obstsäften verlegt. Wir befinden uns im Naturpark Obst-Hügel-Land in der Ortschaft Holzwiesen. Juniorchef Walter Schauer zeigt uns die Flaschenwaschmaschine, die durch ihre gewaltige Größe beeindruckt. Bis zu 2 000 Flaschen können hier in einer Stunde sterilisiert werden. „Sauberkeit ist ein Grundpfeiler für die Qualität des Mostes. Nur so können unliebsame Bakterien ferngehalten werden", betont Schauer. Die konstant gute Qualität wird durch modernste Keller- und Lagertechnik sichergestellt. „In der Produktion setzen wir auf die laufende Kontrolle des Press-Saftes in Bezug auf Säure und Zuckergehalt. Als Gärhilfe führen wir Reinzuchthefe zu. Vor der Abfüllung wird der Most feinfiltriert. Aus den Fässern, die bis zu 7 300 l fassen, können bis zu 2 000 Flaschen pro Stunde abgefüllt werden. Die Geschmacksvarianten gehen von mild bis kräftig, von süß bis resch. Als für die Region typisch gilt der Mischmost aus Äpfeln und Birnen."

Vor dem Haus betrachten wir einen in voller Blüte stehenden Weber-Bartl-Apfelbaum. Er ist noch jung, aber auch er wird später pro Saison bis zu 800 kg der rotwangigen, im Geschmack milden, säuerlich-süßen Äpfel tragen. Daraus wird eine gewisse Menge reinsortig zu Most verarbeitet. „Diese Sorte zeichnet sich durch natürlichen Restzucker und einen harmonisch-fruchtigen

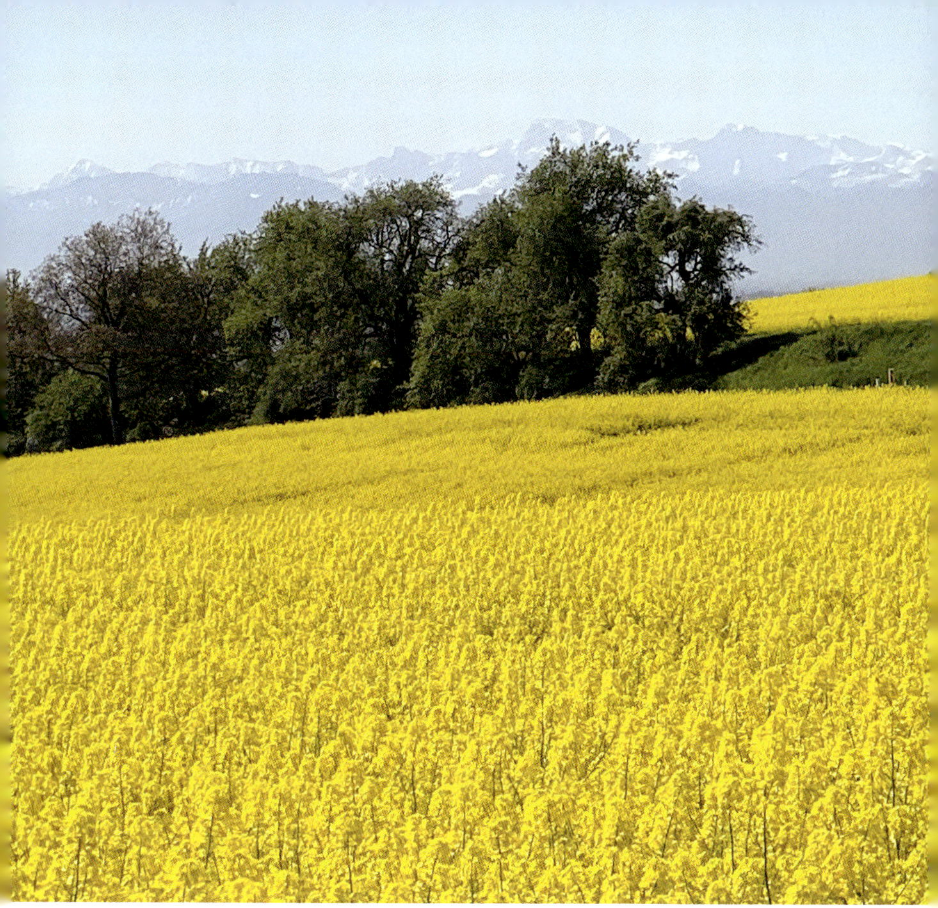

Geschmack aus. Sie ist die besondere Spezialität in der Gegend von St. Marienkirchen. Mosttrinkerinnen und -trinkern wird ja ein hohes Alter prophezeit", weiß Seniorchef Walter Schauer. Er weist auch auf andere Obstsorten hin, wie Speck-, Pichl- und Landlbirn. Letztere sollen der Region den Namen „Landl" gegeben haben. Schauer blickt in die Geschichte des Mostobstes zurück. „Die Urahnin der Mostbirne ist die Wildbirne, die schon vor 6000 Jahren vom Balkan kommend in die Eichenwälder Mitteleuropas gelangte. Im Mittelalter wurde in den Klöstern Obst kultiviert. Erst Maria Theresia sorgte für die landesweite Verbreitung der Mostobstkultur. Sie ordnete die Anpflanzung von Streuobstbäumen entlang von Straßen an und begründete damit einen Most-Boom, der bis heute anhält. Ihr Sohn Kaiser Josef II. verpflichtete sogar frisch vermählte Ehepaare, mindestens zwei fruchttragende Bäume zu pflanzen."

Zwischen Scharten und St. Marienkirchen

Auf dem Obst-Hügel-Land Radweg N1 tauchen wir nach dem Abstecher nach Holzwiesen in die sanft hügelige Landschaft zwischen den beiden Naturparkgemeinden Scharten und St. Marienkirchen ein. Streuobstwiesen und Obstbaumreihen begleiten uns auf der Fahrt durch die bedeutendste Mostregion im Zentralraum von Oberösterreich. Die wenig befahrenen Straßen und befestigten Güterwege eignen sich vorzüglich für die Radtour. Nach zahlreichen Anstiegen werden wir mit prachtvollen Ausblicken bis in die Alpen belohnt und können uns anschließend in einer von mehreren Mostschenken und Gasthöfen laben. Wie recht hatte doch Franz Stelzhamer mit seinen Versen aus „Hoamatland", die in einigen Versionen sogar Eingang in die Landeshymne gefunden haben: „Dein Hitz is net z'grimmi, Net z'groaß is dein Frost, Ünser Traubn hoaßt Hopfn, Ünsern Wein nennt ma Most."

🕒 **2,5 Stunden** (E-Bike) ↔ **37 km** ↗ **580 hm**

Ausgangspunkt: Obst-Hügel Radweg N1 mit Einstieg in Holzwiesen zwischen den Naturparkgemeinden Scharten und St. Marienkirchen/Polsenz

Station: Mostkellerei Schauer, St. Marienkirchen/Polsenz, Holzwiesen 9, 4076 St. Marienkirchen/Polsenz, Tel. +43 7249 47346, Tel. +43 664 50 85 490, das-beste-aus-obst.at

Der Fluss gab den Namen

Vom Wasserschloss Traun führt eine Zehn-Kilometer-Wanderung durch die Traunauen nach Ebelsberg.

Am Rand der Landeshauptstadt liegen Natur und Kultur ganz nah beisammen. So verspricht ein Ausflug nach Traun bemerkenswerte Entdeckungen, zum Beispiel ein Wasserschloss. „Bereits im 12. Jahrhundert stand hier eine Burg, die dem Geschlecht der Trauner gehörte, einem der ältesten und bedeutendsten Adelsgeschlechter im Land ob der Enns. Im 16. Jahrhundert zum Schloss ausgebaut und später noch barockisiert, erhielt es

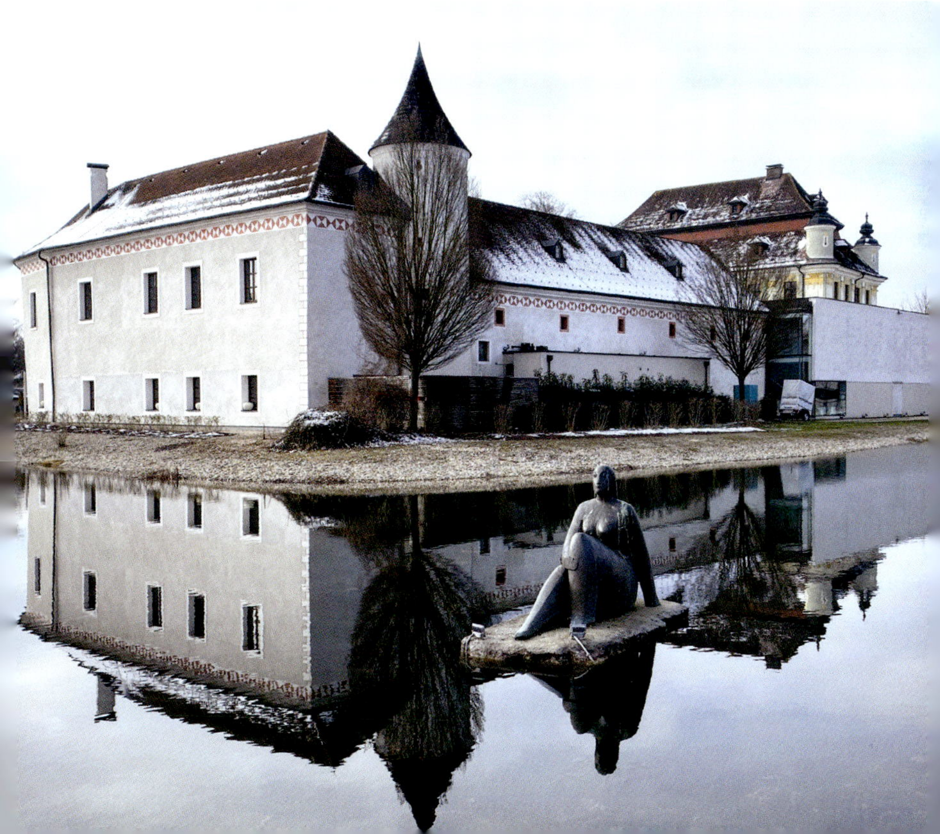

Ende des 20. Jahrhunderts nach einer aufwendigen Renovierung seine jetzige Form", erzählt Alois Rachbauer, Abteilungsleiter bei der Stadtgemeinde Traun. Seit dem 17. Jahrhundert bis zum Ende der Grundherrschaft Mitte des 19. Jahrhunderts befand sich im Schloss auch eine Bierbrauerei samt „Branntweinbrennerey". Im historischen Ambiente des Restaurants Schloss Traun stimmen wir uns kulinarisch auf die Tour ein. In einem der beeindruckenden Gewölberäume, allesamt ausgestattet mit Bildern zeitgenössischer Künstler, können wir uns an einer der Spezialitäten des Hauses erfreuen. Wirt Peter Mitterböck empfiehlt „Zweierlei Kalb": „Das ist eine Mischung aus gegrilltem und geschmortem Kalbfleisch. Das Kalbsschlegerl wird geschmort und mit einem gegrillten Stück vom Kalbsrücken kombiniert. Dazu gibt es Erdäpfel-Karfiol-Püree. Mit frischen Kräutern garniert und mit der eigenen Sauce, die durch den

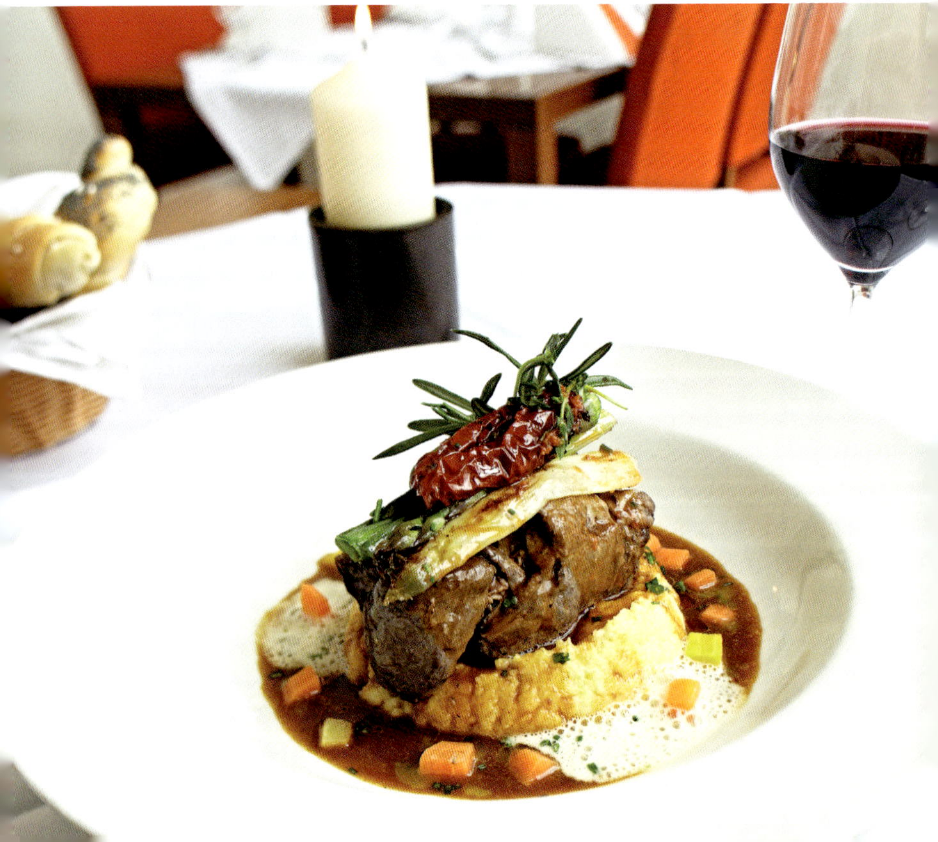

Braten entsteht, wird es serviert." Eine andere Speise, die von Gästen geschätzt wird, ist die Rindsroulade. Mitterböck erklärt seine Vorgehensweise: „Sie wird vom Garb, also dem „hinteren Ausgelösten" des Rindes gemacht. Dieses rostbratenähnliche Fleisch ist etwas durchzogen und schmeckt dadurch weich und saftig. Dazu kommen im Rohr viel Wurzelgemüse, Tomatensaft, Rotwein und Gewürze dazu."

Die Traun entlang

Nach der Stärkung im Restaurant, das auch Falstaff regelmäßig mit einer Gabel würdigt, tauchen wir im nahegelegenen Museum Steinhumergut in die Geschichte von Traun ein. Im 500 Jahre alten Bauernhof erzählen 3 000 Exponate von zahlreichen Mühlen, Bauernhöfen, Handwerks- und frühen Industriebetrieben. Vom Leiter des Museums, Georg Sayer, erfahren wir auch, dass der Name Traun wahrscheinlich keltischen Ursprungs ist und die Bezeichnung für Fluss war. Genau diesem wollen wir uns nun nähern und begeben uns in südlicher Richtung zur Traun. Wir folgen dem Traunradweg R4, wo schon die Römer von Ovilava (Wels) nach Lauriacum (Lorch bei Enns) unterwegs waren. Bei einer ausgedehnten Zehn Kilometer-Wanderung durch die Traunauen tauchen wir in eine ländliche Naturidylle ein. Der Mühlbach wird überquert. In früherer Zeit hat dieser allein im Ortsgebiet von Traun acht Mühlen angetrieben, die sich in der Neuzeit häufig zu Textil- und Papierfabriken weiterentwickelten. Durch ursprüngliche Auenlandschaft bewegen wir uns entlang der Traun weiter. Der Fluss war ein wichtiger Transportweg für Salz. Zudem waren bereits ab dem 11. Jahrhundert bis zum Ersten Weltkrieg seine Fische eine bedeutende Nahrungsquelle. Manche Fischer verdienten sich als „Steckwaider" ihr Brot. Sie mussten die Fahrrinne der Traun für die Flöße und Plätten instandhalten. Begann sich der Flusslauf an einer Stelle zu ändern, schlugen sie Stecken ein und flochten Weideäste dazwischen, so blieb die Traun in ihrem Bett.

Auch heute strahlt das Wasser eine urtümliche Kraft aus, die es sich, obwohl nur ein kurzes Stück vom Kraftwerk Pucking entfernt, rasch wieder aufgebaut hat. Schwäne und Enten haben seit jeher hier ihre Heimat gefunden. Viele Wasserwege durchziehen das Gelände und erinnern daran, dass der Fluss früher eine Breite von zwei Kilometern hatte. Heute verhindert das ein Hochwasserdamm, dem wir bis zum Kleinwasserkraftwerk Traunwehr folgen. Hier wird ein Teil des Flusses in den Kleinmünchner Kanal abgeleitet. Immer einige Meter höher als die ihn umgebende Landschaft, bereitet sich das Wasser in einem künstlich angelegten Kanalbett vor, nach zwei weiteren Kilometern aus zehn Meter Höhe auf die Turbinen des Kleinwasserkraftwerks Kleinmünchen zu stürzen. Dann hat es wieder das Niveau der umgebenden Landschaft erreicht und wird sich wenig später wieder mit der Traun vereinigen und gemeinsam mit ihr in die Donau münden. Unsere Zehn-Kilometer-Wanderung endet in Ebelsberg, von wo uns die Straßenbahn wieder zum Bahnhof Linz bringt.

🕒 **2,5 Stunden ↔ 10 km**
Ausgangspunkt: Schloss Traun, Schlossstraße 8, 4050 Traun,
Tel. +43 7229 668822, schlosstraun.at
Öffis: von Linz Hbf. Straßenbahnlinie 4 nach Traun,
Rückfahrt mit Straßenbahnlinie 2 von Ebelsberg nach Linz Hbf.

Gourmet-Kunst al dente

Die Pastamacher zaubern köstliche lokale Spezialitäten am Linzer Südbahnhofmarkt.

Das Vater-Tochter-Gespann Dietmar Öller und Melanie Heizinger bereichert die Linzer Gastro-Szene mit neuen Ideen. Zuhause in Waizenkirchen, hat Dietmar Öller schon von Kindesbeinen an Wirtshausluft geschnuppert. Nach Lehrjahren, unter anderem in einem italienischen Restaurant, hat er am Linzer Südbahnhofmarkt eine neue Gourmetlinie entwickelt. Sein Credo: „Wir stehen für regionale Produkte aus Oberösterreich und beziehen unsere Zutaten direkt bei Bauern aus der Region." Als leidenschaftlicher Fischer greift er gerne auf die Kombination von Fischen und Krebsen zurück. Unser Essen leitet er mit einer Flusskrebssuppe ein. Am Vortag hat er die Tiere selbst in der Traun gefangen. Das zarte Fleisch der Scheren und Schwänze wird neben Erbsenpüree, etwas Frischkäse, einigen knackigen Erbsen und einem Basilikumblatt mit aufgeschäumter Suppe serviert. Die Reste werden als Geschmackgeber für den Suppenfond verwertet, der mit Gemüse, Kokosmilch, Zitronensaft, Salz und Pfeffer angereichert wurde. Dazu gibt es Rosmarin-Focaccia, ein auf einem Schamottstein selbstgebackenes Brot mit einer Paste aus Flusskrebs-Aioli. Eine wahre Geschmacksexplosion.

Wichtig in Öllers Küche ist auch die selbstgemachte Pasta. Bei der nächsten Speise, Bio-Tagliolini, können wir sie mit Vergnügen kennenlernen: Feine Bandnudeln werden mit Pesto aus geräuchertem Bachsaibling kombiniert. Dazu gibt es Hinzenbacher Haselnüsse vom Opa des Wirts, einige knackige Fisolen und darüber eine dünne Scheibe Bio-Amalfi Zitrone. Dill, milder Gänseschnabel-Chili und Schaum von der Fischsuppe

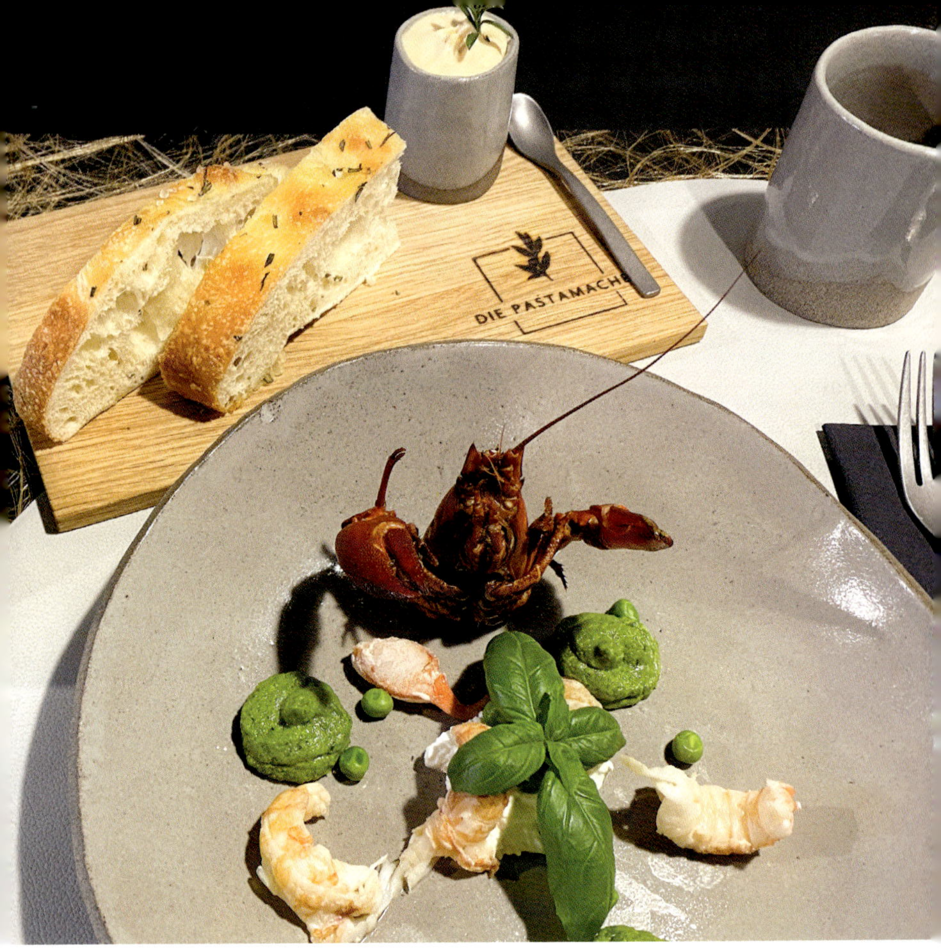

runden das Gericht ab. Dazu passt trefflich ein Glas Weißburgunder vom Weingut Tement aus der Südsteiermark. Die nächste Delikatesse stammt wieder aus der Traun, ein selbstgefangener Hecht, der als gebratenes Filet serviert wird. Dazu gibt es Dreierlei vom Karottenpüree mit weißen, gelben und orangen Bio-Karotten. Geschmorte Karden und Pimpernell-Stückchen sowie zitroniges Limettenblattöl bringen grüne Farbe auf den bunten Speiseteller. Eine wohlschmeckende, leichte und bekömmliche Speise. Zum Glück gibt es die Spezialitäten des Hauses auch direkt oder online zu erwerben, um die Vermarktung kümmert sich Tochter Melanie. In den Gläsern finden sich 30 verschiedene Sugo-Sorten, von Steinpilz-Tomaten-Sugo bis zu Reh- oder Lamm-Bolognese. Alles wird per Hand abgefüllt und etikettiert. Dazu kommen an die 15 Nudelsorten, von Spargel-. Tomaten-, Rote Rüben-, Spinatnudeln bis zu den klingenden Fusilli und Strozzapreti. Die weitere Palette reicht vom eingelegten Wildfangkarpfen bis zu Cantuccini und süßen Amaretti. Italienisches Lebensgefühl trifft hier auf oberösterreichischen Charme. Dabei wird nach dem Leaf-to-Root-Prinzip gearbeitet, also vom Blatt bis zur Wurzel wird alles verwendet.

Rund um den Südbahnhof

Bei einem Spaziergang auf dem Südbahnhofgelände treffen wir auf das historische Bahnhofsgebäude. Es war der Ausgangspunkt der Pferdeeisenbahn, die ab 1834 für mehrere Jahrzehnte von Linz nach Budweis und etwas später auch bis nach Gmunden führte. Das Giebelfeld des Hauses trägt die Inschrift „1832–1872 K. K. Priv. Erste Eisenbahn Gesellschaft". Hier befanden sich neben der Verwaltung auch Stallung, Wagnerei und Schmiede. Ein kurzer Spaziergang in die nahe Lustenauerstraße bringt uns an der Kreuzung zur Dinghoferstraße zu einem weiteren historischen Ort mit großer Bedeutung für die Pferdeeisenbahn, nämlich zum ehemaligen Fuhrhof der traditionsreichen Linzer Spedition Winkler. Ab 1839 betreute diese die Wagen und bis zu 350 Pferde für die Pferdeeisenbahn, betrieb aber auch Fiaker-, Post-, Rettungs- und Müllfahrzeuge, später auch Taxis und die erste Linzer Tankstelle. Von der großen Anlage blieb nur das Tor mit imposanten 16 Pferdeköpfen erhalten.

etwa 40 Minuten

Ausgangspunkt: Die Pastamacher, Marktplatz 20, 4020 Linz,
Tel. +43 660 4020 133, diepastamacher.at

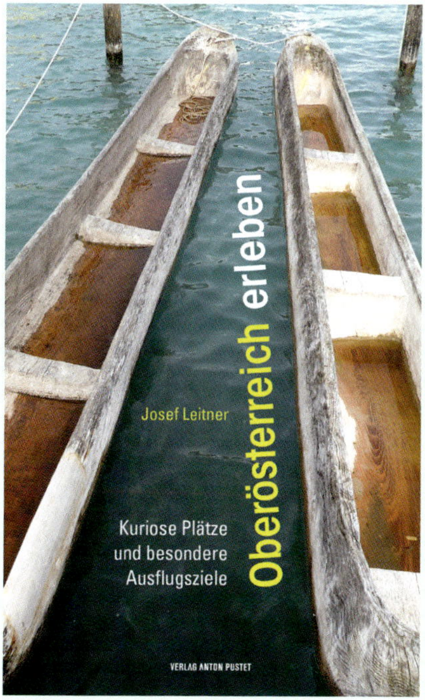

Josef Leitner
Oberösterreich erleben
Kuriose Plätze und besondere Ausflugsziele

Wissen Sie, wo Österreichs längste Mostbaumallee zu finden ist? Wo das erste Weißbier des Landes gebraut wurde? Falls nicht, kommen Sie doch mit auf eine Erkundungsreise durch die facettenreichen Regionen Oberösterreichs und folgen Sie den Spuren einer Waldeisenbahn, wandern Sie zu den Pechölsteinen, schaudern Sie in gruseligen Stollen oder schmunzeln Sie über die lustigen Sprüche der sprechenden Marterl. Oberösterreich-Kenner und Kulturgenuss-Wanderer Josef Leitner begleitet Sie zu Orten, die eine besondere Geschichte zu erzählen haben, und zu engagierten Menschen, denen Natur und Kultur ihres Landes eine Herzensangelegenheit sind. Wanderführer mit 77 leichten Wandertouren im Mühlviertel, Innviertel, Traunviertel, Hausruckviertel, Salzkammergut und im oberösterreichischen Zentralraum.

256 Seiten, durchgehend farbig bebildert
ISBN 978-3-7025-0966-8, € 24,–

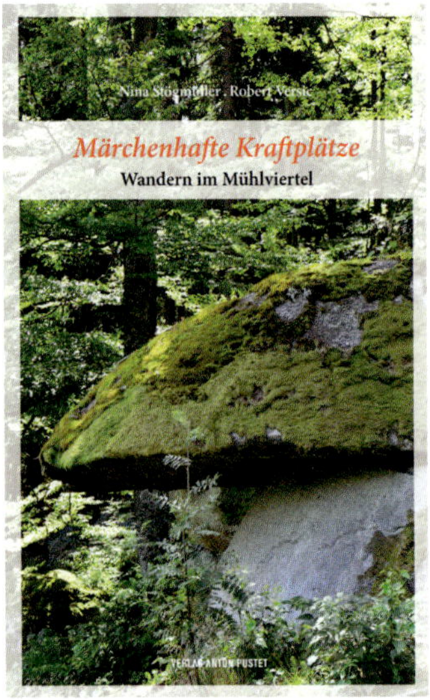

Robert Versic, Nina Stögmüller
Märchenhafte Kraftplätze
Wandern im Mühlviertel

Insgesamt 25 Wanderungen führen, jeweils begleitet von Märchen und Hintergrundinformationen, auf bekannten und unbekannten Pfaden zu besonderen Orten. Persönliche Anregungen laden weiters dazu ein, die uralten Plätze neu zu entdecken und eigene Erfahrungen mit nach Hause zu nehmen. Die genussvollen Wanderungen versprechen fabelhafte Naturerlebnisse in einem vielfach ursprünglichen Landstrich.

264 Seiten
durchgehend farbig bebildert
ISBN 978-3-7025-0884-5, € 25,–
eBook: 978-3-7025-8044-5

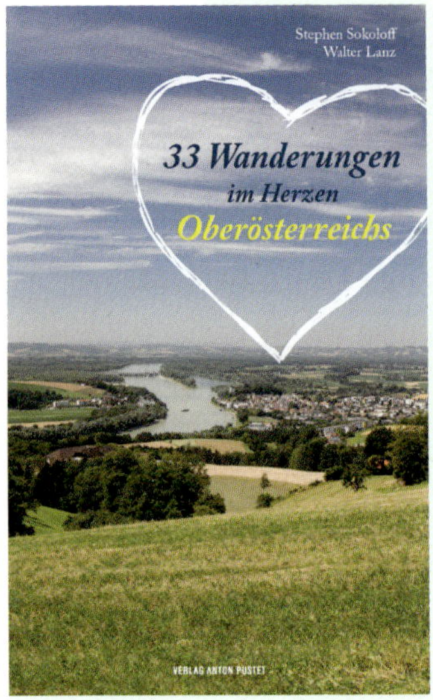

Stephen Sokoloff
Walter Lanz
33 Wanderungen
im Herzen Oberösterreichs

Ein Wanderbuch, das einlädt, das Schöne, oft Unbekannte und Überraschende zu entdecken.
Auf geht's! Es werden Touren vorgestellt, die in großartige Landschaften wie zum Feldaisttal führen oder atemberaubende Panoramen bieten wie die Tour rund um den Damberg. Auch einige Stadtwanderungen sind darunter, die sich ideal für laue Sommerabende oder Sonntagnachmittage anbieten.

224 Seiten
durchgehend farbig bebildert
ISBN 978-3-7025-0842-5, € 22,–

www.pustet.at